임원경제지
권45-46

정조지

鼎俎志 3

林園經濟志

임원경제지
권45-46

정조지

鼎俎志 3

음식요리 백과사전
권5·가르거나 삶아서
조리하는 음식(할팽지류)
권6·조미료(미료지류)

풍석 서유구 지음 추담 서우보 교정
임원경제연구소 정정기, 최시남 외 옮김

풍석문화재단

임원경제지 정조지3 ⓒ 임원경제연구소

이 책의 출판전송권은 **임원경제연구소**와의 계약에 따라 **재단법인 풍석문화재단**에 있습니다.
저작권법에 의해 보호를 받는 저작물이므로 무단 전재와 복제를 금합니다.

이 책은 ㈜DYB교육 송오현 대표 외 수많은 개인의 기부 및 문화체육관광부의 지원으로
완역 출판되었습니다.

임원경제지 정조지3

지은이	풍석 서유구
교 정	추담 서우보
옮기고 쓴 이	임원경제연구소 [정정기, 최시남, 정명현, 민철기, 김현진, 김수연, 강민우, 김광명, 김용미]
	원문 및 번역 전체 정리 : 정명현
	자료정리 : 고윤주
	감수 : 박록담(한국전통주연구소 소장)(권제6의 누룩)
펴낸 곳	풍석문화재단
	펴낸 이 : 신정수
	진행 : 진병춘, 박정진 진행지원 : 박소해
	전화 : 02)6959-9921 E-mail : pungseok@naver.com
일러스트	이함렬
편집디자인	아트퍼블리케이션 디자인 고흐
인 쇄	상지사피앤비
펴낸 날	초판 1쇄 2020년 6월 15일
	초판 2쇄 2020년 9월 7일
ISBN	979-11-89801-27-4

이 도서의 국립중앙도서관 출판예정도서목록(CIP)은 서지정보유통지원시스템 홈페이지
(http://seoji.nl.go.kr)와 국가자료종합목록 구축시스템(http://kolis-net.nl.go.kr)에서 이용하실 수 있습니다.
(CIP제어번호 : CIP2020022016)

* 표지그림 : 조충도(신사임당), 점심, 《단원 풍속도첩》(김홍도), 야연(성협), 신윤복 등필 산수인물풍속
  영모화첩(국립중앙박물관) / 십장생도병풍(국립고궁박물관)
* 사진 사용을 허락해주신 국립민속박물관, 국립중앙박물관, 국립고궁박물관, 풍석문화재단 음식연구
  소, 주호스님, 김서진, 이경자 여러분께 감사드립니다.

차례

정조지 권제6 鼎俎志 卷第六   임원십육지 46 林園十六志 四十六

조미료(미료지류) 味料之類

1. 소금 鹽

일러두기

- 이 책은 풍석 서유구의 《임원경제지》를 표점, 교감, 번역, 주석, 도해한 것이다.
- 저본은 정사(正寫) 상태, 내용의 완성도, 전질의 구성 등을 고려하여 연세대학교 도서관 소장본으로 했다.
- 현재 남아 있는 이본 가운데 서울대학교 규장각한국학연구원, 일본 오사카 나카노시마부립도서관본, 고려대학교도서관 소장본을 교감하고, 교감 사항은 각주로 처리했으며, 각각 규장각본, 오사카본, 고려대본으로 약칭했다.
- 교감은 본교(本校) 및 대교(對校)와 타교(他校)를 중심으로 하고, 필요에 따라서는 이교(理校)를 반영했으며 교감 사항은 각주로 밝혔다.
- 번역주석의 번호는 일반 숫자(9)로, 교감주석의 번호는 네모 숫자(⑨)로 구별했다.
- 원문에 네모 칸이 쳐진 注, 法 등과 서유구의 의견을 나타내는 案, 又案 등은 원문의 표기와 유사하게 네모를 둘렀다.
- 원문의 주석은【 】로 표기했다.
- 서명과 편명은 번역문에만 각각 《 》 및 〈 〉로 표시했다.
- 표점 부호는 마침표(.), 쉼표(,), 물음표(?), 느낌표(!), 쌍점(:), 쌍반점(;), 인용부호(" ", ' '), 가운뎃점(·), 모점(、), 괄호(( )), 서명 부호(《 》)를 사용했고 인명, 지명 등 고유명사에는 밑줄을 그었다.
- 字, 號, 諡號 등으로 표기된 인명은 성명으로 바꿔서 옮겼다.
- 그림 및 사진의 출처는 해당 자료와 함께 표기하였다. 별도표기가 없는 경우, 바이두(Baidu.com)와 구글(Google.com) 이미지를 활용하였다.
- 자료사진을 제공한 기관이나 개인의 표기는 책 말미에 차례로 정리해두었다.

5

정조지 권제 5
鼎俎志 卷第五

임원십육지 45
林園十六志 四十五

I. 가르거나 삶아서
　조리하는 음식(할팽지류)

고기를 얇게 자른 것을 '포(脯)'라 하고, 고기를 찧어서 생강과 후추를 뿌린 것을 '단(腶)'이라 하며, 작은 재료를 통째로 말린 것을 '석(腊)'이라 한다. 포(脯)는 두드린 것[搏]이니, 고기를 건조시키고 서로 두드려서 붙인 것이다. 수(脩)는 오그라든 것이니, 건조시켜 오그라든 것이다. 석(腊)은 오래된 것[昔]이니, 오랫동안 남은 고기를 말한다. 포를 편 것을 '전(脡)'이라 하고, 포를 굽힌 것을 '구(朐)'라 하고, 뼈가 붙어 있는 것을 '자(胏)'라 한다. 생선 말린 것을 '수(鱐)'라 하고, 꿩고기 말린 것을 '거(腒)'라 한다.

- I -

가르거나 삶아서 조리하는 음식
(할팽지류)

割烹之類

1. 갱확(羹臛, 고깃국)

羹臛

1) 총론

갱(羹)은 《설문해자(說文解字)》[1]에 '鬻'으로 되어 있다. 소전(小篆)[2]으로는 고(羔)자와 미(美)자의 조합이다.[3] 대개 본래는 양을 삶은 음식이나 염소[羔]를 조리하여 만든 음식의 이름이었다. 그러나 일반적으로 조류·짐승·어류·갑각류[介]의 살코기를 삶아서 만든 음식을 모두 '갱(羹)'이라 불렀으니, 이는 가차한 글자이다.

혹자는 "채소가 들어 있는 국을 '갱(羹)'이라 하고 채소가 없는 국을 '확(臛)'이라 한다."[4]【이 설명은 《초사(楚辭)》[5]의 주(註)에 보인다】라 했다. 그러

總論[1]

羹,《說文》作"鬻", 小篆從羔從美. 蓋本烹羊, 膳羔之名, 而凡用鳥·獸·鱗·介之肉煮成者, 皆謂之"羹", 假借也.

或曰:"有菜曰'羹', 無菜曰'臛'"【見《楚辭》註】. 然《記》曰"大羹不和[2]", 註云"大羹,

---

1 설문해자(說文解字) : 중국 후한(後漢)의 경학자인 허신(許愼, 58?~147?)이 지은 자전. 한자를 부수에 따라 분류하여 해설한 최초의 사전으로 알려져 있다. 표제자를 앞에 두고 그 글자에 대해 의미를 해설하고 자형을 해석하는 체제로 되어 있다.
2 소전(小篆) : 한자 서체의 일종으로, 중국 진시황(秦始皇) 시기에 재상인 이사(李斯, B.C.284~B.C.208)가 대전(大篆)을 간략하게 변형하여 만들었다.
3 갱(羹)은……조합이다 : 《御定康熙字典》 卷23 〈羊〉 《文淵閣四庫全書》 230, 530쪽).
4 채소가……한다 : 《楚辭集注》 卷7 〈招魂〉 9(《文淵閣四庫全書》 1062, 364쪽).
5 초사(楚辭) : 중국 초(楚)나라의 시인 굴원(屈原, B.C.343?~B.C.278?)의 《이소(離騷)》와 그를 추모하는 후기 문인들의 사(辭)를 모아서 중국 한(漢)나라의 경학자 유향(劉向, B.C.77~B.C.6)이 편집한 책.
[1] 總論 : 오사카본에는 "名品".
[2] 和 : 저본에는 "致". 《禮記·樂記》에 근거하여 수정. "대갱불치(大羹不致)"는 《禮記》에는 나오지 않고 《춘추좌씨전》에만 나온다. 《春秋左氏傳》 卷5 〈桓公之年〉(《十三經注疏整理本》 16, 160쪽).

나 《예기(禮記)》[6]에 "대갱(大羹)은 간을 하지 않는다."라 했고, 그 주(註)에는 "대갱은 고기 국물[肉湆]로, 소금이나 채소를 넣지 않는다."[7]라 했으니, 그렇다면 채소가 없어도 '갱(羹)'이라 부르는 것이다. 대체로 '갱(羹)'은 전체를 가리키는 명칭이고 '확(臛)'은 오로지 살코기를 가리켜서 말할 따름이다.

갱(羹)과 확(臛)의 즙을 '읍(湆)'【《집운(集韻)》[8]에 "읍은 '읍(泣)'이고, 갱즙(羹汁)이다."[9]라 했다】이라 한다. 읍의 찌꺼기를 '탐(脏)'【음은 '탐(溢)'이다. 《통아(通雅)》[10]에 "탐(脏)은 읍(湆)의 찌꺼기이다."[11]라 했다】이라 한다.

확(臛) 중에서 즙이 적은 것을 '전(膗)'【음은 '준(燇)'이다. 조식(曹植)[12]의 시(詩) 〈명도편(名都篇)〉에서 "잉어회[膾鯉]와 알 밴 새우의 찌개[膗胎鰕]"라 했고, 그 주(註)에 "전(膗)은 즙이 적은 확(臛)이다."[13]라 했다】이라 하고, 익은 고기를 다시 끓인 것을 '손(膪)'【음은

肉湆, 不調以鹽、菜③", 則無菜亦謂之"羹"矣. 大抵羹是總名, 臛則專指肉胾而言耳.

羹、臛之汁曰"湆"【《集韻》: "音泣, 羹汁也"】, 湆之滓曰"脏"【音溢. 《通雅》: "脏卽湆之滓"】.

臛之少汁曰"膗"【音燇. 曹植《名都篇》"膾鯉膗胎鰕", 註"膗者, 少汁臛也"】, 熟肉再煮曰"膪"【音損. 《說文》: "切熟肉, 納於血

---

6 예기(禮記) : 중국 유교 경전의 하나로, 예법에 대한 내용과 그 해설을 담고 있다. 의례에는 음식이 함께 하므로 음식과 관련된 내용이 많이 수록되어 있다. 《수서(隋書)》〈경적지(經籍志)〉에 따르면 중국 한(漢)나라 초 유덕(劉德, ?~B.C.130)이 공자가 집대성한 예법과 제자들이 기록한 《기(記)》를 바쳤고 유향(劉向) 이외의 많은 학자들이 정리하여 지금의 체제로 전해지고 있다고 했다.

7 대갱(大羹)은⋯⋯않는다 : 《禮記》 卷19〈樂記〉(《十三經注疏整理本》14, 1259~1260쪽).

8 집운(集韻) : 중국에서 편찬된 운서(韻書)로, 총 10권으로 구성되어 있다. 1039년에 송나라의 음운학자 정도(丁度, 990~1053) 등이 왕명을 받들어 찬(撰)한 것이다. 《광운(廣韻)》과 같이 206운(韻)으로 나누는데, 글자의 소속에는 약간의 이동이 있다. 수록된 글자는 기존의 운서인 《광운》의 약 2배인 5만 여자이며, 이체자(異體字)와 이독(異讀)을 널리 수록하였다.

9 음은⋯⋯갱즙(羹汁)이다 : 《通雅》 卷39〈飮食〉(《文淵閣四庫全書》857, 753쪽).

10 통아(通雅) : 중국 청나라의 문인 방이지(方以智, 1611~1671)가 편찬한 책으로, 총 52권으로 구성되어 있다. 책이름 중 '아(雅)'자는 중국 최초의 사전인 《이아(爾雅)》에서 따온 것이고, '통(通)'자는 정초(鄭樵)의 《통지(通志)》, 마단림(馬端臨)의 《문헌통고(文獻通考)》 등에서 따온 것이다. 책의 본문 앞에는 〈음의잡론(音義雜論)〉·〈소학대략(小學大略)〉 등 5편의 논문이 있다.

11 탐(脏)은⋯⋯찌꺼기이다 : 《通雅》 卷39〈飮食〉(《文淵閣四庫全書》857, 755쪽).

12 조식(曹植) : 192~232. 중국 삼국 시대 위(魏)나라의 시인. 위 무제(武帝) 조조(曹操, 155~220)의 아들로, 저서로는 《조자건집(曹子建集)》 등이 있다.

13 잉어회[膾鯉]와⋯⋯확(臛)이다 : 《曹子建集》 卷6〈名都篇〉(《文淵閣四庫全書》857, 286~287쪽).

③ 菜 : 저본에는 "梅". 《禮記·樂記》에 근거하여 수정.

손(損)이다. 《설문해자》에 "익은 고기를 썰어서 피 속에 넣어 섞은 것이다."[14]라 했다. 《광운(廣韻)》[15]에 는 "익은 고기를 썰어서 다시 끓인 것이다."[16]라 했 다】이라 한다. 《옹치잡지(饔饎雜志)》[17]

中和也."《廣韻》: "切熟肉, 再煮也】.《饔饎雜志》

2) 고기 삶는 전반적인 법(자육총법)

여러 고기를 삶을 때는 노구솥의 입구를 봉하고 닥나무열매 1~2알과 함께 삶으면 고기가 쉽게 물러 지고 또 향기롭다. 《중궤록(中饋錄)》[18][19]

煮肉總法

煮諸般肉封鍋口, 用楮實 一二粒同煮, 易爛又香. 《中饋錄》

화감(花鹼)[20]을 써서 고기를 삶아도 되는데, 그러면 고기가 쉽게 물러진다. 《물류상감지(物類相感志)》[21][22]

花鹼可煮肉, 易爛.《物類 相感志》

울타리 가의 오래된 대나무껍질로 고기를 묶어서 삶으면 고기가 빨리 물러진다. 《물류상감지》[23]

籬上舊竹篾, 縛肉煮則速 糜. 同上

연꽃꽃받침으로 고기를 삶으면 살코기는 뜨고

荷花蔕煮肉, 精者浮, 肥者

---

14 익은……것이다: 《說文解字》卷4〈月部〉 "胹"(《文淵閣四庫全書》 223, 151쪽).
15 광운(廣韻): 중국 송나라의 운서. 1008년에 북송의 진팽년(陳彭年)·구옹(邱雍) 등이 황제의 칙명을 받아 편찬했으며, 총5권으로 구성되어 있다.
16 익은……것이다: 《廣韻》卷3〈上聲〉 "混" '膗'.
17 출전 확인 안 됨.
18 중궤록(中饋錄): 중국 송(宋)나라의 오씨(吳氏, ?~?)가 지었다는 조리서. 육류·채소류·면류 등 약 80여 가지 요리법이 수록되어 있다.
19 《說郛》卷95上〈中饋錄〉 "治食有法"(《文淵閣四庫全書》 881, 407쪽).
20 화감(花鹼): 탄산나트륨을 함유한 물질이 흙속에서 꽃처럼 응결된 물질을 말하는 듯하다. 《본초강목》에 서는 소금의 일종으로, 충치 치료제로 쓴다고도 한다.
21 물류상감지(物類相感志): 중국 송(宋)나라의 문장가 소식(蘇軾, 1036~1101)이 지은 것으로 알려진 책. 신 체·의복·기용·음식·문방·질병 등에 대하여 짤막한 상식들을 열거해 놓았다. 후대인의 가탁으로 추정된다.
22 《物類相感志》〈飲食〉(《叢書集成初編》 1344, 9쪽).
23 《物類相感志》〈飲食〉(《叢書集成初編》 1344, 12쪽).

사진1 고기 말렸다 삶기

기름기가 많은 고기는 가라앉는다.《물류상감지》[24]　　沈. 同上

　　기름기가 많은 고기를 삶을 때는 먼저 참깨꽃·가지꽃을 다른 재료들과 함께 넣어 묽게 쑨 죽을 고기에 바른다. 이를 불에 올리고 구워 마르면 노구솥에 넣고 푹 삶는다.《구선신은서(臞仙神隱書)[25]》[26]

煮肥肉, 先用芝麻花、茄花, 同物料調④稀糊塗, 上火炙乾, 下鍋煮熟.《臞仙神隱書》

　　일반적으로 고기가 절반쯤 익으면 건져내서 깨끗이 씻고 다시 삶으면 맛이 특별하다.《산림경제보(山林經濟補)[27]》[28]

凡肉半熟, 撈出淨洗, 更烹則味別.《山林經濟補》

　　일반적으로 고기는 반드시 끓는 물에 넣어 삶아야 한다. 먼저 찬물에 넣은 뒤에 삶지 말아야 하니, 고기 맛을 망칠까 걱정되기 때문이다. 생선을 삶을 때도 이 방법과 같다.《증보산림경제(增補山林經濟)[29]》[30]

凡肉必投滾湯中烹之. 勿先投冷水中而後烹之, 恐敗肉味. 煮魚同此法.《增補山林經濟》

---

24 《物類相感志》〈飮食〉(《叢書集成初編》1344, 10쪽).
25 구선신은서(臞仙神隱書): 중국 명(明)나라 태조 주원장의 제17째 아들인 주권(朱權, 1378~1448)이 신선(神仙)·은둔(隱遁)·섭생(攝生) 등에 관해 저술한 책. 구선(臞仙)은 주권의 호(號)이다.
26 《臞仙神隱書》上卷〈山居飮食〉 "煮諸般肉法"(《四庫全書存目叢書》260, 27쪽) ; 《山林經濟》卷2〈治膳〉"魚肉"(《農書》2, 295쪽).
27 산림경제보(山林經濟補): 조선 중기 홍만선(洪萬選, 1643~1715)의 《산림경제(山林經濟)》를 보충한 서적. 농사, 잠상, 식생활, 의료 등 각 분야의 지식을 담고 있는 농사 겸 가정생활서이다.
28 출전 확인 안 됨.
29 증보산림경제(增補山林經濟): 유중림(柳重臨, 1705~1771)이 홍만선(洪萬選)의 《산림경제(山林經濟)》를 증보하여 1766년에 편찬한 유서(類書). 복거(卜居)·치농(治農)·종수(種樹)·양화(養花)·양잠(養蠶)·목양(牧養)·치포(治圃)·섭생(攝生)·치선(治膳)·구황(救荒)·가정(家政)·구사(救嗣)·구급(救急)·증보사시찬요(增補四時纂要)·사가점후(四家占候)·선택(選擇)·잡방(雜方)·동국산수록(東國山水錄)·남사고십승보신지(南師古十勝保身地)·동국승구록(東國勝區錄) 등 23항목으로 구성되었다. 《임원경제지(林園經濟志)》 편찬의 근간이 되었다.
30 《增補山林經濟》卷8〈治膳〉上 "肉膳治法"(《農書》4, 100쪽).
④ 調 : 저본에는 "稠".《山林經濟·治膳·魚肉》에 근거하여 수정.

고기로 국을 끓이려면 자르거나 흐물흐물하게 찧어 뜨거운 솥에 넣는다. 여기에 참기름을 넣고 급히 볶아낸다. 그런 뒤에 장물과 다른 재료를 넣고 다시 푹 삶는다. 《증보산림경제》[31]

肉要作羹, 或切或擣爛, 下熱釜, 以麻油急炒過, 然後入醬水物料, 更煮熟. 同上

3) 질긴 고기 쉽게 무르게 삶는 법(자경육이연법)

질긴 고기는 요사(硇砂)[32]【안 본초서에서 '요사에는 독이 있어, 사람의 장위(腸胃)를 손상시킨다. 날로 먹으면 사람의 심장을 녹여 혈(血)이 되게 한다.'[33]라 했다. 그러므로 사용할 때는 분량을 잘 고려해야 한다. 또 요사는 양의 피를 꺼리니, 양고기와 같이 삶으면 안 된다】·뽕나무뿌리껍질·닥나무열매와 함께 노구솥에 넣으면 바로 물러진다. 《구선신은서》[34]

煮硬肉易軟法

硬肉同硇砂【案 本草, "硇砂有毒, 壞人腸胃, 生食之, 化人心爲血." 用之宜斟酌. 又忌羊血, 不可與羊肉同煮也】、桑白皮、楮實, 下鍋立軟. 《臞仙神隱書》

4) 묵은 고기 누린내 나지 않게 삶는 법(자진육불염법)

묵은 납육(臘肉)[35]을 삶아 익히려 할 때는 벌겋게 타는 숯 몇 덩이를 노구솥 안에 넣으면 기름누린내가 나지 않는다. 《중궤록》[36]

煮陳肉不薟法

煮陳臘肉將熟, 取燒紅炭數塊, 入鍋內則不油薟氣. 《中饋錄》

5) 묵은 고기 삶기(자진육방)

볏짚을 0.1척 길이로 잘라 냄새나는 고기를 삶으

煮陳肉方

寸切稻草, 可煮臭肉, 其臭

---

31 《增補山林經濟》, 위와 같은 곳.

32 요사(硇砂) : 화산지대나 온천지대에 천연으로 존재하는 염화암모늄. 암모니아의 염으로 순수한 상태에서 맑은 흰색의 수용성 결정이다. 북정사(北庭砂)라고도 하며, 노사(鹵砂)라고도 쓴다.

33 요사에는……한다 : 《本草綱目》卷11〈金石部〉"硇砂", 655쪽.

34 《臞仙神隱書》上卷〈山居飮食〉"煮諸般肉法"(《四庫全書存目叢書》260, 27쪽) ; 《山林經濟》卷2〈治膳〉"魚肉"(《農書》2, 295쪽) ; 《增補山林經濟》卷8〈治膳〉上"煮硬肉法"(《農書》4, 99쪽).

35 납육(臘肉) : 이전 해 12월에 소금에 절여둔 고기.

36 《說郛》卷95上〈中饋錄〉"治食有法"(《文淵閣四庫全書》881, 407쪽).

면 좋다. 그 냄새는 모두 볏짚 속으로 스며든다.《물　皆入草內.《物類相感志》
류상감지》[37]

상한 고기를 삶을 때는 호두 3개를 사용한다. 호　敗肉, 用胡桃三箇. 每箇鑽
두 1개마다 구멍 10여 개를 뚫어 상한 고기와 함께　十餘穴同煮, 其臭氣皆入
삶으면 그 냄새가 모두 호두 속으로 스며든다.《구　胡桃中.《臞仙神隱書》
선신은서》[38]

6) 생선 삶는 전반적인 법(자어총법)　　煮魚總法
일반적으로 민물생선을 삶을 때는 먼저 물을 붓　凡煮河魚, 先下水下燒則骨
고 여기에 생선을 넣어 불을 지피면 뼈가 연해진다.　酥;江、海魚, 先調滾汁下
반면에 강이나 바다생선은 먼저 조미하여 끓인 국　鍋則骨堅也.《中饋錄》
물이 있는 노구솥에 생선을 넣으면 뼈가 굳어진다.
《중궤록》[39]

생선을 씻을 때에 볶지 않은 참깨의 기름을 1~2　洗魚滴生油一二點則無涎.
방울 떨어뜨리면 점액이 흘러나오지 않는다. 생선을　煮魚下末香【案《臞仙神隱
삶을 때에 말향(末香)[40]【안《구선신은서》에는 '미향　書》作"米香"】, 不腥. 同上
(米香)'이라 했다[41]】을 넣으면 비린내가 나지 않는다.
《중궤록》[42]

생선국을 끓일 때는 삶아서 푹 익으려 할 때에 천　煮魚羹, 臨煮熟, 入川椒多

---

37 《物類相感志》〈飮食〉(《叢書集成初編》1344, 11쪽).
38 《臞仙神隱書》上卷〈山居飮食〉"煮諸般肉法"(《四庫全書存目叢書》260, 27쪽);《山林經濟》卷2〈治
膳〉"魚肉"(《農書》2, 295~296쪽).
39 《說郛》卷95上〈中饋錄〉"煮魚法"(《文淵閣四庫全書》881, 406~407쪽).
40 말향(末香):붓순나무의 껍질과 잎으로 만든 향신료.
41 구선신은서에는……했다:《臞仙神隱書》上卷〈山居飮食〉"凡造食"(《四庫全書存目叢書》260, 32쪽)
42 《說郛》卷95上〈中饋錄〉"治食有法"(《文淵閣四庫全書》881, 407쪽).

초를 많이 넣으면 비린내가 제거된다.《물류상감지》[43]

탱자를 넣어 생선을 삶으면 뼈가 연해진다. 더러는 봉선화씨를 쓰기도 한다.《물류상감지》[44]

생선을 삶을 때는 술을 조금 넣으면 뼈가 가루처럼 물러진다.《산림경제보》[45]

생선을 삶을 때는 먼저 장물을 노구솥에 넣고 끓어오르면 비로소 생선 토막을 넣어 삶는다.《증보산림경제》[46]

두 번째 거른 쌀뜨물에 소금을 타서 생선을 삶으면 맛이 좋다.《증보산림경제》[47]

則去腥.《物類相感志》

枳實煮魚則骨軟, 或用鳳仙花子. 同上

烹魚時, 入酒少許則骨爛如粉.《山林經濟補》

煮魚, 先以醬水下鍋, 待沸滾, 始下魚臠煮之.《增補山林經濟》

第二米泔, 和鹽煮魚, 味美. 同上

7) 단단한 생선 쉽게 연해지게 삶는 법(자경어이연법)

요리사가 단단한 생선살을 삶을 때는 봉선화씨 몇 알을 던져 넣는다. 그러면 생선살이 쉽게 연해지고 물러진다. 그러나 봉선화씨는 치아를 가장 쉽게 손상시킬 수 있고, 많이 쓰면 또한 사람의 목구멍을 찌른다【안】《군방보》에 "봉선화씨를 산사(山査)와 함께 넣는다. 산사로도 단단한 생선살을 연하게 할 수

煮硬魚易軟法

庖人烹魚肉硬者, 投鳳仙子數粒, 卽易軟爛. 然最能損齒, 多用亦戟人咽【案】《群芳譜》云: "與山査同投, 以山査亦能軟堅也"】.《本草綱目》

---

43 《物類相感志》〈飮食〉(《叢書集成初編》1344, 6쪽).
44 《物類相感志》〈飮食〉(《叢書集成初編》1344, 5쪽).
45 《山林經濟》卷2〈治膳〉"魚肉"(《農書》2, 304쪽).
46 《增補山林經濟》卷9〈治膳〉下"魚品類"(《農書》4, 131쪽).
47 《增補山林經濟》, 위와 같은 곳.

있다."⁴⁸라 했다】.《본초강목(本草綱目)⁴⁹》⁵⁰

8) 쇠고기 삶기(자우육방)

쇠고기를 삶을 때는 끓는 물에 쇠고기를 넣고 뚜껑을 덮지 않은 채로, 뭉근한 불로 물러지도록 익힌다.《거가필용(居家必用)⁵¹》⁵²

煮牛肉方

煮牛肉, 滾湯下不蓋, 慢火爛熟.《居家必用》

쇠고기국 끓이는 법(우갱제법) : 사슴고기국[鹿羹] 끓이는 법과 같은 방법이다. 다만 염통·간·위장살·뱃가죽은 굳이 거듭 끓일 필요 없이 다만 노구솥 안에 넣고 푹 삶아서 먹는다.

내장 중에 오직 신장은 잘 펼쳐서 안팎의 껍질과 근막을 벗기고 소금과 술【다량】·식초【소량】로 하루 동안 담근다. 여기에 참기름과 산초 양념을 넣고 양념을 고루 섞은 다음 끓는 물에 넣어 삶아 먹는다.

오직 골수는 따로 꺼내어 화촛가루·총백과 함께 술에 넣어 먹는다.

【안 사슴고기국 끓이는 방법은 아래에 보인다】《구선신은서》⁵³

牛羹制法 : 與鹿羹同, 但心、肝、肚肉、腹皮, 不必重湯, 只可就鍋內, 煮爛食.

惟腎可批開, 剝去內外皮膜, 用鹽、酒【多】、醋【少】, 浴浸一伏時. 入香油、椒料, 打拌均, 燒沸湯攬食.

惟髓則取出, 以花椒末、蔥白, 同下在酒中食.

【案 鹿羹法見下】《臞仙神隱書》

---

48 봉선화씨를……있다 :《廣群芳譜》卷47〈花譜〉"鳳仙", 1131쪽.

49 본초강목(本草綱目) : 중국 명(明)나라의 본초학자(本草學者) 이시진(李時珍, 1518~1593)이 편찬한 본초서. 30여 년 동안에 걸쳐 이전의 본초학 성과를 집대성하고 개인적인 조사와 연구 성과를 반영하여 완성했고, 1596년에 52권으로 간행되었다. 1,892종의 약재를 설명하였다.

50 《本草綱目》卷17〈草部〉"鳳仙", 1210쪽.

51 거가필용(居家必用) : 중국 원(元)나라 때에 편찬된 저자 미상의 가정백과전서로, 원 제목은《거가필용사류전집(居家必用事類全集)》이다. 갑집(甲集)에서 계집(癸集)까지 10집으로 구성되며, 건축·식품·의류·주거 생활 등 각 가정에서 필수적으로 활용할 수 있는 사항을 수록하고 있다. 고려 말 우리나라에 도입되어 조선 후기까지 널리 활용되고 읽혔으며,《정조지》뿐만 아니라《임원경제지》관련 지(志) 곳곳에 인용되었다.

52 《居家必用》庚集〈飮食類〉"煮肉品" '煮諸般肉法'(《居家必用事類全集》, 266~267쪽) ;《山林經濟》卷2〈治膳〉"魚肉"(《農書》2, 297쪽).

53 《臞仙神隱書》上卷〈山居飮食〉"牛羹"(《四庫全書存目叢書》260, 29쪽) ;《山林經濟》, 위와 같은 곳.

사진2 쇠꼬리찜

쇠고기 찌기(우육증방)【안 이는 곧 국[羹] 가운데 즙이 적은 것으로, 조식의 시(詩) 〈명도편〉에서 말한 '전(腃)'이 이것이다54】: 기름기가 많은 고기를 잘라서 덩어리나 편을 만든 다음 기름간장과 양념을 발라둔다. 솥 안에 물 1사발을 부은 다음 솥 안에 가로 세로로 대나무를 얹은 뒤에 고기를 그 위에 안친다. 솥뚜껑을 닫고 젖은 수건으로 뚜껑의 틈을 메워 막은 다음 짚불로 뭉근하게 찐다【불이 너무 맹렬하면 솥이 갈라진다】. 끓는 소리가 들리면 곧 불을 꺼서 뜸을 들인다. 밥을 2번 할 시간이 지나면 또 찐다. 이와 같이 3번 반복하고 꺼낸 다음 볶은 참깻가루·후춧가루를 뿌려 먹으면 그 맛이 매우 특별하다. 《증보산림경제》55

쇠꼬리찜(우미증방) : 살진 쇠꼬리를 꼬리 밑동이 붙은 채로 3~5개를 가져다가 껍질을 벗겨내고

牛肉烝方【案 此卽羹之少汁者, 曹植《名都篇》所謂 "腃"是也】: 肥肉切作塊、片, 用油醬、物料, 鼎內灌水一鉢, 縱橫架竹木於鼎內, 安肉其上. 合鼎蓋, 以濕巾塡塞縫隙, 用藁草慢火烝之【火太猛則鼎坼】. 聞沸聲卽止火養之, 候二炊頃, 又烝之. 如是者三次, 取出, 糝炒芝麻屑、胡椒屑食之, 其味自別.《增補山林經濟》

牛尾烝方 : 肥牛尾連尾根取三五條, 脫去皮, 切四五

---

54 조식의……이것이다 :《曹子建集》卷6〈名都篇〉(《文淵閣四庫全書》857, 286~287쪽).
55 《增補山林經濟》卷8〈治膳〉上 "牛肉膳"(《農書》4, 101쪽).

0.4~0.5척 길이로 자른다. 따로 우족 2개를 깨끗이 손질하고 편으로 자른다. 이를 쇠꼬리와 함께 솥 안에 넣고 물을 부어 중간불로 삶는다. 절반 정도 삶으면 비로소 참기름·간장·총백·생강·산초·볶은 참깨 등의 양념들을 넣고 다시 삶는다. 뼈가 빠져나오고 고기가 물러지면 먹는다. 여기에 다시 무를 넣어 함께 삶아도 좋다.《증보산림경제》[56]

소밥통 볶기(우두초방) : 소밥통 가운데 두터운 표피는 껍질을 벗긴 다음 밤크기로 자른다. 이를 매우 뜨거운 솥 안에 넣고 참기름을 넣어 빨리 볶는다. 잠시 뒤에 꺼내어 뜨거운 채로 표주박에 담고 다시 다른 표주박을 뚜껑 삼아 합하여 덮은 뒤 빠르게 한참 동안 흔든다. 소금물에 다른 양념을 넣고 끓여 국물이 완성되면, 여기에 다시 표주박에 있던 소밥통을 넣고 끓인다. 6/10~7/10이 익었을 때 상에 올린다. 맛이 좋고 연하다. 또는 볶은 참깨의 즙을 써도 좋다.

또 다른 방법 : 소밥통을 삶을 때 밤크기의 황랍(黃蠟)과 깨진 와기의 작은 조각 1개를 깨끗이 씻어 물이 끓는 노구솥 안에 함께 넣어 삶으면 육질이 매우 연하고 맛이 좋다.《증보산림경제》[57]

소도가니 삶기(우행교방) : 겨울에 소정강이뼈 4개

寸長. 另將牛足二個, 治淨劈作片, 竝牛尾同下水於釜中, 以文武火煮之. 煮至半, 始下香油、清醬、蔥白、薑、椒、炒芝麻等物料, 更煮, 至骨脫肉爛而食之. 更入蘿蔔根, 同煮亦佳. 同上

牛肚炒方 : 牛肚厚領去皮, 切如栗子大, 就極熱釜中, 下香油急炒[5]. 片時, 取出乘熱盛瓢, 更以他瓢蓋合, 急簸良久. 用鹽水加物料, 煮成汁, 復納牛肚煮之, 至六七分熟, 供之. 味美且軟. 或用炒芝麻汁亦佳.

又方 : 煮時, 用黃蠟栗子大, 同破瓦一小片, 淨洗, 投沸鍋內同煮則極軟快. 同上

牛𦢊膠方 : 冬月取牛脛四

---

56 《增補山林經濟》卷8〈治膳〉上 "牛肉膳"(《農書》4, 105쪽).

57 《增補山林經濟》卷8〈治膳〉上 "牛肉膳"(《農書》4, 103쪽).

5 炒 : 저본에는 "妙". 오사카본·《增補山林經濟·治膳·牛肉膳》에 근거하여 수정.

를 데친 다음 털과 껍질을 제거하고 편으로 자른다. 이를 노구솥의 끓는 물에 넣고 중간불로 삶다가 고기가 물러지고 뼈가 빠지면 뼈를 건져낸다.

잘게 저민 닭고기를 파·생강【모두 잘게 자른 것】·잣·후추【모두 가루로 만든 것】·볶은 참깨와 함께 소정강이뼈를 삶은 노구솥에 넣고 고루 섞은 다음 다시 하루 동안 삶는다. 즙이 뽀얗게 흐려지고 끈적끈적해지면 놋쟁반 안에 담고 식게 놔두어서 엉겨 붙어 우행교가 되게 한다.

이를 칼로 잘라 사방 0.1척인 편으로 만든 뒤 초간장과 함께 상에 올린다. 이를 민간에서는 '우족병(牛足餠)'이라 부른다【안 이를 비록 '교병(膠餠)'이라 부르지만, 그 실상은 갱확 중에 엉겨붙게 한 음식이다. 그러므로 "쇠고기 삶기" 아래에 덧붙인다】.《옹치잡지》58

늙은 소의 고기는 부뚜막 가의 와기 1조각과 함께 삶으면 쉽게 무른다. 《증보산림경제》59

9) 양고기 삶기(자양육방)

양고기를 삶을 때는 끓는 물에 넣고 뚜껑을 덮은 뒤 뭉근한 불로 오랫동안 익힌다. 《거가필용》60

양머리를 삶을 때는 양머리를 잘라서 데친 다음

隻燖, 去毛、皮, 劈作片. 下鍋滾湯, 以文武火煮之, 待肉爛骨脫, 撈去骨.

將鷄肉剁爛, 同蔥、薑【竝細切】、海松子、胡椒【竝作屑】、炒芝麻子, 入鍋攪均, 更煮一伏時. 待汁渾而黏, 貯鍮盤內, 放冷, 令凝凍爲膠.

刀切作寸片, 以醬醋供之, 俗呼"牛足餅"【案 此雖以"膠餅"爲名, 其實卽羹臛之凝凍者. 故附之"煮牛肉方"下】.《饔饎雜志》

老牛肉, 取竈邊瓦一片, 同煮易爛.《增補山林經濟》

煮羊肉方

煮羊肉, 滾湯下蓋定, 慢火養熟.《居家必用》

煮羊頭, 㨾⑥燖淨, 下鍋煮.

---

58 출전 확인 안 됨.
59 《增補山林經濟》卷8〈治膳〉上 "肉膳治法"(《農書》4, 99쪽).
60 《居家必用》庚集〈飮食類〉"煮肉品" '煮諸般肉法'(《居家必用事類全集》, 266~267쪽).
⑥ 㨾 : 저본에는 "燖".《居家必用事類全集·飮食類·肉下飯品》에 근거하여 수정.

깨끗이 씻어 노구솥에 넣어 삶는다. 여기에 파 5줄기, 귤피 1조각, 좋은 생강 1덩어리, 산초 10여 알을 넣어 몇 차례 끓어오르도록 끓인 뒤에 소금 1순갈을 넣는다. 이를 뭉근한 불로 푹 삶고 식게 놔둔 다음 잘라서 편을 만든다. 먹을 때는 나무사발에 술을 담아놓았다가 뿌려가면서 찌고 뜨거운 채로 상에 올리면 구운 것보다 맛이 좋다. 양의 갈비[棒臁]나 꼬리[尾靶]로도 모두 만들 수 있다. 《거가필용》[61]

入蔥五莖、橘皮一片、良薑一塊、椒十餘粒, 滾數沸, 入鹽一匙, 慢火煮熟放冷, 切作片. 臨食, 木碗盛酒, 灑烝熱供, 勝燒者. 羊棒[7]臁、尾靶[8]皆可製. 同上

양의 폐·밥통·태(胎)·골수를 삶을 때는 재료를 잘라서 씻은 다음 사기항아리에 넣고 삶는다. 여기에 생강 3조각, 산초·소금 각각 약간, 파 3줌을 넣는다. 습지로 항아리주둥이를 덮어 맛이 새어나가지 않게 하고 뭉근한 불로 외제(煨製)[62]한다. 절반쯤 익으면 다시 가늘게 자른다. 여기에 술을 약간 더하고 다시 삶아 연하게 하여 상에 올린다. 《거가필용》[63]

煮羊肺、肚、胎、髓, 切洗, 入砂罐煮. 用生薑三片, 椒·鹽各少許, 蔥三握, 濕紙覆罐口, 勿泄味, 慢火煨, 候半熟, 再切細. 添些酒, 再煮軟供. 同上

양을 찔 때는 양 1마리를 데치고 깨끗하게 씻은 뒤 머리·발굽·창자·밥통 등을 제거한다. 화초(花椒)와 고운 양념, 식초·술을 고루 섞은 다음 고기 위에 끼얹는다. 이를 2시간 정도 담갔다가 빈 노구솥 안에 넣는다. 이때 노구솥 안에 나무막대기로 받침

烝羊, 一隻燖淨, 去頭、蹄、腸、肚等. 用花椒、細物料、醋、酒調均, 澆[9]肉上, 浸一時許, 入空鍋內, 柴棒架起, 盆合泥封. 發火, 不得

---

61 《居家必用》庚集〈飮食類〉"肉下飯品" '法煮羊頭'(《居家必用事類全集》, 269쪽).
62 외제(煨製) : 약의 재료를 습지로 싸서 연기가 나지 않는 뜨거운 잿불에 파묻어 익히는 법
63 《居家必用》, 위와 같은 곳.
7 棒 : 저본에는 없음. 《居家必用·飮食類·肉下飯品》에 근거하여 보충.
8 靶 : 저본에는 "邘". 《居家必用·飮食類·肉下飯品》에 근거하여 수정.
9 澆 : 저본에는 "燒". 오사카본·《居家必用事·飮食類·回回食品》에 근거하여 수정.

대를 만들고 고기를 그 위에 얹은 다음 동이를 덮고 진흙으로 봉한다. 불을 지피되, 불은 너무 세지 않게 하고 고기가 익으면 사발 안에 따로 본래의 즙과 함께 담아 상에 올린다. 《거가필용》[64]

火緊, 候熟, 碗內另供原汁. 同上

양 삶는 법(자양법) : 양고기를 적당한 크기로 잘라 사기노구솥 안에 넣는다. 파·산초를 넣고 삶는 방법 외에 다른 비법 하나가 있다. 다만 품질이 좋은 살구속씨 몇 개를 망치로 두드려 넣고 불을 피워 삶기만 하면 뼈 또한 물러진다는 것이다. 《산가청공(山家淸供)[65]》[66]

煮羊法 : 羊作臠, 實砂鍋內, 除葱、椒外, 有一秘法. 只用槌眞杏仁數枚, 活火煮之, 至骨亦糜爛. 《山家淸供》

양도가니 삶는 법(양행교법) : 양정강이뼈를 삶고 졸여서 찌꺼기를 거른다. 이를 엉겨붙게 하여 양행교를 만드는 공정은 소도가니 삶는 법(우행교법)과 같다. 《음선정요(飮膳正要)》[67]에 "파아필(頗兒必, 양정강이뼈) 40개를 물 1승에 넣고 2/3 이상 줄어들도록 졸인 다음 찌꺼기와 기름을 제거하고, 응고되면 먹는다. 허로(虛勞)[68]와 수약(瘦弱)[69]을 치료한다."[70]라 했다. 이 방법을 통해 오랑캐[胡人]들이 양의 정강이뼈를 '파아

羊鞴膠法 : 用羊脛骨煮熬濾滓, 凝凍爲膠, 如牛鞴膠法. 《飮膳正要》云 : "用頗兒必四十枚, 以水一升熬減太半, 去滓及油, 待凝任食, 治虛勞、瘦弱." 想卽此法, 胡人呼羊脛骨爲"頗兒必". 《饔饎雜志》

---

64 《居家必用》庚集〈飮食類〉"回回食品"'蒸羊眉突'(《居家必用事類全集》, 275쪽) ; 《山林經濟》卷2〈治膳〉"魚肉"(《農書》2, 300~301쪽).

65 산가청공(山家淸供) : 중국 남송(南宋)의 문인 임홍(林洪, 1369~1434)이 쓴 조리서. 산야에서 흔히 볼 수 있는 채소·과일·동물들을 재료로 명칭과 조리법 및 관련 고사를 수록하였다.

66 《山家淸供》卷下〈山煮羊〉(《叢書集成初編》1473, 22쪽).

67 음선정요(飮膳正要) : 중국 원나라의 의학자 홀사혜(忽思慧, ?~?)가 지은 의학서로, 총 3권으로 구성되어 있다.

68 허로(虛勞) : 몸의 정기(正氣)와 기혈(氣血)이 허약해진 병증.

69 수약(瘦弱) : 몸이 여위고 약해지는 증상.

70 파아필……치료한다 : 출전 확인 안 됨 ; 《本草綱目》卷50〈獸部〉"羊"'脛骨', 2743~2744쪽.

필'이라 불렀다는 사실을 알 수 있다. 《옹치잡지》[71]

양을 삶을 때 살구속씨나 와기조각을 넣으면 쉽게 물러지고, 호두를 넣으면 누린내가 나지 않고, 대나무쥐[竹𪛄][72]를 넣으면 맛을 돕는다. 《본초강목》[73]

煮羊, 以杏仁或瓦片則易 糜, 以胡桃則不臊, 以竹𪛄 則助味. 《本草綱目》

일반적으로 여러 종류의 양고기에 잣을 넣으면 독이 없어진다. 《물류상감지》[74]

凡雜色羊肉, 入松子則無 毒. 《物類相感志》

10) 양의 폐에 양념 넣어 삶기(관폐방)

염통(심장)이 달린 양의 폐 1구(具)를 옥엽(玉葉) 다루듯 조심스럽게 깨끗이 씻고 말린다. 생강 6냥으로 자연즙을 취한다【만약 생강이 없으면 말린 생강가루 2.5냥으로 대신한다】. 삼즙[麻泥], 살구즙 모두 1잔, 백면(白麵) 3냥, 콩가루 2냥, 숙유(熟油) 2냥. 이상의 재료를 한곳에 고루 섞고 소금과 양고기즙을 넣는다. 폐의 크기를 살펴서 적당한 양의 양념을 사용한다. 폐 안에 양념을 가득 부어 넣고 푹 삶는다.

또 다른 방법 : 밀가루 0.5근(8냥), 콩가루 0.5근, 참기름 4냥, 말린 생강가루 4냥을 모두 섞어 걸쭉하게 만든 다음 이를 솥에 넣고 푹 끓인다. 이를 방법대로 양의 폐에 부어넣고, 뭉근한 불에 삶는다. 《거가필용》[75]

灌肺方

羊肺帶心一具, 洗乾淨如 玉葉, 用生薑六兩取自然 汁【如無, 以乾薑末二兩半 代之】. 麻泥·杏泥共一盞、 白麵三兩、豆粉二兩、熟油 二兩, 一處拌均, 入鹽、肉 汁, 看肺大小用之, 灌滿煮 熟.

又法 : 用麵半斤、豆粉半斤、 香油四兩、乾薑末四兩, 共 打成糊, 下鍋煮熟, 依法灌 之, 用慢火煮. 《居家必用》

---

71 출전 확인 안 됨.
72 대나무쥐[竹𪛄] : 죽서(竹鼠)과 동물. 대나무를 먹고 산다. 폐(肺)를 촉촉하게 하고, 체내에 진액을 생성하며 창양(瘡瘍)을 해독하고 통증을 완화하는 효능이 있어 약재로 사용되었다.
73 《本草綱目》 卷51 〈獸部〉 "竹𪛄", 2909쪽.
74 《物類相感志》 〈飲食〉 (《叢書集成初編》 1344, 7쪽).
75 《居家必用》 庚集 〈飲食類〉 "燒肉品"(《居家必用事類全集》, 269쪽).

11) 양의 폐 삶기(탕폐방)

폐 1구(具)를 생것으로 길죽한 가닥이나 덩어리로 자른다. 생강 4냥으로 자연즙을 취한다. 여기에 살구즙 2냥, 간장 1시두(匙頭)[76], 소금 0.15냥을 섞은 뒤 폐를 담가 1번 끓이고, 육즙 속에서 2번 끓인 다음 바로 그릇에 담아 상에 올린다. 《거가필용》[77]

12) 양의 내장에 선지를 부어 삶기(관장방)

살진 양의 반장(盤腸)[78]을 대장과 함께 깨끗이 씻어낸다. 생피 1.5국자마다 찬물 1.5국자를 고루 섞어 일반적인 방법에 따라 양의 반장과 대장에 그득하게 붓는다. 생피는 상황에 맞게 양을 조절해서 너무 많지 않게 한다. 피가 너무 많으면 엉겨붙어서 부어 넣을 수 없다.

【안】 양의 피와 물을 반장과 대장에 다 부어넣었으면 기름이나 간장 등의 양념으로 삶아 익혀 상에 올린다. 옛날의 '혈장갱(血臟羹, 선지내장국)'이라는 것은 대개 이와 같은 종류의 음식을 가리킨다】 《거가필용》[79]

13) 양갈비탕(골삽갱) 만들기(골삽갱방)

양의 살진 갈비는 1대마다 5토막으로 자른다. 양

湯肺方

肺一具, 生切作條或塊. 用薑四兩取自然汁. 杏泥二兩、醬一匙頭、鹽錢半, 打拌, 淹肺一滾, 肉汁內兩滾, 便盛供.《居家必[10]用》

灌腸方

肥羊盤腸竝大腸洗淨. 每活血杓半, 涼水杓半攪均, 依常法灌滿. 活血則旋旋對, 不可多了. 多則凝不能灌入.

【案】 灌畢, 當用油醬物, 煮熟薦之. 古所謂"血臟羹", 蓋指此類】《居家必用》

骨插羹方

羊肥肋, 每枝切五段, 每斤

---

76 시두(匙頭): 숟가락의 끝으로 약간 뜬 정도의 양.
77 《居家必用》, 위와 같은 곳.
78 반장(盤腸): 양의 꼬불꼬불한 소장으로 추정된다.
79 《居家必用》, 위와 같은 곳.
[10] 必: 저본에는 없음. 일반적인 용례에 근거하여 수정.

갈비 1근마다 물을 2사발씩 넣고 삶다가 색이 변하면, 깨끗이 일어놓았다가 빻은 흰멥쌀 2숟갈, 파 3줌을 넣고 삶는다. 고기가 절반쯤 연해지면 껍질을 벗긴 마[山藥] 1/3덩이를 넣고 고루 섞는다. 그리하여 고기의 아래위로 진하게 스미고 멥쌀이 물러지도록 한다. 그런 다음 여기에 술 0.5잔, 소금 0.5잔, 말린 생강가루 약간, 식초 0.5국자를 넣고, 다시 유병(乳餠)·죽순·버섯을 조금 넣으면 더욱 좋다. 닭·거위·오리·집비둘기도 이와 같이 조리한다. 《거가필용》[80]

用水二碗煮, 轉色, 下淘淨碎白粳米兩匙、蔥三握. 候肉半軟, 下去皮山藥塊三之一攪均, 令上下濃䜋[11]俟米軟, 入酒半盞、鹽半錢、乾薑末少許、醋半杓, 更入少乳餅、筍、蕈尤佳. 鷄、鵝、鴨、鴿、亦同此製造. 《居家必用》

14) 양고기무국(나복갱) 만들기(나복갱방)

양고기 1근을 주사위모양으로 자르고 무 0.5근도 위와 같은 방법으로 자른다. 이를 물 1~2주발, 파 3줄기, 천초 30알과 함께 뭉근한 불에 삶는다. 이어서 말린 생강가루 1줌, 소금·술·식초 각각 약간씩을 넣어 고기가 연해질 때까지 삶는다. 《거가필용》[81]

蘿菔羹方

羊肉一斤骰塊切, 蘿菔半斤如上切, 水一二碗、蔥三莖、川椒三十粒, 慢火煮. 入乾薑末一捻、鹽·酒·醋各少許, 軟爲度. 《居家必用》

15) 주발에 양고기 찌기(완증양방)

기름기가 많고 부드러운 양고기를 1근마다 편으로 자른다. 거친 주발 1개에 먼저 물을 조금 담고 양고기를 넣는다. 잘게 다진 파 1자밤[撮], 생강 3조각, 소금 1자밤을 넣고 젖은 종이로 사발의 아가리를 봉한다. 끓는 물 위에 주발을 올린 다음 불을 지

碗蒸羊方

肥嫩者每斤切作片, 麤碗一隻先盛少水下肉, 用碎蔥一撮、薑三片、鹽一撮, 濕紙封碗面, 於沸湯上, 火炙數沸, 入酒·醋半盞、醬·

---

80 《居家必用》庚集〈飮食類〉 "肉羹食品"(《居家必用事類全集》, 272쪽).
81 《居家必用》, 위와 같은 곳.
[11] 䜋 : 저본에는 "欛". 《居家必用·飮食類·肉羹食品》에 근거하여 수정.

퍼 몇 차례 끓으면 술·식초 0.5잔, 간장·말린 생강가루를 약간 넣는다. 다시 주발을 봉하고 뭉근한 불로 오랫동안 삶아 고기가 연해지면 상에 올린다. 주발 대신 사기쟁개비를 사용해도 좋다.《거가필용》[82]

乾薑末少許, 再封碗, 慢火養, 候軟供. 砂銚亦可.《居家必用》

16) 돼지고기 삶기(자저육방)

돼지밥통을 씻을 때는 밀가루로 돼지밥통을 씻은 다음 설탕을 넣으면 냄새가 나지 않는다.《중궤록》[83]

煮猪肉方

洗猪肚, 用麪洗猪臟, 用砂糖不氣.《中饋錄》

술지게미로 돼지밥통 찌는 법(조증저두법) : 돼지 위장 1개를 깨끗이 씻는다. 황기·지황을 깨끗이 씻고 방망이로 빻은 다음 밥통 속에 쟁여넣고 내용물이 나오지 않도록 대나무꼬챙이를 입구에 꽂아둔다. 진한 술지게미로 이 밥통을 싸서 항아리 안에 넣은 다음 중탕하여 중간불로 익을 때까지 찐다.《구선신은서》[84]

糟烝猪肚法 : 將猪肚一個淨洗, 將黃芪, 地黃, 洗淨搥碎, 裝入肚內, 以簽簽住, 用醇糟包肚, 放在罐內, 重湯以文武火, 烝熟爲度.《臞仙神隱書》

새끼돼지 찌기(아저증방) : 태어난 지 6~7개월이 된 새끼돼지를, 털을 제거하고 깨끗이 손질한 다음 내장을 제거한다. 따로 꿩고기나 닭고기 및 두부·익힌 무·기름간장·파·마늘·호두와 같은 재료들을 한곳에서 흐물흐물하게 빻는다. 여기에 기름을 넣고 볶아서 반쯤 익으면 꺼내어 둥그런 덩어리로 만든다.

兒猪烝方 : 兒猪生六、七朔者, 去毛治淨, 去內臟. 另將雉肉或鷄肉及豆腐、熟蘿葍、油醬、蔥、蒜、胡桃之類, 一處爛擣, 添油炒半熟, 取出作團.

---

82 《居家必用》庚集〈飮食類〉"燒肉品"(《居家必用事類全集》, 266쪽).
83 《說郛》卷95上〈中饋錄〉"治食有法"(《文淵閣四庫全書》881, 407쪽).
84 《臞仙神隱書》上卷〈山居飮食〉"糟蒸猪肚"(《四庫全書存目叢書》260, 27쪽) ;《山林經濟》卷2〈治膳〉"魚肉"(《農書》2, 297~298쪽).

새끼돼지 뱃속에 이를 꼭꼭 눌러 채워 넣고 실로 꿰맨다. 솥 안에 물을 1사발 정도 넣고 대나무를 교차시켜 솥 안에 받침대를 만든 다음 그 위에 돼지를 안친다. 동이에 물을 담아 솥아가리에 올리고 누런 진흙으로 동이와 솥 사이의 틈새를 봉한다. 짚불로 뭉근하게 찌되, 동이의 물이 따뜻해지면 곧 냉수로 갈아준다. 일반적으로 3번 물을 갈면 돼지가 이미 푹 물러진다. 이를 꺼내어 식으면 초간장을 뿌려 상에 올린다. 《증보산림경제》[85]

塡滿猪腹中, 以線縫之, 釜中下水一鉢許, 以竹木交撑釜內, 安猪於其上. 以盆盛水, 安坐於釜口, 用黃泥封, 以藁草火慢慢煮烝, 盆水溫卽易以冷水. 凡三易水, 猪已爛熟, 取出候冷, 點醋醬供之. 《增補山林經濟》

일반적으로 돼지고기를 삶을 때는 조협자(皁莢子, 쥐엄나무열매의 씨)·뽕나무뿌리껍질·고량강(高良薑)[86]·황랍을 넣어야 누린내가 나지 않는다. 오래 묵은 대껍질을 넣으면 쉽게 익는다. 《본초강목》[87]

凡煮猪肉, 得皁莢子、桑白皮、高良薑、黃蠟, 不發風氣. 得舊籬篾易熟. 《本草綱目》

17) 개고기 삶기(자전육방)

털색이 누런 개가 몸을 크게 보한다. 검은 개는 그 다음이다. 개 1마리를 잡아 이물질을 말끔히 제거하고 뼈를 발라낸 다음 소금·술·식초를 끼얹는다. 고기 1근마다 순주(醇酒)[88] 1잔, 식초 1잔, 흰소금 0.5냥, 기름간장 조금의 비율로, 양념의 분량을 잘 헤아려 개고기에 넣고 고루 섞는다. 동아 1개를

煮犬肉方

犬黃者大補, 黑者次之. 用犬一隻, 退淨剔去骨, 鹽、酒、醋浴過. 每肉一斤, 用醇酒一盞、醋一盞、白鹽半兩、油醬少許, 細料量下拌均. 用冬瓜一箇切去蓋, 取

---

85 《增補山林經濟》卷8〈治膳〉上 "猪肉膳"(《農書》4, 109쪽).
86 고량강(高良薑) : 생강과에 속하는 식물로, 씨는 홍두구(紅荳蔲)라 부르며, 뿌리와 함께 한약재로 쓴다. 양강(良薑)이라 부르기도 한다.
87 《本草綱目》卷51〈獸部〉"豕", 2686쪽.
88 순주(醇酒) : 양조(釀造)한 다음 물을 타지 않고 곧바로 걸러낸 술.

잘라서 덮개를 들어내고 속을 파낸 뒤, 양념한 고기를 안에 담은 다음 그대로 덮개를 덮는다.

또 대꼬챙이를 꽂아서 덮개를 고정시키고 종이로 굳게 봉하여 공기가 새지 않도록 한다. 다음에는 짚으로 꼰 가는 새끼로 동아를 칭칭 얽어 고정시킨다. 이어서 얽어놓은 동아를 소금 섞은 진흙반죽으로 발라 단단하게 고정시킨다.

쌀겨에 불을 붙였다가 쌀겨가 절반쯤 탔으면 동아를 불 속에 묻고 하룻밤 동안 외제한다. 다음날이 되면 동아를 쪼개서 먹는데, 안의 고기뿐만이 아니라 이 동아도 먹을 만하다. 개고기를 삶을 때는 이 방법이 가장 좋다. 만약 동아가 없으면 다만 질항아리를 사용하여 삶아도 좋다.《구선신은서》[89]

개고기를 편으로 자른 다음 싸리바구니에 담아 물살이 센 여울에 담가 하룻밤 동안 묵힌다. 큰 구덩이를 파고 그 안에 숯 20~30승을 태워 땅이 매우 뜨거워지면 재와 깜부기불을 쓸어낸다. 헌 둥구미로 고기를 싸서 구덩이 안에 넣어두고 2~3식경(약 1시간 30분)을 찐 뒤에 꺼내면 누린내가 나지 않는다. 《삼산방(三山方)》[90][91]

出瓢, 將肉盛於內, 仍用蓋合了.

又用竹籤籤定, 紙封固, 不令漏氣. 又用稻草紐索, 將冬瓜纏定. 又用鹽泥固濟.

却用稻糠火燒半着, 却將冬瓜埋在火中, 煨過一宿. 至次日, 剖開食之, 其冬瓜亦堪食. 此法最佳. 如無冬瓜, 則只用瓦罐煮之亦佳. 《臞仙神隱書》

狗肉切作片, 盛枊籠, 沈激湍一宿. 鑿大坎熾炭二三斗, 地極熱, 掃去灰燼. 用空篅裹肉納坎內, 烝二三食頃後, 出之則不腥.《三山方》

89 《臞仙神隱書》上卷〈山居飮食〉"糊犬"(《四庫全書存目叢書》260, 27쪽) ; 《山林經濟》卷2〈治膳〉"魚肉"(《農書》2, 302쪽).
90 삼산방(三山方) : 미상.
91 출전 확인 안 됨.

개 1마리는 껍질·털·뼈를 제거한다. 먼저 뼈를 솥 안에 교차시켜 안친다. 창자만 씻고 다른 내장 및 고기는 모두 물에 씻지 말아야 한다【씻으면 냄새가 난다】. 고기는 찢어서 편으로 만들고, 기름간장 및 후추·천초 등의 양념과 고루 섞은 다음 뼈 위에 올려놓는다.

도기를 솥아가리에 안치고 반죽한 밀가루로 그틈을 발라 김이 새지 않게 해야 한다. 도기 안에 물을 담고 그 상태에서 짚불로 뭉근하게 삶다가 도기의 물이 뜨거워지면 다른 물로 갈아준다. 물을 3번 갈아줄 때쯤이면 고기가 이미 푹 익어 물러진다. 헌 둥구미 2~3개를 태우면 충분하다. 맛이 좋고 개 누린내가 없다. 《산림경제보》[92]

또 다른 방법 : 흐물흐물하게 푹 물러진 개고기를 손으로 잘게 찢는다. 여기에 기름간장·총백·볶은 참깻가루·고춧가루·후춧가루를 넣고 충분히 주무른 다음 대나무체 안에 담는다. 물을 솥 안에 조금 붓고 그 위에 개고기가 든 체를 올린다. 솥뚜껑을 덮고 찌다가 30분이 지나면 꺼낸다. 식은 다음에 먹는다. 《증보산림경제》[93]

민간에서 개 삶는 법 : 살진 개를 깨끗이 손질하되 네 다리만 떼고 창자와 장기를 씻기만 하며, 굳

犬一隻, 去皮、毛、骨, 先以骨交安於鼎中, 只洗其腸, 他臟及肉, 竝皆勿洗於水【洗則生臭】. 割裂作片, 與油醬及胡椒、川椒等物料調均, 置於骨上.

以陶器坐安於鼎口, 用麵調塗其隙, 勿令泄氣. 貯水陶器內, 仍以薰草慢火煮之, 待陶器水熱, 易以他水. 三易則肉已爛, 用空篅二三立足矣, 味佳無犬臭. 《山林經濟補》

又方 : 取爛熟之肉, 以手扯碎. 加油醬、蔥白、炒芝麻末、蠻椒末、胡椒末, 十分揉拌, 盛於竹篩內. 以水少灌鼎中, 加篩於其上, 蓋定烝之, 食頃出之, 候冷食之. 《增補山林經濟》

俗法 : 肥犬治淨, 但分肢脚, 洗腸腑, 不必宰割. 另

---

92 《山林經濟》卷2〈治膳〉 "魚肉"(《農書》2, 302~303쪽).
93 《增補山林經濟》卷8〈治膳〉上 "犬肉膳"(《農書》4, 111쪽).

이 작은 조각으로 자르지는 않는다. 따로 감장(甘醬, 맛이 단 간장) 1큰되를 체로 걸러 찌꺼기를 제거한다. 물 1주발, 기름·식초 각 0.5승【만일 식초가 없으면 좋은 술을 사용해도 좋다】, 볶은 참깨의 가루 0.5 승, 고춧가루 0.1승을 감장과 함께 모두 큰 동이 안에 넣고 묽은 죽처럼 되도록 고루 섞는다. 여기에 개고기 및 내장을 넣고 손으로 한참 동안 섞어 양념이 고기 속으로 스며들게 한다.

그런 뒤에 또 미나리·파 각각 1단을 쓰는데, 먼저 끓는 물에 미나리와 파를 데치고 푸른 물을 제거한 뒤, 잎을 제거한 다음 깨끗이 씻는다【굳이 자를 필요는 없다】.

먼저 개의 양쪽 갈빗살을 솥바닥에 안친 다음 다리들을 넣고 그 다음 내장을 넣는다. 여기에 미나리·파를 한 쪽에 넣고, 물 0.5주발 정도를 가져다 개고기와 양념을 무쳤던 동이 속에 붓고 잘 씻는다. 그 다음 즙과 나머지를 솥 안에 부은 뒤 그대로 솥뚜껑을 닫는다. 젖은 수건으로 솥뚜껑 주위를 둘러매서 아가리를 봉하여 김이 새지 않게 한다【또는 질동이를 솥 입구에 앉히고 동이 안에 물을 대기도 한다】.

짚불을 넣었다 뺐다 하면서 삶는데, 짚을 3~4단 태울 시간이면 고기가 이미 푹 물러져 뼈가 저절로 빠져나올 것이다. 그러면 곧바로 꺼내서 손을 댈 수 있을 만큼 식었을 때, 손으로 고기를 찢은 다음 고기를 삶았던 원래 국물에 담가서 먹는다.

만약 국이나 탕을 만들려고 한다면, 찐 고기와 파·미나리 같은 재료들을 넣고 손으로 잘게 찢은

用甘醬一大升下篩去沙滓, 以水一碗、油·醋各五合【如無醋, 用好酒亦可】、炒芝麻末五合, 蠻椒末一合, 都納大盆內, 調均如薄粥, 投入犬肉及內臟, 以手良久打拌, 令物料透入肉裏.

然後又用芹、蔥各一束, 先焯過沸湯, 去靑水, 去葉淨洗【不必切】.

先將犬兩脅肉安鼎底, 次下肢脚, 次下內臟, 加芹、蔥於一邊, 取水半碗許, 洗物料盆中, 汁與滓灌于鼎中, 仍蓋鼎, 以濕布巾周纏, 吻縫使不泄氣【或用瓦盆安鼎口, 注水盆中】.

以藁草火, 進退煮之, 燒藁草三四束則肉已爛, 骨自脫出矣. 卽取出, 候可入手, 用手劈肉, 蘸原汁食之.

如要作羹、湯, 取烝過肉及蔥、芹之屬, 以手扯搣, 投

다음 솥 안의 원래 국물에 넣는다【국물이 싱거우면 간장을 더 넣고, 짜면 물을 더 넣는다】. 이를 다시 뭉근한 불로 삶아 4~5번 끓으면 먹는다.《증보산림경제》⁹⁴

鼎內原汁中【汁淡則添醬, 如醎則添水】. 更以慢火煮, 四五沸食之. 同上

18) 사슴고기 삶기(자녹육방)

사슴의 혀와 꼬리를 삶을 때는 찬물에 넣어 뭉근한 불로 삶는다. 물이 적고 불이 뭉근하면 맛이 손상되지 않는다.《거가필용》⁹⁵

煮鹿肉方

煮鹿舌、尾, 冷水下, 慢火煮, 水少火慢則不損味.《居家必用》

사슴고기를 삶다가 7/10~8/10이 익으면 바로 먹을 수 있다. 만약 삶아서 너무 익으면 오히려 고기가 뻑뻑하여 맛이 없다.

【안《안성기(安成記)》⁹⁶에 다음과 같은 기록이 있다. "황승(黃昇)⁹⁷이 날마다 사슴고기 3근을 먹었는데, 새벽부터 삶아 해그림자가 서쪽 문에 이르면 기뻐하며 '불이 충분하다'라 했다."⁹⁸ 이는 곧 사슴고기를 삶는 비결이다. '너무 익으면 맛이 없다.'라는 말은 잘못이다】《증보산림경제》⁹⁹

鹿肉煮七八熟, 便可食. 若煮過熟, 則反乾燥, 無味矣.

【案《安成記》云:"黃昇日享鹿肉三斤, 自晨煮, 至日影下門西則喜曰'火候足矣'." 此卽煮鹿旨訣也, 謂"過熟無味"者非】《增補山林經濟》

---

94 《增補山林經濟》卷8〈治膳〉上 "犬肉膳"《農書》4, 111~112쪽).

95 《居家必用》庚集〈飮食類〉"煮肉品"《居家必用事類全集》, 266쪽).

96 안성기(安成記) : 중국 남조(南朝) 송(宋)나라 왕부(王孚, ?~445)가 지은 안성군(安成郡, 지금의 강서성 길안시)의 읍지.

97 황승(黃昇) : ?~?. 중국 남송의 학자. 자는 숙양(叔暘), 호는 옥림(玉林), 화암사객(花庵詞客). 저서로《산화암사(散花庵詞)》1권, 《화암사선(花庵詞選)》20권, 《옥림시화(玉林詩話)》가 있었지만, 원본은 현재 전하지 않고, 편집본이 전해진다.

98 황승(黃昇)이……했다 :《說郛》卷119上〈雲仙雜記〉3 "享鹿肉"《文淵閣四庫全書》882, 767쪽).

99 《增補山林經濟》卷8〈治膳〉上 "鹿肉膳"《農書》4, 113쪽).

사슴국 끓이기(녹갱방) : 고기를 양에 관계없이 깨끗이 씻고 넣어서 물기를 말린다. 먼저 소금과 술【다량】, 식초【소량】를 고기에 끼얹는다. 여기에 화초·회향·홍두(紅豆)·계피를 모두 곱게 가루 낸 뒤 고기의 양을 헤아려 넣는다. 이어서 술·식초·간장을 사슴고기와 고루 섞고 총백 몇 줄기를 더한 뒤에 이를 자기그릇에 넣고 그 아가리를 밀봉한다. 이를 뭉근한 불로 중탕하여 삶다가 고기가 흐물흐물하게 연해지면 먹을 수 있다. 《거가필용》[100]

鹿羹方 : 用肉不拘多少, 洗淨控乾, 先以鹽[12]、酒【多】、醋【少】浴過, 用花椒、茴香、紅豆、桂皮, 俱作細末, 量肉多少下之. 却將酒、醋、醬拌均, 加蔥白數莖, 入磁器, 密封其口, 用重湯慢火煮, 只候軟爛可食. 《居家必用》

19) 토끼고기 삶기(자토육방)

살진 토끼 1마리를 삶아 7/10 정도 익으면 고기를 가늘게 자른다. 참기름 4냥을 달구어 익히다가 토끼고기를 넣은 다음 소금 조금, 잘게 썬 파 1움큼을 넣고 잠깐 동안 볶는다. 이어서 원래 토끼 삶은 국물을 맑게 가라앉혀 고기가 든 노구솥에 넣고 2~3번 끓인다. 여기에 간장을 조금 넣고 다시 1~2번 끓인다. 여기에 국수가락을 넣고 다시 토끼의 신선한 피를 2국자 넣은 다음 1번 끓으면 맛을 본 뒤 소금과 식초를 약간 더한다. 《거가필용》[101]

煮兔肉方

肥者一隻, 煮七分熟, 拆開縷切. 用香油四兩煉熟下肉, 入鹽少許、蔥絲一握炒片時. 却將原汁澄清, 下鍋滾二三沸, 入醬些少, 再滾一二沸. 調麪絲, 更加活血兩杓, 滾一沸, 看滋味添鹽、醋少許. 《居家必用》

20) 곰발바닥 삶기(자웅장법)

곰발바닥은 문드러지게 삶기가 어렵다. 술·식

煮熊掌法

熊掌難胹, 得酒、醋、水三

---

100 《臞仙神隱書》上卷 〈山居飮食〉 "鹿羹" 《四庫全書存目叢書》260, 28~29쪽) ; 《山林經濟》卷2 〈治膳〉 "魚肉" 《農書》2, 296~297쪽).
101 《居家必用》庚集 〈飮食類〉 "肉下飯品" 《居家必用事類全集》, 271쪽).
12 鹽 : 저본에는 "醋". 《居家必用·飮食類·肉下飯品》에 근거하여 수정.

초·물 3가지와 함께 푹 삶아 익으면 크기가 가죽으로 만든 공처럼 된다.《태평성혜방(太平聖惠方)102》103

件同煮, 熟卽大如皮毬也.《太平聖惠方》

곰발바닥을 삶을 때는 석회 끓인 물에 데쳐서 깨끗이 손질한 다음, 베로 싸서 삶아 익힌다. 더러 석회 대신 술지게미를 사용하면 더욱 좋다.《거가필용》104

煮熊掌, 用石灰沸湯撏⒀淨, 布纏煮熟. 或糟尤佳.《居家必用》

21) 당나귀고기 삶기(자려마육방)

당나귀고기를 삶을 때는 냉수에 넣고 뚜껑을 덮지 않은 채로 술을 넣어 삶는다.《구선신은서》105

煮驢馬肉方

煮馬肉, 冷水下, 不蓋入酒煮.《臞仙神隱書》

당나귀의 창자를 삶을 때는 깨끗이 씻어 악취를 없앤 다음 삶다가 절반쯤 익으면 건져내 찌꺼기를 거른다. 여기에 참기름·파·산초를 넣고 양념이 잘 배도록 동이 안에서 주물러준 다음 호두 3개를 넣는다. 물을 갈아주고 연하게 삶는다.《구선신은서》106

煮驢馬腸, 淨洗無穢氣, 候半熟漉出, 用香油、蔥、椒於盆內拌, 入胡桃三箇, 換水煮軟. 同上

22) 닭고기 삶기(자계방)

이백(李白)107의 시에 다음과 같이 읊었다.

煮鷄方

李白詩云:

---

102 태평성혜방(太平聖惠方) : 중국 북송의 한림의관원(翰林醫官院) 왕회은(王懷隱) 등이 992년에 편찬한 대형 임상 방서(方書). 총 100권이며, 《성혜방(聖惠方)》이라고 일컫는다.

103 출전 확인 안 됨 ;《本草綱目》卷51〈兽部〉"熊", 2839쪽.

104《居家必用》庚集〈飮食類〉"煮肉品"《居家必用事類全集》, 267쪽).

105《臞仙神隱書》上卷〈山居飮食〉"煮諸般肉法"《四庫全書存目叢書》260, 26쪽) ;《山林經濟》卷2〈治膳〉"魚肉"《農書》2, 302쪽).

106《臞仙神隱書》上卷〈山居飮食〉"煮諸般肉法"《四庫全書存目叢書》260, 27쪽) ;《山林經濟》卷2〈治膳〉"魚肉"《農書》2, 301~302쪽).

107 이백(李白) : 701~762. 중국 당나라의 시인. 자는 태백(太白), 호는 청련거사(靑蓮居士). 중국 최고의 시인으로 추앙되며 시선(詩仙)으로 불린다.

⒀ 撏 : 저본에는 "燖".《居家必用事類全集·飮食類·煮肉品》에 근거하여 수정.

"정자 위에는 초록빛 맛좋은 술 철철 넘치고,
소반에는 황금빛 닭 일품이네."[108]

닭고기 삶는 방법은 다음과 같다. 닭을 데쳐 깨
끗이 씻고, 참기름과 함께 소금물에 삶는데 여기에
파와 산초를 넣는다. 고기가 익으면 찢어서 그릇에
담고 원래 국물은 따로 상에 올린다. 이를 혹 술과
함께 상에 올리면 '백주(白酒)가 처음 익었을 때 황금
빛 닭이 마침 살이 찐'[109] 모습을 본 즐거움을 얻은
것이다. 만약 닭볶음과 같은 새로운 방법이 있더라
도 산가에서 기꺼이 할 수 있는 방법이지만, 그런 요
리는 진미가 아닐까봐 걱정된다. 《산가청공》[110]

닭을 화롯불에 굽는 법(노배계법) : 닭 1마리를 물
에 삶아 8/10 정도 익힌 다음 작은 덩이로 자른다.
노구솥에 기름을 조금 넣고 뜨겁게 달군 다음 닭고
기를 솥 안에 넣고 약간 볶는다. 그런 다음 정자(錠
子, 발이 달린 찜기)나 주발의 뚜껑을 덮고 뜨거워지도록
불을 지핀다. 여기에 식초와 술을 서로 절반의 비율
로 넣고, 소금을 조금 넣은 다음 삶다가 다 졸아들
면 다시 삶는다. 이와 같이 몇 차례 반복하여 충분
히 연하게 익으면 꺼내 쓴다. 《중궤록》[111]

"亭上十分綠醅酒,
盤中一味黃金鷄."
其法 : 燖鷄淨洗, 用麻油、
鹽水煮, 入葱、椒. 候熟,
擘釘, 以原汁別供. 或薦以
酒, 則"白酒初熟, 黃鷄正
肥"之樂得矣. 有如新法,
用炒等製, 非山家不屑爲,
恐非眞味也.《山家淸供》

爐焙鷄法 : 用鷄一隻, 水
煮八分熟, 剁作小塊. 鍋
內放油少許, 燒熱, 放鷄在
內略炒. 以錠子或碗蓋定,
燒及熱, 醋、酒相半, 入鹽
少許, 烹之, 候乾再烹. 如
此數次, 候十分酥熟, 取
用.《中饋錄》

---

108 정자……일품이네 :《說郛》卷74 上〈黃金鷄〉(《文淵閣四庫全書》880, 162쪽).
109 백주(白酒)가……찐 : 백주 막 익을 때 산속으로 돌아오니, 황금빛 닭이 기장을 쪼아먹곤 가을이 되어 살쪘
　　네(白酒新熟山中歸, 黃鷄啄黍秋正肥).《李太白文集》卷12〈歌詩三十六首〉"南陵別兒童入京"(《文淵閣四
　　庫全書》1066, 309쪽).
110《山家淸供》卷上〈黃金鷄〉(《叢書集成初編》1473, 5쪽).
111《說郛》卷95上〈中饋錄〉"爐焙鷄"(《文淵閣四庫全書》881, 405쪽) ;《遵生八牋》卷11〈飮饌服食牋〉上
　　"脯鮓類" '爐焙鷄'(《遵生八牋校注》, 423쪽).

사진3 칠향계(중탕이 아닌 무쇠솥에 직접 가열하는 방식으로 변형했다)

사진4 총계탕

닭 볶는 법(초계법) : 닭 1마리마다 깨끗이 손질한 뒤 달군 참기름 3냥에 고기를 볶는다. 여기에 파·마늘 그리고 소금 0.5냥을 넣고 7/10 정도 익도록 볶는다. 간장 1숟갈에 후추·천초·회향을 흐물흐물해지도록 함께 간다. 이를 물 1큰주발에 넣고 이 양념을 노구솥에 부은 뒤 고기가 익을 때까지 삶는다. 여기에 좋은 술을 조금 더하면 더욱 좋다. 《구선신은서》[112]

炒鷄法 : 鷄每隻治淨, 煉香油三兩炒肉, 入蔥、蒜、鹽半兩, 炒七分熟. 用醬一匙,同研爛胡椒、川椒、茴香, 入水一大碗, 下鍋煮, 熟爲度. 加好酒些少尤好. 《臞仙神隱書》

7가지 양념으로 닭 삶는 법(칠향계법) : 살지고 묵은 닭은 털을 제거하고 깨끗이 씻는다. 닭의 아래쪽에 구멍을 내고 창자와 위장을 꺼낸 뒤에 도라지(삶아서 물에 담가 쓴 맛을 제거한 것) 1사발, 생강 4~5조각, 파 1움큼, 천초 1자(字), 간장 1종지, 식초와 기름 각 0.5종지, 이상의 7가지 재료를 고루 섞어 닭의 뱃속에 넣는다. 짜투리 양념이 남아 있으면 사기항아리나 옹기항아리 속에 닭과 함께 담고 기름종이로 항아리의 아가리를 봉한다. 또 사기대접으로 덮은 다음 노구솥에서 물로 중탕했다가 익으면 먹는다. 닭고기 요리 중에는 제일의 상품이다. 《산림경제보》[113]

七香鷄法 : 陳肥鷄, 去毛淨洗, 從下作穴, 出其腸、肚後, 桔梗(煮浸去苦味)一鉢、薑四五片、蔥一握、川椒一字、淸醬一鍾、醋油各半鍾, 右七味和雜, 納於鷄腹中. 滓如有餘, 同盛於砂瓦缸中, 用油紙封口. 又以砂楪蓋之, 鍋水重湯, 候熟食之. 鷄膳中第一上品也.《山林經濟補》

파 넣고 닭 삶는 법(총계탕법) : 살진 암탉의 털과 창자와 위장을 제거한다. 파는 수염과 잎을 제거한다. 물 3~4주발을 삼발이솥에 넣고 닭과 파와 함께 삶아 1번 끓인다. 여기에 다시 좋은 식초·부드럽고

蔥鷄湯法 : 肥雌鷄去毛及腸、肚, 蔥去鬚葉, 水三四碗入鐺煮一沸. 更入好醋、美醬、香油各一鍾, 文武火

112 《臞仙神隱書》上卷〈山居飮食〉"用炒鷄"(《四庫全書存目叢書》260, 27쪽) ;《增補山林經濟》卷8〈治膳〉上 "鷄肉膳"(《農書》4, 114~115쪽).
113 《山林經濟》卷2〈治膳〉"魚肉"(《農書》2, 303쪽).

맛있는 장·참기름을 각각 1종지씩 넣고 중간불로 흐물흐물해지도록 삶는다. 그런 뒤에 계란 6~7개를 삼발이솥에 두드려 껍질을 깨고 삼발이솥 안에 흰자와 노른자를 부어넣은 다음 다시 몇 차례 끓어오르도록 삶는다. 《증보산림경제》[114]

영계[軟鷄] 삶는 법(연계증법) : 닭은 부화한 지 50~60일은 지나야 비로소 요리를 상에 올릴 수 있다. 방법대로 깨끗이 손질한 다음 아래쪽에 구멍을 뚫어 창자를 제거한다. 따로 쇠고기나 돼지고기를 흐물흐물해지도록 찧어 놓는다. 감장(甘醬)【체질하여 알갱이를 제거한다】·차조기잎·파·산초·생강·참기름 및 닭의 염통과 간을 앞의 고기재료와 함께 고루 섞고 흐물흐물해지도록 찧은 뒤 닭의 뱃속에 채워 넣고 봉한다.

삼발이솥 안에 물을 넣고 닭을 매우 흐물흐물하게 삶은 다음【남은 양념들을 함께 물에 넣어 삶는다】밀가루 조금과 함께 고루 섞는다. 또 기름간장을 넣고 다시 삶아 국물이 뿌옇게 되도록 한다. 계란노른자와 흰자를 따로 지져서 얇은 지단을 만든 다음 실처럼 가늘게 썬 뒤 삶은 닭 위에 뿌려 상에 올린다. 《증보산림경제》[115]

늙은 닭을 삶을 때는 산사 몇 알을 넣으면 곧 고

煮爛, 然後將鷄子六七個, 就鐺叩破殼, 灌入黃、白于鐺內, 更煮數沸.《增補山林經濟》

軟[14]鷄烝法：鷄生五六十日, 始可供膳, 如法治淨, 從下作穴去腸. 另將牛肉或猪肉擣爛, 甘醬【篩去沙】、紫蘇葉、蔥、椒、生薑、香油及鷄心肝, 竝前肉料, 拌均擣爛, 塡入鷄腹內而封之.

鐺中下水, 烹至極爛【物料餘者, 同入水烹】, 以麳麪少許和均, 又下油醬, 再煮令汁渾, 用鷄子黃、白煎, 作薄餠, 切爲絲, 糝其上供之. 同上

煮老鷄, 入山查數顆, 卽易

114《增補山林經濟》卷8〈治膳〉上 "鷄肉膳"(《農書》4, 115~116쪽).
115《增補山林經濟》卷8〈治膳〉上 "軟鷄烝法"(《農書》4, 117~118쪽).
[14] 軟 : 오사카본에는 "嫩".

기가 쉽게 물러진다. 더러는 백매를 넣고 삶아도 좋다. 《물류상감지》[116]

爛. 或用白梅煮亦好.《物類相感志》

23) 거위나 오리 삶기(자아압방)

주방에서 재료로 쓰는 거위는 부화한 지 100일이 넘은 것으로, 새끼오리는 부화한 지 60~70일이면 좋다. 이 시기가 지나면 고기가 질겨진다.

거위나 오리 찜 만드는 법(녹아압법) : 거위나 오리 1마리마다 깨끗이 손질한다. 달군 참기름을 가열하다 색이 황색으로 변하면 손질한 고기를 술·식초·물 3가지 재료에 잠기도록 참기름에 넣는다. 여기에 고운 양념 0.5냥, 파 3뿌리, 간장 1숟갈을 넣고 뭉근한 불에 오랫동안 익힌다. 《구선신은서》[117]

늙은 거위를 삶을 때에 잘 물러지지 않는 경우 부뚜막 가에서 깨진 와기 1조각을 가져다 함께 삶으면 곧 진흙처럼 물러진다. 양도 그렇다. 《물류상감지》[118]

앵두나무잎을 넣고 늙은 거위를 삶으면 쉽게 연해져 잘 익는다. 《본초강목》[119]

煮鵝鴨方

供廚子鵝百日以外, 子鴨六七十日佳, 過則肉硬.[15]

燒鵝鴨法：每隻治淨, 煉香油燡變黃色, 同酒、醋、水三件中停浸沒, 入細料物半兩、蔥三莖、醬一匙, 煨火養熟.《臞仙神隱書》

煮老鵝不爛, 就竈邊, 取瓦一片同煮, 卽爛如泥. 羊亦然.《物類相感志》

櫻桃葉煮老鵝, 易軟熟.《本草綱目》

---

116 《物類相感志》〈飮食〉(《叢書集成初編》1344, 5쪽).
117 《臞仙神隱書》上卷〈山居飮食〉"燒鵝鴨"(《四庫全書存目叢書》260, 27쪽) ; 《山林經濟》卷2〈治膳〉"魚肉"(《農書》2, 303~304쪽).
118 《物類相感志》〈飮食〉(《叢書集成初編》1344, 11쪽).
119 《本草綱目》卷10〈果部〉"櫻桃", 1800쪽 ; 《山林經濟》卷2〈治膳〉"魚肉"(《農書》2, 304쪽).
15 供……硬 : 출전 확인 안 됨.

24) 기러기 삶기(자안방)

기러기를 삶을 때는 끓는 물에 넣고 뭉근한 불로 오랫동안 삶아 8/10 정도 익힌다. 《구선신은서》[120]

煮鴈方

煮鴈滾湯下, 慢火養八分熟.《臞仙神隱書》

25) 잉어 삶기(자리방)

생잉어를 매달고 꼬리를 잘라 피를 빼내면 비린내가 없어진다. 《산림경제보》[121]

煮鯉方

取生鯉, 繫懸而割其尾, 出血則無臭.《山林經濟補》

잉어 삶는 법(팽리법) : 생잉어를 가져다 배를 가르고 보면 핏줄 2개가 등줄기를 끼고 내려가는데, 칼로 이 핏줄을 발라낸다. 다시 칼을 잡고 가로로 대가리를 찔러 누런 즙을 제거하면 비린내가 없어진다. 비늘은 제거하지 말고 4~5토막으로 자른다【큼지막하게 잘라야지 작게 자르면 좋지 않다】.

솥 안에 물을 붓고 먼저 1번 끓어오른 다음 비로소 잉어를 넣고 솥을 덮은 뒤 물이 2/3로 줄어들 때까지 삶는다. 따로 맛이 좋은 감장에 물을 더한 다음 체질하여 국물을 붓고, 여기에 다시 신 막걸리 1사발【순주(醇酒)도 좋다】을 넣고 오랫동안 삶아 익힌다. 밥을 1번 할 시간이면 그 즙이 멀건 죽처럼 흐려진다. 식으면 먹는다.

또 다른 방법 : 잉어는 위의 방법과 같이 손질한다. 솥 안에 물을 많이 부은 다음 또 청주 1사발을 넣는다. 여기에 잉어를 넣고 물러지도록 삶다가 물

烹鯉法 : 取生鯉, 刳腹見之, 則有兩血絡, 夾脊而下, 以刀剔去之. 復以刀, 橫刺其腦, 去黃汁則無臭. 勿去鱗, 切作四五段【要大不宜少】.

釜中下水, 先滾一沸, 始納魚, 蓋釜煮之, 待水縮三分之二. 另將味好甘醬添水, 篩下取汁灌之, 更入酸濁醪一鉢【醇酒亦好】, 煮之仍養熟. 一炊時, 則其汁渾如稀粥, 候冷食之.

又法 : 治鯉如上法, 釜中多下水, 又下清酒一鉢, 投鯉爛烹, 水幾盡縮取出. 用醋

---

120 《臞仙神隱書》上卷〈山居飮食〉"煮諸般肉法"(《四庫全書存目叢書》260, 27쪽) ;《山林經濟》, 위와 같은 곳.
121 《增補山林經濟》卷9〈治膳〉下 "魚品類" '鯉'(《農書》4, 134쪽).

이 거의 다 줄어들면 꺼낸다. 이를 초간장에 담가 먹으면 좋다.

위의 2가지 방법에 모두 생강·파 등의 양념을 넣되, 잉어를 삶아서 절반쯤 익었을 때 넣는다. 《증보산림경제》[122]

생선뼈 가루내기(분골어): 잉어를 깨끗이 씻은 다음, 토막 내지 말고 소금에 적당히 절인다. 잉어 뱃속에 고운 양념·산초·생강·파채를 넣는다. 노구솥 안에 물을 부은 다음 술을 0.5잔 넣고 생선을 내려놓는다. 여기에 닥나무열매가루 0.3냥을 뿌리고 뚜껑을 덮어 김이 새지 않도록 한 뒤, 뭉근한 불로 반나절 혹은 하룻밤 동안 푹 곤다. 그런 다음 이를 소반 위에 식게 놔둔다. 이렇게 하면 그 뼈가 마치 가루처럼 된다. 《거가필용》[123]

26) 붕어 삶기(자즉방)

큰 붕어를 등줄기 위로부터 칼로 갈라서 열고 창자와 위장을 제거한다. 쇠고기·돼지고기·파·생강·산초·버섯 등을 잘게 저미고 참기름으로 볶아낸 뒤, 붕어 뱃속에 채워 넣고 좋은 식초 1~2순갈을 넣는다. 붕어입 속에는 백반 1작은조각을 넣는다. 녹둣가루를 물에 개어 풀을 쏜 다음 등뼈를 칼로 가른 흔적을 발라서 가리고 실로 묶어 솥에 안친다.

醬蘸食之佳.

兩法, 皆入薑、蔥等料於煮半熟時. 《增補山林經濟》

粉骨魚：鯉魚洗淨, 勿切碎, 鹽醃得所. 魚腹內納細料物、椒、薑、蔥絲, 鍋內着水, 入酒半盞, 放下魚. 糝楮實末三錢, 蓋定勿走氣, 慢火養半日或一夜. 放冷置盤中, 其骨如粉.《居家必用》

煮鯽方

大鯽魚從背脊上, 以刀裂開, 取去腸、肚. 將牛·猪肉、蔥、薑、椒、蕈等, 剁爛麻油炒出, 填納魚腹中, 入好醋一二匙. 魚口中納白礬一小片, 用綠豆粉水溲爲糊, 塗掩背脊割開之痕, 以線縛, 定入鼎.

---

122 《增補山林經濟》, 卷9〈治膳〉下 "魚品類" '鯉'(《農書》4, 134~135쪽).
123 《居家必用》庚集〈飮食類〉"肉下飯品"(《居家必用事類全集》, 271쪽).

여기에 물을 조금 부어 뭉근한 불로 오랫동안 익힌다. 적당한 양의 기름간장과 밀가루를 넣는다. 붕어가 다 익으면 국물과 함께 접시 안에 놓은 다음 잣과 계란지단을 고명으로 뿌려 상에 올린다.《증보산림경제》[124]

붕어뼈 무르게 익히는 법(수골어법) : 붕어 2근을 깨끗이 씻은 다음 소금에 절이고 널어서 말린다. 칡술이나 쑥술을 붕어 배에 발라 바삭해지도록 구운 뒤 식게 놔둔다. 물 1큰주발, 시라·천초 각 0.1냥, 마근(馬芹)[125]·귤피 각 0.2냥, 잘게 자른 사탕 1냥, 메주 0.3냥, 소금 1냥, 기름 2냥, 술·식초 각 1잔, 파 2움큼, 간장 1순가락, 닥나무열매가루 0.5냥을 고루 섞는다.

노구솥 안에는 댓잎을 펼치고 붕어를 놓은 다음 댓잎으로 덮어둔다. 섞어놓은 양념액을 부어넣고 붕어가 잠기도록 한 뒤, 쟁반으로 봉하여 막는다. 이를 뭉근한 불로 오랫동안 익히면, 그 뼈가 모두 부드러워진다.《거가필용》[126]

다른 방법 : 큰 붕어를 깨끗이 손질한 다음 장물·술 조금, 차조기잎 1큰자밤, 감초 조금과 함께 반나절 동안 삶는다. 익으면 상에 올려 먹는다.《준

少[16]灌水, 慢火養熟. 量宜下油醬、糵麪. 旣熟拉汁置楪中, 糝海松子、鷄卵花供之.《增補山林經濟》

酥骨魚法 : 鯽魚二斤洗淨, 鹽醃控乾. 以葛、蕒釀抹魚腹, 煎令皮焦, 放冷. 用水一大碗, 蒔蘿·川椒各一錢、馬芹·橘皮各二錢、細切糖一兩、豉三錢、鹽一兩、油二兩、酒·醋各一盞、蔥二握、醬一匙、楮實末半兩, 攪均. 鍋內用箬葉鋪, 將魚頓放箸覆蓋, 傾下料物水浸沒, 盤合封閉. 慢火養熟, 其骨皆酥.《居家必用》

一法 : 大鯽魚治淨, 用醬水·酒少許、紫蘇葉一大撮、甘草些少, 煮半日. 候熟供

124《增補山林經濟》卷8〈治膳〉下 "魚品類" '鯽魚'(《農書》4, 140쪽)
125 마근(馬芹) : 미나리과에 속하는 식물의 씨앗으로, 독특하고 강한 향이 있으며, 약한 매운맛과 쓴맛이 난다. 향신료로 사용된다.
126《居家必用》庚集〈飮食類〉"肉下飯品"(《居家必用事類全集》, 271~272쪽).
[16] 少 : 저본에는 小. "《增補山林經濟·治膳·魚品類》에 근거하여 수정.

생팔전》[127]

食.《遵生八牋》

붕어는 강이나 호수에 살면서 황금색을 띠는 것이 좋다. 연못에서 기르는 붕어는 맛이 떨어진다.

붕어 삶는 법 : 비늘을 벗기지 않고, 양념을 쓰지 않은 채로 화롯불 위에서 굽는다. 비늘이 우둘투둘하게 일어나면 붕어를 가져다 뜨거운 삼발이솥 안에 넣고 끓이지 않은 물로 삶아 익히면 비린내가 나지 않는다. 다 익으면 초간장과 함께 상에 올린다.《옹치잡지》[128]

鯽生江湖, 金黃色者佳, 池塘內養者味劣.

煮法 : 勿去鱗, 勿用料, 就爐火上炙之. 候鱗鬆起, 取入熱鐺內, 用白水煮熟則不腥. 旣熟以醋醬供.《饔餼雜志》

붕어는 좁쌀[稷]이 변화한 것이라[129] 술로 달이면 몸에 매우 유익하다.《산가청공》[130]

鯽, 稷所化, 以酒煮之, 甚有益.《山家清供》

27) 준치 삶기(증시방)

준치의 내장은 제거하고 비늘은 제거하지 않은 채로, 홍차를 뿌린 뒤 문질러서 비린내를 없앤다. 이를 깨끗이 씻고 큰 토막으로 잘라 탕라(盪鑼, 넓고 얕은 냄비)에 담는다. 먼저 염교잎이나 줄풀이나 죽순 조각을 탕라 안에 깔아둔 뒤에 준치를 넣고 술과 식초 모두 1주발씩을 소금·간장·화초(花椒) 조금과 섞는다. 그 다음 끓는 물에 넣어 잠시 동안 익혀 상에

蒸鰣方

去腸不去鱗, 摻紅茶, 抹去腥. 洗淨切作大段, 盪鑼盛. 先鋪薤葉或茭菜或筍片, 酒、醋共一碗, 和鹽、醬、花椒少許, 放滾湯頓熟供.

127《遵生八牋》卷11〈飮饌服食牋〉上 "脯鮓類" '酥骨魚'(《遵生八牋校注》, 423쪽).

128 출전 확인 안 됨.

129 붕어는……것이라 : 《본초강목》의 붕어 조에도 "붕어는 좁쌀이 변화한 것이라 배에 쌀색이 있다(鯽是稷米所化, 故腹尚有米色)."라 했다.《本草綱目》卷44〈鱗部〉"鯽魚", 2443쪽.

130《山家清供》卷上〈黃金鷄〉(《叢書集成初編》1473, 13쪽).

올린다.

혹 준치를 지져서 먹을 때는 기름을 조금만 넣어야 한다. 준치에서 기름이 저절로 나오기 때문이다. 《구선신은서》131

或煎食少用油，油自出. 《臞仙神隱書》

28) 복어국(하돈갱) 만들기(하돈갱방)

河豚羹方

복어는 피와 알에 맹독이 있으므로, 잘못 먹으면 반드시 사람이 죽는다.

血與卵有大毒，誤食必殺人.

익히는 법 : 복어는 배를 가르면 종횡으로 이어진 핏줄이 보이는데, 칼의 뾰족한 끝으로 핏줄을 섬세하게 발라낸다. 이때 실굵기의 절반 정도 되는, 가는 실핏줄조차 남기지 않는다. 또 섬세하게 두드려 등뼈 사이의 피를 제거한다.

飪法 : 取河豚刳腹，見縱橫血絡，以刀尖細細剔去，不留半絲許，又細細擣去脊間血.

모래알 같은 복어알에는 독이 있으니, 제거한다. 오직 살지고 부드러운 흰 정소(精巢)만은 독이 없고 맛이 좋아 민간에서는 이를 '서자유(西子乳)'132라 부른다. 이를 제거하지 말고 복어 뱃속에 거두어 넣은 다음 실로 단단히 묶은 뒤 뜨거운 노구솥 안에 안친다. 여기에 참기름을 넣고 백반 1작은덩이를 넣어 녹인다. 복어를 데친 다음 다시 장물【맛이 싱거워야 한다】·참기름·미나리·파·소루쟁이잎을 넣고 뭉근한 불로 2~4시간 동안 삶는다.

卵之沙者有毒，去之. 惟謹其膩軟而白者，無毒味佳，俗呼"西子乳"，勿去之，收入魚腹內，以絲縛定⑰熱鍋內. 下香油，以白礬一小塊投令熔化. 將河豚焯過，更下醬水【要淡】、香油、芹、蔥、羊蹄葉，慢火煮一二時辰.

또 다른 방법 : 복어의 흰살만을 취하여 편으로

又方 : 但取河豚白肉，切作

---

131 출전 확인 안 됨 ;《山林經濟》卷2〈治膳〉"魚肉"(《農書》2, 304~305쪽).
132 서자유(西子乳) : 중국 춘추시대 월(越)나라의 미인 서시(西施)의 젖가슴처럼 아름답고 하얗다는 의미를 담은 작명이다.
⑰ 定 : 저본에는 "足". 오사카본에 근거하여 수정.

잘라낸 뒤, 참기름에 볶아낸다. 여기에 다시 양념[物料][133]을 넣고 국을 끓이면 만에 하나라도 맛을 잃어버리지 않으니, 또한 뛰어난 맛이다. 《증보산림경제》[134]

片, 香油炒煠控起, 更用物料, 煮爲羹, 萬無一失味, 亦絕味. 《增補山林經濟》

29) 게 삶기(자해방)

게를 생강·차조기·귤피·소금과 함께 삶다가 팔팔 끓자마자 곧 뒤집는다. 다시 한번 팔팔 끓인 다음 곧 먹는다. 일반적으로 게를 삶을 때는 삶자마자 바로 먹으면 좋다. 한 사람을 기준으로 다만 게 2마리를 삶아 먹는 것이 좋다. 다시 삶은 뒤에 오렌지[橙]를 찧고 식초에 버무려 게와 함께 상에 올린다. 《운림일사(雲林逸事)[135]》[136]

煮蟹方

用生薑、紫蘇、橘皮、鹽,同煮, 才大沸透, 便翻. 再一大沸透, 便啖. 凡煮蟹, 旋煮旋啖則佳. 以一人爲率, 祇可煮二隻啖. 已再煮, 擣橙, 薑醋供. 《雲林逸事》

게 삶기 : 게에 꿀을 바르고, 말렸다가 삶으면 껍질이 푸른색을 띤다. 《물류상감지》[137]

煮蟹 : 用蜜塗之, 候乾煮之則靑. 《物類相感志》

감꼭지 3~5개를 게와 함께 삶으면 껍질이 푸른색을 띤다. 《중궤록》[138]

用柹蔕三五個, 用蟹煮, 色靑. 《中饋錄》

생게를 양에 관계없이 껍질을 열고 황자(黃紫)색 속살을 긁어낸 뒤, 깨끗한 그릇에 저장한다. 이어서

生蟹不拘多少, 揭開甲, 刮出黃紫膏, 淨器收貯. 更取

---

133 양념[物料] : 《增補山林經濟·治膳·魚品類》에는 '양념은 위와 같다(物料上同)'라는 구절이 있다.
134 《增補山林經濟》卷9 〈治膳〉 下 "魚品類"(《農書》4, 141~142쪽).
135 운림일사(雲林逸事) : 중국 원나라 화가이자 시인인 예찬(倪瓚, 1301~1374)의 여러 일화 및 행적을 기록한 서적. 《청비각전집(清閟閣全集)》에 전하며 《운림유사(雲林遺事)》라고도 한다.
136 《雲林遺事》〈五目〉 "飮食"(《叢書集成初編》3447, 5쪽).
137 《物類相感志》〈飮食〉(《叢書集成初編》1344, 6쪽).
138 《中饋錄》〈煮蟹靑色蛤蜊脫丁〉(《文淵閣四庫全書》881, 407쪽).

껍질과 집게발을 칼등으로 흐물흐물해지도록 찧어 진흙처럼 되면, 체 위에 올려두고 주물러서 즙을 낸 다음 앞의 황자색 속살과 함께 섞어 합친다.

따로 동아는 껍질과 속을 제거하고, 흰살만 주사 위크기로 자른다. 먼저 장물과 고기양념을 삼발이솥에 넣고 팔팔 끓인다. 다음에 동아를 넣고, 그런 다음에는 게즙을 넣고 숟갈로 급히 섞는다. 이는 재료들이 엉겨 덩어리가 되지 않게 하기 위함이다. 익으면 후추 등의 양념을 뿌려 상에 올린다.《증보산림경제》[139]

게를 파 및 오미자와 같이 삶으면 색이 변하지 않는다.《본초강목》[140]

30) 향을 낸 우렁이국(가향라갱) 만드는 법(가향라갱법)

우렁이를 맑은 물에 3일 동안 기르면서 익힌 오리 알 노른자를 물 위에 뿌려 깨끗이 먹게 한다. 대바구니 안에 우렁이를 고루 배치한 뒤, 노구솥에 냉수를 붓고 뭉근한 불로 쪄서 우렁이 살이 껍질 밖으로 모두 나오면 내장과 살에 붙은 동그란 딱지를 제거한다. 이를 소금·간장·산촛가루·귤껍질채·회향가루와 고루 섞는다.

대바구니 안에는 먼저 분피(粉皮, 얇은 녹말묵 말린 것) 1개를 깔고 생분사(粉絲, 당면)를 뿌린 다음 우렁이살을 고루 배치한다. 여기에 다시 분사를 뿌리고

甲與足螯, 以刀背擣爛成泥, 接置篩上, 按取汁, 同前黃紫膏交合.

另將冬瓜去皮及瓤, 只取白肉切作骰子大. 先用醬水、肉料, 下鐺煎滾, 次下冬瓜, 次下蟹汁, 以匙急攪之, 令不團作塊子, 待熟, 糝胡椒等物料供之.《增補山林經濟》

蟹得蔥及五味子同煮, 則色不變.《本草綱目》

假香螺羹法

田螺淸水養三日, 以鴨子黃灑上令食淨. 均排籠內, 放冷水鍋上, 慢火蒸, 其肉盡出, 去腸、靨. 以鹽、醬、椒末、橘絲、茴香末拌均.

籠內先鋪粉皮一箇, 灑生粉絲, 均排螺肉. 再灑粉絲, 再用粉皮蓋之, 蒸熟.

139《增補山林經濟》卷8〈治膳〉下 "魚品類"(《農書》4, 153쪽).
140《本草綱目》卷45〈介部〉"蟹", 2511쪽.

다시 분피를 덮은 뒤에 쪄 익힌다. 이를 오랄초(五辣醋)[141]를 뿌린 주발 안에 담거나 맑은 원즙을 끼얹었고 국을 끓여 상에 올려도 좋다.[142] 《거가필용》[143]

以五辣醋碗內裝, 或用淸原汁澆, 作羹供亦可. 《居家必用》

31) 전복맛을 낸 우렁이국(가복어갱) 만들기(가복어갱방)

큰 우렁이를 삶아 익힌 다음, 내장과 동그란 딱지를 제거하고 편으로 자른다. 이를 새우즙이나 육즙·쌀뜨물에 볶는다. 상에 올릴 때에 다시 생강채·익힌 죽순을 넣으면 좋다. 표고버섯즙을 넣으면 맛이 더욱 빼어나다. 《거가필용》[144]

假鰒魚羹方

田螺大者煮熟, 去腸, 靨切爲片. 以鰕汁或肉汁、米熬之. 臨供更入薑絲、熟筍爲佳, 蘑菰汁尤妙. 《居家必用》

32) 완자탕(碗子湯) 만들기(완자탕방)

큰 생선은 껍질과 뼈를 제거하고 살을 발라 잘게 저민다. 이 밖에 기름기가 많은 쇠고기나 돼지고기, 또는 꿩고기나 닭고기도 잘게 저민다. 이를 산초·생강·버섯·파·참기름 등의 양념을 합하여 밤크기의 환으로 만든 다음 그 가운데에 잣을 1개씩 집어넣는다. 계란 흰자나 녹둣가루로 옷을 입힌 뒤에 장물로 간을 맞춰 삶아 익힌다. 《산림경제보》[145]

碗子湯方

大魚去皮骨, 取肉細剁. 肥牛、猪或雉、鷄肉亦細剁. 合椒、薑、菌蔥、麻油等物料, 爲丸栗子大, 中藏海松子仁一箇. 以鷄子淸或綠豆粉爲衣, 醬水調醎淡煮熟. 《山林經濟補》

33) 열구자탕(悅口子[146]湯) 만들기(열구자탕방)

놋쇠로 단지를 만들되, 크기는 작은 동이만 하게

悅口子湯方

用鍮鑞爲罐, 大如小盆, 中

---

141 오랄초(五辣醋) : 소금·간장·후추·귤피·회양가루를 섞어 만든 식초.
142 우렁이를……좋다 : 오사카본에는 이 기사가 누락되어 있다.
143 《居家必用》 庚集 〈飮食類〉 "肉羹食品"(《居家必用事類全集》, 272~273쪽).
144 《居家必用》 庚集 〈飮食類〉 "肉羹食品"(《居家必用事類全集》, 273쪽).
145 《山林經濟》 卷2 〈治膳〉 "魚肉"(《農書》 2, 305쪽).
146 열구자(悅口子) : 입을 즐겁게 하는 기구라는 뜻으로, 신선로(神仙爐)를 달리 이르는 말.

사진5 신선로

한다. 단지의 중앙에는 철개자(鐵箇子)[147]를 설치한다. 그 형태는 아가리가 널찍한 호리병처럼 생겼다. 이 철개자는 단지의 덮개 위로 손가락 하나 정도 되게 덮개를 뚫고 솟아나와 있어서 숯불을 쟁여둘 수 있도록 했다. 철개자의 사방은 움푹한 못인데, 물 7~8주발을 담을 수 있다. 음식 재료를 못에 쟁여넣고 장물을 부은 다음 뚜껑을 덮은 뒤에 숯불을 호리병모양의 철개자에 넣고 데우면 물이 끓어 재료가 골고루 익는다. 그러면 음식의 색깔대로 자기숟가락으로 떠서 상에 올린다.

음식 재료로는 소 가슴밑살·소 위장살[肚肉]·소 천엽살[牛脮肉]【일명 '백엽(百葉)'이라 하는데, 우리나라 사람들은 '천엽(千葉, 처녑)'이라 부른다. 이를 모두 끓는 물에 삶고 잘게 잘라 가락으로 만든다】·

돼지살코기【끓는 물에 데친 뒤 잘게 잘라 가락으로 만든다】·

央設鐵箇子, 形如廣口壺. 穿出罐蓋一指許, 以備裝炭爇火, 四周爲池, 可容七八碗水. 以物料裝入于池, 醬水灌淹, 以蓋蓋定後, 投炭火于壺而爇之, 則湯沸而物料齊熟. 用畫磁匙酌而供之.

其物料用牛胷下肉·牛肚肉·牛脮肉【一名"百葉", 東人呼爲"千葉". 竝滾湯煮過, 細切爲條】,

猪精肉【滾湯焯過, 細切爲條】,

---

147 철개자(鐵箇子): 신선로 가운데 중앙에 볼록하게 솟은 홈으로, 이곳에 숯불의 일종인 백탄(白炭)을 넣고 음식을 끓인다.

저장하육(猪腸下肉, 돼지막창)【민간에서는 '사기가(沙器家)'라 부른다. 끓는 물에 데치고 얇게 저며 편으로 만든다】·

닭고기·꿩고기【모두 끓는 기름에 튀긴 뒤 잘게 잘라 가락으로 만든다】,

붕어·숭어【모두 흰살을 얇게 저미고 계란 흰자로 옷을 입힌 다음 참기름에 지져낸 뒤 잘게 잘라 가락으로 만든다】,

말린 전복·해삼【모두 끓는 물에 데치고 잘게 채썬다】,

파·부추·미나리·배추【모두 끓는 물에 데친 다음 0.1척 크기로 자른다】,

순무·무·청과자(靑瓜子, 오이)【모두 끓는 물에 데치고 잘게 채썬다】,

생강【잘게 썬다】,

고추【씨를 제거하고 채썬다】,

천초【씨의 알맹이를 제거한다】,

후추【빻아서 거친 가루를 만든다】,

잣【껍질을 제거한다】,

말린 대추【10여 개를 깨끗이 씻는다】,

계란 흰자【게알과 함께 뜨거운 쟁개비 위에서 지져 얇은 지단을 만든 다음 날이 얇은 칼로 썰어서 마름모꼴 편을 만든다】를 모두 차근차근 놋단지 안에 쟁여넣는다.

먼저 냉수에 간장을 타서 간이 맞으면 기름기가 많은 고기와 참기름을 넣고 몇 차례 끓인 다음 고기를 건져낸다. 이어서 육수를 깨끗한 그릇에 거두어

猪腸下肉【俗呼"沙器家", 滾湯焯過, 薄批爲片】、

鷄肉·雉肉【竝滾油煤過, 細切爲條】、

鯽魚·鯔魚【竝取白肉薄批, 用鷄子淸爲衣, 麻油煎出, 細切爲條】、

乾鰒·海蔘【竝滾湯焯過, 細切爲絲】、

蔥·韭·芹·菘【竝滾湯焯過, 寸切】、

蔓菁根·蘿葍根·靑瓜子【竝滾湯焯過, 細切爲絲】、

薑【切碎】、

蠻椒子【去仁, 切作絲】、

川椒【去目】、

胡椒【擣作麤屑】、

海松子【去皮】、

乾棗【洗淨十餘個】、

鷄子淸【同蟹黃熱銚上煎, 作薄餠, 以裁刀剪, 作斜方片】, 竝次次, 裝入鑞罐內.

先用冷水調淸醬, 令醎淡得所, 入肥肉、麻油, 煎數沸, 去肉淨器收貯, 待物

둔다. 음식 재료를 전부 놋단지에 쟁여넣었으면 따
로 담아두었던 육수를 놋단지 안에 부어 재료가 잠
기게 한다.《옹치잡지》148

料畢裝, 入鑞罐內灌淹之.
《饔饎雜志》

148 출전 확인 안 됨.

2. 번자(燔炙, 불에 구워 조리하는 음식) 燔炙

1) 총론

번자(燔炙)는 모두 고기를 불에 굽는 음식을 말한다. 불을 가까이하여 굽는 것을 '번(燔)'이라 하고, 불을 멀리하여 그을리는 것을 '자(炙)'라 한다. 《시경(詩經)》에 "구운 고기[燔]도 있고 그을린 고기[炙]도 있네."[1]라는 구절이 바로 이것이다【정현(鄭玄)의 《시전(詩箋)》에 "불을 가까이하여 굽는 것을 '번(燔)'이라 한다."[2]라 했고, 공영달(孔穎達)의 《시소(詩疏)》에 "번(燔)은 불에 대고 굽는 법의 이름이고, 자(炙)는 불과 떨어져서 굽는 법의 명칭이다."[3]라 했다】.

은근한 불로 데운 고기를 '은(裛)'【음은 은(恩)이다. 《설문해자》에 "은근한 불로 고기를 데운다."[4]라 했다】이라 하고, 다른 물건으로 감싸서 구운 고기를 '포(炮)'【음은 포(庖)이다. 《광운》에서는 "재료를 싸서 굽는다."[5]라 했다】라 한다. 《옹치잡지》[6]

總論

燔炙, 皆燒肉之稱, 而傅火曰"燔", 遠火曰"炙". 《詩》所謂"或燔或炙"是也【鄭氏《詩箋》"傅火曰'燔'", 孔氏《詩疏》"燔者火燒之名, 炙者遠火之稱"】.

微火溫肉曰"裛"【音恩. 《說文》"以微火溫肉也"】, 以物包肉而燒之曰炮【音庖. 《廣韻》"裹物燒也"】. 《饔饎雜志》

---

1 구운……있네:《毛詩正義》卷17〈大雅〉"行葦"(《十三經注疏整理本》6, 1271쪽).
2 불을……한다:《毛詩正義》, 위와 같은 곳.
3 번(燔)은……명칭이다:《毛詩正義》, 위와 같은 곳.
4 은근한……데운다:《通雅》卷39〈飲食〉(《文淵閣四庫全書》857, 755쪽).
5 재료를……굽는다:《廣韻》卷2〈下平聲〉"五肴"'炮'(《文淵閣四庫全書》236, 56쪽).
6 출전 확인 안 됨.

사진6 참깨꽃을 뿌려 고기 굽기

2) 고기 굽는 전반적인 방법(소육총법)

고기를 구울 때는 참깨꽃을 가루 낸 뒤, 고기 위에 뿌려두면 기름이 흐르지 않는다. 《물류상감지》[7]

고기를 구울 때는 대나무꼬챙이에 꽂아 숯불에 올린다【안 요즘은 석쇠를 쓰므로, 굳이 꼬챙이를 쓸 필요가 없다】. 기름·소금·간장·고운 양념·술·식초를 모두 섞어 묽은 죽을 만든 다음 여기에 고기를 담가둔다. 그런 다음 손을 쉬지 말고 부지런히 뒤집어가며 구워서 고기가 익어가면 고기에 발라둔 밀가루 같은 껍질을 벗겨낸다. 《거가필용》[8]

일반적으로 고기를 구울 때는 뽕나무로 땐 불을 금한다. 《구선신은서》[9]

燒肉總法

炙肉, 用芝麻花爲末, 置肉上則油不流.《物類相感志》

燒肉, 用籤子插於炭火上【案 今用鐵絲綱, 不必用籤子】. 蘸油、鹽、醬、細料物、酒、醋, 調薄糊, 不住手勤翻, 燒至熟, 剝去麵皮.《居家必用》

凡燒肉忌桑柴火.《臞仙神隱書》

7 《物類相感志》〈飮食〉(《叢書集成初編》1344, 5쪽).
8 《居家必用》庚集〈飮食類〉"燒肉品"(《居家必用事類全集》, 266쪽).
9 《臞仙神隱書》上卷〈山居飮食〉"凡造食"(《四庫全書存目叢書》260, 32쪽);《山林經濟》卷2〈治膳〉"魚肉"(《農書》2, 295쪽).

3) 노구솥에 고기 굽기(과소육방)

돼지·양·거위·오리 등은 먼저 소금·간장·여러 양념에 2~4시간 동안 절인다. 노구솥을 깨끗이 씻은 다음 뜨겁게 가열한다. 절인 고기에 참기름을 두루 발라 굽되, 솥바닥에 땔나무막대기로 시렁을 만들고 그 위에 고기를 놓는다. 이어서 소반을 덮어놓고 종이로 솥입구를 봉한다. 이를 뭉근한 불로 구워 익힌다. 《거가필용》[10]

鍋燒肉方

猪羊、鵝鴨等, 先用鹽醬、料物, 醃一二時. 將鍋洗淨, 燒熱[1]. 用香油遍燒, 以柴棒架起肉, 盤合紙封, 慢火熰熟.《居家必用》

4) 잔(剗)[11]에 고기 굽기(잔소육방)

여러 고기의 살만을 썰어서 편으로 만든 다음 칼등으로 두드린다. 이를 끓는 물에 담갔다가 베로 싸서 물기를 말린다. 여기에 양념을 넣고 주물러준다. 이를 잔(剗)에 올리고 구운 다음 썰어서 접시에 담고 오미초를 끼얹어 상에 올린다. 《거가필용》[12]

剗燒肉方

但諸般肉, 批作片, 刀背槌過, 滾湯蘸, 布紐乾. 入料物打拌, 上剗燒熟, 割入楪, 澆五味醋供.《居家必用》

잔(剗)(《임원경제지 본리지(本利志)》)

---

10 《居家必用》, 위와 같은 곳.

11 잔(剗) : 풀을 제거하는 농기구. 삽과 비슷하게 생겼다. 자세한 사항은 《임원경제지 본리지》 권10 〈그림으로 보는 농사연장_상〉 "갈이 연장과 삶이 연장" '잔' 참조.

12 《居家必用》, 위와 같은 곳.

[1] 熱 : 저본에는 "熟".《居家必用·飮食類·燒肉品》에 근거하여 수정.

5) 생선 굽는 전반적인 방법(자어총법)

긴 꼬챙이를 생선아가리에 끼워 넣고 이어서 이 꼬챙이를 화로 가에 비스듬히 꽂는다. 멀찍이에서 불을 쬐어가며 자주 돌려 익히면 비린내 나는 즙이 생선아가리에서 저절로 나온다. 그러면 그 생선맛이 좋다.《증보산림경제》[13]

炙魚總法

以長串從魚口插入, 仍以串斜插爐邊. 照遠火頻轉取熱, 則腥汁從魚口自出. 其魚味美.《增補山林經濟》

6) 쇠고기 굽기(자우육방)

쇠고기를 구울 때는 먼저 삶아 익히고 굽는다. 굽는 법은 위에 보인다.[14]《거가필용》[15]

炙牛肉方

炙牛肉, 先煮熟燒. 燒法見上.《居家必用》

쇠고기 연하게 굽기(설하멱방) : 쇠고기를 잘라서 편으로 만들고 칼등으로 흐물흐물하게 찧어 연하게 한다. 이를 대꼬챙이에 꿴 다음 기름과 소금을 섞어 눌러둔다. 기름이 다 배어들면 화롯불에 넣어 굽되, 잠깐 물에 넣었다가 곧바로 건져내어 다시 굽는다. 이와 같이 3번 반복하고, 또 기름을 발라 다시 구우면 고

雪下[2]覓方 : 取牛肉批作片, 以刀背爛擣使軟. 竹簽穿過, 和油、鹽壓置, 待油盡透, 入爐火燒之, 乍浸水旋出更燒. 如是者三, 又塗油更燒之, 極軟味佳.

사진7 쇠고기 연하게 굽기

---

13 《增補山林經濟》卷9〈治膳〉下 "魚品類"(《農書》4, 133쪽).
14 굽는……보인다 : '고기 굽는 전반적인 방법'의 두 번째 기사를 말한다.
15 《居家必用》庚集〈飮食類〉"燒肉品"(《居家必用事類全集》, 266쪽) ;《山林經濟》卷2〈治膳〉"魚肉"(《農書》2, 297쪽)
[2] 下 :《增補山林經濟·治膳·肉膳治法》에는 "夜".

사진8 전립투

기가 매우 연하고 맛이 좋다.《서원방(西原方)16》17

《西原方》

　　다른 설하멱방 : 밀가루에 여러 양념을 합하고 기름간장을 섞어 묽은 풀을 쑨 다음 쇠고기에 발라서 굽는다. 또 더러는 생마늘을 찧어 낸 즙에 고기를 담갔다가 구우면 더욱 연하고 맛이 좋다.《증보산림경제》18

雪下覓一方 : 用麪麵合諸物料, 調油醬水作稀糊, 塗而炙之. 又或用生蒜擣汁蘸之, 尤軟美.《增補山林經濟》

　　노구솥을 '전립투(氈笠套)19'라 부른 이유는 그 모양이 무관이 쓰는 모자인 전립(氈笠)과 유사함을 취했기 때문이다. 움푹 팬 중앙부분에는 채소를 데치고, 가장자리에는 고기를 굽는다【안 고기는 쇠고기를 쓴다. 더러는 꿩고기를 곁들이기도 하지만 항상 그렇지는 않다】. 술안주나 반찬으로 내어도 모두 맛이 있다.《경도잡지(京都雜志)20》21

鍋名"氈笠套", 取其形似也. 瀹蔬於中, 燒肉於沿【案 肉用牛肉, 或以雉肉伴之, 而不常設也】. 案酒、下飯俱美.《京都雜志》

16　서원방(西原方) :《산림경제》에 인용된 서적 중의 하나로, 저자 미상.
17　출전 확인 안 됨 ;《山林經濟》卷2〈治膳〉"魚肉"(《農書》2, 297쪽).
18　《增補山林經濟》卷8〈治膳〉上 "肉膳治法"(《農書》4, 100쪽).
19　전립투(氈笠套) : 전골을 끓이고 고기를 굽는 그릇. 무쇠로 만들며 벙거짓골이라고도 한다.
20　경도잡지(京都雜志) : 조선 후기 영재(泠齋) 유득공(柳得恭, 1749~1807)이 서울의 풍습에 대해 쓴 한국 최초의 세시풍속기. 상권에는 의복·음식·주택·시화(詩畫) 등 풍속을 19항으로 나누어 기술하고, 하권에는 서울 지방의 세시를 19항으로 분류하여 기록하였다.
21　출전 확인 안 됨.

방덕원(方德遠)[22]의 《금릉기(金陵記)》[23]에 "정호(程皓)[24]가 철상(鐵床)에 고기를 지지는데, 살지고 기름진 고기가 불기운에 닿으면 기름방울이 방울방울 흘러나왔다. 정호가 이를 보고 장난삼아 '철상이 뜨거워서 어린 양이 눈물을 흘리네.'라 했다."[25]라 했다. 철상의 제도는 자세하지 않다. 아마도 요즘의 번철[煎鐵]과 같을 것이다.

요즘 사람들은 숙철(熟鐵, 시우쇠)로 고기 굽는 그릇을 만든다. 그 형태가 전립을, 위를 보도록 뒤집어놓은 것과 같다.

도라지·무·미나리·파 따위를 잘게 썬 다음 장물에 절였다가 전립투 중앙의 움푹 들어간 곳에 넣는다. 전립투는 숯불 위에 두고 쇠를 불로 뜨겁게 달군다. 고기를 종이처럼 얇게 썬 다음 기름간장에 담갔다가 젓가락으로 집어 전립투 사방의 평평한 면에 구워 먹는다. 전립투 1개로 3~4명을 먹일 수 있다.

민간에서는 이 그릇을 '번철[煎鐵]'이라고도 하고 또한 '전립투(氈笠套)'라고도 한다. 이 제조법은 일본으로부터 유래되었으며 지금은 나라 안에 두루 퍼졌다. 다만 아직 중국에도 이런 방법으로 만들어 먹는 음식이 있는지는 듣지 못했다. 《옹치잡지》[26]

方德③遠《金陵記》云："程皓以鐵床燴肉, 肥膏見火, 則油焰淋灕. 皓戲言曰'羔羊揮淚矣'." 鐵床之製不可詳, 豈如今之煎鐵耶.

今人用熟鐵作炙肉之器, 形如氈笠之仰者.

細切桔梗、蘿葍、芹、蔥之屬, 醬水醃, 貯于中央坎陷處. 置炭火上, 令鐵烘熱. 削肉如紙, 漬以油醬, 用箸夾之, 燴炙于四沿平面而食之. 一器可供三四人.

俗呼"煎鐵", 亦名"氈笠套", 其製來自日本, 今遍國中. 但未聞中州有此食品也. 《饔饎雜志》

---

22 방덕원(方德遠) : ?~?. 중국 당나라의 문인. 자세한 정보는 미상.
23 금릉기(金陵記) : 중국 당나라의 문인 방덕원(方德遠, ?~?)이 저술한 금릉(金陵, 남경)의 지방지.
24 정호(程皓) : 미상.
25 정호(程皓)가……했다 : 《雲仙雜記》卷2〈羔羊揮淚〉《文淵閣四庫全書》1035, 649쪽).
26 출전 확인 안 됨.
③ 德 : 저본에는 "得". 올바른 인명에 근거하여 수정.

사진9 전립투

산적[算炙, 소 꼬치구이] 만들기(산적방) : 살진 쇠고기를 0.2~0.3척 길이의 가락으로 자른다. 이를 기름간장에 담갔다가 볶은 참깻가루를 뿌리고, 대꼬챙이로 꿰어 양끝을 가지런하게 하면, 마치 산가지[算]를 깔아놓은 듯하기 때문에 '산적(算炙)'이라 했다. 화롯불 위에서 뒤적이면서 구워 상에 올린다.

算炙方：取肥牛肉切作二三寸長條子, 漬以油醬, 糝以炒芝麻末, 竹簽貫之, 兩邊齊一, 如鋪算然, 故曰"算炙". 爐火上翻轉炙熟而薦之.

그 중에 소의 염통·창자·간·위·처녑 등의 고기를 서로 섞어 꼬챙이에 꿴 것을 '잡산적(雜算炙)'이라 한다. 산적 가운데 이미 구운 뒤 불에 졸인 맛 좋은 간장에 담가서 절인 것을 '장산적(醬算炙)'이라 한다. 개성 사람들은 잡산적을 만들 때 즙으로 된 양념에 넣어 절이는 방법을 많이 사용하는데, 이를 '즙산적(汁算炙)'이라 한다. 《옹치잡지》[27]

其用牛心、腸、肝、肚、膍等肉相雜簽過者, 曰"雜算炙". 其於既炙之後, 用煉過美醬浸醃者, 曰"醬算炙". 開城人造雜算炙, 多用汁料蘸醃, 曰"汁算炙". 同上

우협적(牛脅炙, 소갈비구이) 만들기 : 소갈비살을 뼈가 붙은 채로 0.3~0.4척 길이로 자른 다음 화롯불 위에서 굽는다. 냉수 1동이를 곁에 두고 산적마다 불에 올린 뒤 시간이 조금 지나면 곧바로 젓가락으로 집어 냉수 안에 담근다. 물에 담갔다가 불에 굽기를 이와 같이 3~5번 반복한다. 그런 다음 갈비에 참기름·소금·파·마늘·생강채·후춧가루를 섞어 구우면 매우 연하고 맛있다. 《옹치잡지》[28]

牛脅炙方：牛脅肉帶骨, 截作三四寸長, 爐火上炙之. 傍置冷水一盆, 每炙少頃, 輒以箸夾之, 浸冷水中, 旋浸旋炙, 如是三五番復. 拌油鹽、葱蒜、薑絲、胡椒屑炙之, 極脆美. 同上

27 출전 확인 안 됨.

28 출전 확인 안 됨.

7) 양고기 굽기(자양육방)

양고기·양갈비·양귀·양혀를 구울 때는 생으로 굽는다. 양내장[羊胘肪]은 절반쯤 익도록 삶아서 굽는데, 굽는 법은 위에 보인다.[29] 《거가필용》[30]

양고기도 전립투(氈笠套)에 구워 먹을 수 있다. 굽는 방법은 쇠고기 굽는 법과 같다. 《옹치잡지》[31]

8) 양뼈 굽기(양골적방)

껍질이 붙은 양갈비는 1대마다 2토막을 낸다. 요사(硇砂)[32]가루 1움큼을 팔팔 끓는 물에 담갔다가 따

炙羊肉方

炙羊肉、羊肋、羊耳、羊舌、生燒. 羊胘肪煮半熟燒, 燒法見上.《居家必用》[4]

可用氈笠套炙食, 如牛肉法.《饔饎雜志》

羊骨炙方

帶皮羊脇, 每枝截兩段, 用硇砂末一捻, 沸湯浸放溫.

산(鏟)(《임원경제지 본리지(本利志)》)

---

29 굽는……보인다 : '고기 굽는 전반적인 방법'의 두 번째 기사를 말한다.

30 《居家必用》庚集〈飮食類〉"燒肉品"(《居家必用事類全集》, 266쪽) ;《山林經濟》卷2〈治膳〉"魚肉"(《農書》2, 300쪽).

31 출전 확인 안 됨.

32 요사(硇砂) : 염화암모늄을 주성분으로 하는 광석. 맛은 맵고 시고 짜며, 성질은 따뜻하고, 독이 있다. 가래를 삭이고, 적취(積聚)를 없애며, 새살이 돋아나게 하는 효능이 있다.

4 저본에는 아래에 양뼈 굽기(양골적방)의 《거가필용》기사가 그대로 이어짐. 규장각본에 근거하여 삭제.

뜻하게 둔다. 양갈비를 여기에 담갔다가 굽는다. 구울 때는 빨리 뒤집어 익지는 않게 한다. 다시 요사물에 담갔다가 다시 굽는다. 이와 같이 3차례 반복한다. 좋은 술에 살짝 담갔다가 자귀[鏵, 삽과 비슷한 농기구]33 위에 올려서 굽고 한 번 뒤집으면 바로 먹을 만하다.

일반적으로 돼지나 양의 등뼈와 노루·토끼의 살코기는 양기름[羊脂]을 둘러 굽는다. 《거가필용》34

蘸炙急翻勿令熟⑤. 再蘸再炙, 如此三次. 好酒略浸, 上鏵一翻, 便可飡.

凡猪、羊脊臍, 獐、兔精肉, 用羊脂包炙之.《居家必用》

9) 돼지고기 굽기(자저육방)

볕에 말린 양념돼지고기[肉巴] 숯불구이 만드는 법(홍육파법) : 돼지고기 중에서 살코기[精]나 부드러운[嫩] 부위【안 정(精)은 돼지고기에 흰 비계가 섞이지 않은 것을 가리키고, 눈(嫩)은 연하고 부드러운 고기이다】를 기다란 편으로 자르고, 소금에 약간 절인 뒤에 산초양념을 고기에 섞어 볕을 하루 동안 쬔다. 이를 숯불을 피워 철판 위에 구워 먹는다. 《준생팔전(遵生八牋)35》36

炙猪肉方

烘肉巴法 : 用精、嫩【案 精, 指猪肉之不雜白脂者, 嫩則軟嫩之肉】, 切條片, 鹽少醃之後, 用椒料拌肉, 見日一晾. 炭火鐵牀上炙之食.《遵生八牋》

새끼돼지 굽기(자아저방) : 태어난 지 5~6개월 된

炙兒猪方 : 生五六朔者燖

---

33 자귀[鏵] : 자귀는 중국 명(明) 대부터 사용된 농기구로 날이 있어 풀을 깎는 데 사용되었다. 훗날 산(鏵)이라는 글자는 삽이나 뒤집개같이 넓은 쇠붙이가 달린 도구를 일컫게 되었다. 《임원경제지 본리지》 권10 〈그림으로 보는 농사연장 상〉 "자귀[鏵]" 참조.

34 《居家必用》庚集〈飮食類〉"燒肉品《居家必用事類全集》, 270쪽).

35 준생팔전(遵生八牋) : 중국 명나라의 문인 고렴(高濂, 1573~1620)이 저술한 양생전문 수필집. 〈청수묘론전(淸修妙論牋)〉·〈사시조섭전(四時調攝牋)〉·〈기거안락전(起居安樂牋)〉·〈연년각병전(延年却病牋)〉·〈음찬복식전(飮饌服食牋)〉·〈연한청상전(燕閒淸賞牋)〉·〈영단비약전(靈丹秘藥牋)〉·〈진외하거전(塵外遐擧牋)〉 등 8조목으로 나뉜다. 《정조지》에는 〈음찬복식전(飮饌服食牋)〉의 음식들이 많이 수록되었다.

36 《遵生八牋》卷11〈飮饌服食牋〉上 "脯鮓類" '糟炙肉并烘肉巴'(《遵生八牋校注》, 428쪽).

⑤ 熟 : 저본에는 "熱". 《居家必用·飮食類·燒肉品》에 근거하여 수정.

새끼돼지를 데쳐서 털을 제거한다. 칼로 껍질을 벗기고 다리를 모두 잘라낸다. 몸통을 쇠꼬챙이에 끼운 다음 숯불에 쪼여 굽는다. 벗겨낸 비계기름을 뜨겁게 달궈진 고기에 바르고, 쉬지 않고 손으로 뒤집어준다. 이때 대꼬챙이로 고기를 여기저기 찌른 다음 기름간장을 발라 양념이 고기에 스며들게 한다. 푹 익으면 예리한 칼로 얇게 썰어 먹는다. 맛이 삶은 것보다 좋다.《증보산림경제》[37]

去毛. 以刀剝去皮, 割下全脚. 插於鐵串, 照炭火炙之. 以所剝脂膏塗熱肉上, 不停手翻轉. 以竹尖亂刺, 蘸油醬令透入. 待爛熟, 以利刀薄削下, 啖之. 味勝烹煮.《增補山林經濟》

돼지를 구울 때는 반드시 냉수 1동이를 곁에 두고, 불에 굽다 바로 물에 담근다. 이와 같이 10여 번 반복한다. 그런 뒤에 비로소 기름간장과 양념을 고기에 바르고 다시 구우면 매우 연하고 맛이 좋다.《옹치잡지》[38]

炙猪, 須傍置冷水一盆, 旋炙旋浸水, 如是十餘番. 始拌油醬, 物料更炙之, 極脆美.《饔饎雜志》

10) 사슴고기 굽기(자녹육방)
사슴고기 굽는 법은 위에 보인다.[39]《거가필용》[40]

炙鹿肉方
燒法見上.《居家必用》

사슴고기는 얇게 저며서 기름간장에 담갔다가 전립투에 구워 먹으면 맛이 담백하고 연하다.《옹치잡지》[41]

薄批, 蘸油醬, 炙于氈笠套啖之, 味淡而脆.《饔饎雜志》

37 《增補山林經濟》卷8〈治膳〉上 "肉膳治法"《農書》4, 108쪽).
38 출전 확인 안 됨.
39 사슴고기……보인다 : '고기 굽는 전반적인 방법'의 두 번째 기사를 말한다.
40 《居家必用》庚集〈飮食類〉"燒肉品"《居家必用事類全集》, 266쪽) ;《山林經濟》卷2〈治膳〉"魚肉"《農書》2, 296쪽).
41 출전 확인 안 됨.

11) 노루고기 굽기(자장육방)

노루고기는 삶아서 반쯤 익힌 다음 굽는다. 굽는 법은 위에 보인다.[42] 《거가필용》[43]

炙獐肉方

煮半熟燒. 燒法見上. 《居家必用》

12) 토끼고기 굽기(자토육방)

토끼고기는 날로 굽는다. 굽는 법은 위에 보인다.[44] 《거가필용》[45]

炙兔肉方

兔肉生燒. 燒法見上. 《居家必用》

《산가청공》에 다음과 같은 내용이 있다. "지난 날, 무이육곡(武夷六曲)[46]에 노닐 때 지지사(止止師)[47]를 방문했다. 우연히 눈 내리는 날에 토끼 1마리를 얻었으나 요리를 할 요리사가 없었다.

《山家淸供》云 : "向遊武夷六曲, 訪止止師, 偶雪天得一兔, 無庖人可製.

그러자 지지사(止止師)가 다음과 같이 말했다. '산간에서는 다음처럼 간단한 방법만 사용합니다. 먼저 토끼를 얇게 썰어 놓습니다. 그런 다음 술·간장·후추양념을 부어 풍로에 안칩니다. 절반 크기의 작은 저울추를 냄비 뚜껑에 올려놓고 육수 끓는 소리가 나기를 기다립니다. 그 사이 술을 한잔씩 마신 다음 각자 젓가락에 고기를 꿰어서 육수에 벌여놓고 익혀 먹습니다. 그러고 나서야 편의에 따라 각자

師云 : '山間只用薄批, 酒、醬、椒料沃之, 風爐安在上. 用少半錘, 候湯響. 一盃後, 各分以筋, 令自筴[6]入湯擺, 熟啖之, 乃隨宜各以汁供. 用其法, 不獨易行, 且有團圞煖熱之樂.'"

---

42 굽는⋯⋯보인다 : '고기 굽는 전반적인 방법'의 두 번째 기사를 말한다.

43 《居家必用》庚集〈飮食類〉"燒肉品"(《居家必用事類全集》, 266쪽) ; 《山林經濟》卷2〈治膳〉"魚肉"(《農書》2, 301쪽).

44 굽는⋯⋯보인다 : '고기 굽는 전반적인 방법'의 두 번째 기사를 말한다.

45 《居家必用》庚集〈飮食類〉"燒肉品"(《居家必用事類全集》, 266쪽) ; 《山林經濟》, 위와 같은 곳.

46 무이육곡(武夷六曲) : 중국 동남부의 명승지로, 복건성(福建省) 서쪽에 위치한 무이산(武夷山, 해발 700m)에 있는 구곡(九曲) 중 여섯 번째에 해당하는 장소. 경치가 빼어나 무릉도원(武陵桃源)이라 불린다.

47 지지사(止止師) : ?~?. 무이산의 구곡(九曲) 가운데, 육곡(六曲)에 은거했던 도사.

[6] 筴 : 저본에는 "策". 《山家淸供·撥霞供》에 근거하여 수정.

국물과 함께 상에 올립니다. 그 방법을 사용하면 쉽게 요리할 수 있을 뿐만 아니라 또 단란하게 둘러앉아서 따뜻한 즐거움도 누릴 수 있습니다."[48]

이 방법을 살펴보면 이는 우리나라의 전립투법과 서로 흡사하다. 《옹치잡지》[49]

按此, 與我東氈笠套法恰相似. 《饔饎雜志》

13) 닭고기 굽기(자계방)

살진 닭을 깨끗이 손질하고 다리와 날개를 자른다. 이를 기름과 소금에 담가 한참 동안 눌러두었다가 꺼내어 숯불 위에서 굽는다. 두 번째로 거른 쌀뜨물을 사용하여 숯불에 구웠다가 쌀뜨물에 담근다. 이와 같이 3번 반복한다. 그런 뒤에 비로소 기름간장을 발라서 굽고, 다 익으면 볶은 참깻가루, 후춧가루를 뿌려 상에 올린다. 《증보산림경제》[50]

炙鷄方

肥鷄治淨分肢, 漬油、鹽壓置良久, 取出炭火上炙之. 用第二米泔水, 且炙且浸. 如是者三, 然後始塗油醬炙之, 旣熟糝炒芝麻屑、胡椒屑供之. 《增補山林經濟》

또 다른 방법 : 살진 암탉은 털을 제거하고【털을 뽑을 때는 끓인 물에 데치는 방법을 쓰지 말고, 다만 손으로 뽑아서 털을 제거한다】깨끗이 손질한다. 아랫쪽에 구멍을 내어 창자와 장기를 제거하고 깨끗이 씻는다. 여기에 간장·참기름 각 1종지를 넣고 젖은 볏짚으로 둘둘 감는다. 또 잠시 동안 물에 담갔다가 꺼낸 다음【더러는 볏짚 대신 황토진흙을 바른다】모닥불 속에 묻어두고 2시간이 지나면 꺼낸다.

이때 감싼 볏짚이 타도 괜찮다. 닭이 익으면 짚을

又法 : 肥雌鷄去毛【勿用燖法, 只以手拔去毛】淨治. 從下作穴, 出去腸肚洗淨. 納淸醬、麻油各一鍾, 以濕稻藁回回纏縛. 又暫沈水出之【或用黃泥塗之】, 埋柴草火中, 過一時頃取出.

藁燒不妨. 剝去藁, 吹拂

---

48 지난날……있습니다 :《山家淸供》卷上〈撲霞供〉《叢書集成初編》1473, 11쪽).
49 출전 확인 안 됨.
50 《增補山林經濟》卷8〈治膳〉上 "肉膳治法"《農書》4, 116쪽).

벗겨내고 겉에 묻은 티끌을 불어서 털어낸다. 이를 손으로 갈라서 다시 기름간장을 조금 바른 다음 짧은 시간 동안 구웠다가 꺼낸다. 만약 시간이 조금이라도 길어지면 도리어 맛이 좋지 않을 것이다.《증보산림경제》51

영계[軟鷄]에 기름간장을 발라 구우면 부드러운 맛이 암탉보다 좋다.《증보산림경제》52

일반적으로 닭을 잡을 때는 공중에 거꾸로 매달아 그 피를 다 빼내고 하룻밤을 묵힌 뒤에 삶거나 구우면 맛이 좋고 연하다.《증보산림경제》53

14) 꿩고기 굽기(자치방)

꿩고기는 깨끗하고 흰 종이를 물에 담가 축축하게 적신 다음 감싼다. 이때 종이가 고기에 잘 달라붙게 해서 조금의 빈 공간도 없도록 한다. 이를 숯불 위에서 굽다가 절반쯤 익으면 종이를 제거한다. 여기에 기름·소금·후추를 섞어 바르고 다시 구우면 기름이 빠져나가지 않아 맛이 좋다.

【안】 강원도 회양(淮陽)54 등의 지역에서 나는 꿩은 온전히 잣만 먹기 때문에, 온몸이 온통 기름지다. 민

塵. 以手劈開, 更少塗油醬, 霎時炙出. 若稍久則反不美矣. 同上

軟鷄塗油醬炙, 軟酥勝母鷄. 同上

凡割鷄, 倒懸於空中, 盡滴去其血, 經宿後, 烹炙則味佳而軟. 同上

炙雉方

雉肉[7], 以淨白紙漬水濕之, 包裹, 務令貼着, 小無空處. 炭火上炙, 半熟去紙. 拌油、鹽、胡椒, 更炙則膏不滲失, 味佳.

【案】 關東 淮陽等地産者, 全[8]食海松子, 通身都是膏

---

51 《增補山林經濟》卷8〈治膳〉上 "肉膳治法"(《農書》4, 116~117쪽).
52 《增補山林經濟》卷8〈治膳〉上 "肉膳治法"(《農書》4, 118쪽).
53 《增補山林經濟》卷8〈治膳〉上 "肉膳治法"(《農書》4, 116쪽).
54 회양(淮陽) : 강원도 회양군(淮陽郡) 일대. 북한에 속해 있다.
[7] 肉 : 저본에는 "脚".《增補山林經濟·治膳·肉膳治法》에 근거하여 수정.
[8] 全 : 오사카본에는 "專".

간에서 이를 '기름꿩[膏雉, 고치]'이라 부른다. 이 꿩을 구울 때는 반드시 습지로 싸야 한다. 그렇지 않으면 기름이 떨어져 불을 꺼트리므로, 쉽게 굽지 못한다. 그 밖의 다른 지방에서 나는 꿩을 구울 때는 굳이 그렇게 할 필요가 없다】《증보산림경제》[55]

膩. 俗呼"膏雉". 炙之必用濕紙包裹. 不然膏落火滅, 不易炙也. 他産不必然】《增補山林經濟》

15) 메추라기고기 굽기(자순방)

날로 굽는다. 굽는 법은 위에 보인다.[56]《거가필용》[57]

炙鶉方

生燒. 燒法見上.《居家必用》

메추라기를 기름과 소금에 담갔다가 스며들면 곧 날로 구운 다음 다시 기름간장을 바른다.《증보산림경제》[58]

蘸油鹽, 待入卽生燒, 更塗油醬.《增補山林經濟》

16) 참새고기 굽기(자마작방)

참새의 털을 제거하고 창자와 쓸개를 떼어낸 뒤 칼등으로 약간 두드려 평평하게 만든다. 여기에 기름과 소금을 섞어 바른 다음 숯불 위에서 굽는데, 이때 기름물을 바른다【혹자는 "참새를 굽거나 삶는 방법은 반드시 먼저 참새의 껍질을 벗겨내는 것이다."라 했다】.《증보산림경제》[59]

炙麻雀方

去毛, 摘去腸膽, 以刀背略打平. 拌油鹽, 炭火上燒之, 塗以油水【一云 : "炙煎之法, 必先剝去雀皮."】.《增補山林經濟》

---

55 《增補山林經濟》卷8〈治膳〉上 "肉膳治法"(《農書》4, 120쪽).
56 굽는……보인다 : '고기 굽는 전반적인 방법'의 두 번째 기사를 말한다.
57 《居家必用》庚集〈飮食類〉"燒肉品"(《居家必用事類全集》, 266쪽) ;《山林經濟》卷2〈治膳〉"魚肉"(《農書》2, 304쪽).
58 《增補山林經濟》卷8〈治膳〉上 "肉膳治法"(《農書》4, 122쪽).
59 《增補山林經濟》, 위와 같은 곳.

17) 오리고기나 기러기고기 굽기(자압안방)

들오리 굽기 : 들오리는 먼저 삶아서 익힌 다음 굽는다. 굽는 법은 위에 보인다.[60] 냇가 기러기도 조리법이 같다.《거가필용》[61]

18) 계란이나 오리알 굽기(자계압란방)

계란이나 오리알은 껍질을 깨고, 노른자와 흰자에 겨잣가루·찹쌀가루·산촛가루를 섞는다. 큰 대나무의 마디 하나의 가운데를 쪼갰다가 그대로 바로 합친 다음 마끈으로 단단히 묶는다. 대나무통의 머리쪽으로 양념과 섞은 계란이나 오리알 푼 물을 부어 넣고, 끓는 물에 넣고 삶아 내어 식게 둔다. 묶어 둔 마끈을 풀어서 대나무조각을 제거하면 대나무통 모양의 알찜 1개가 나온다. 이를 칼로 자르되 크기는 임의대로 하고 기름간장에 담갔다가 구워 먹는다.《삼산방》[62]

19) 붕어 굽기(자즉방)

붕어는 깨끗이 씻고 비늘을 제거하지 않는다. 화로 안의 센 숯불을 얇은 재로 덮은 다음 붕어를 굽는다. 붕어 비늘이 타서 일어나면 냉수를 자주 발라준다. 그러면 타서 일어난 비늘이 다시 펴질 것이다. 냉수를 쉬지 않고 발라 그 비늘이 우둘투둘하게 일어났다가 펴지기를 모두 5~6번 반복한 뒤에 비로소

炙鴨、雁方

炙野鴨 : 煮熟, 燒. 燒法見上. 川雁同.《居家必用》

炙鷄、鴨卵方

鷄、鴨卵破殼, 取黃白, 和荊芥末、糯米末、椒末. 用大竹一節中剖之. 旋卽合之, 以麻索緊縛之, 從頭灌入鷄、鴨卵淸, 入滾湯, 烹出放冷. 解縛開去竹片, 則取一箇筒子樣. 刀切大小隨意, 蘸油醬炙食.《三山方》

炙鯽方

洗淨不去鱗. 爐中熾炭, 以薄灰覆之而炙. 待魚鱗焦起, 以冷水頻頻塗之, 則焦起者復舒矣. 塗水不已, 其鱗旋鬆旋舒者, 凡五六次, 然後始塗油醬.

---

60 굽는……보인다 : '고기 굽는 전반적인 방법'의 두 번째 기사를 말한다.
61 《居家必用》庚集〈飮食類〉"燒肉品"(《居家必用事類全集》, 266쪽) ;《山林經濟》, 위와 같은 곳.
62 출전 확인 안 됨.

기름간장을 바른다.

깃털의 뿌리 부분으로 침 놓듯이 이리저리 찔러 기름간장이 스며들게 한다. 그런 뒤 흐물흐물하게 익으면 붕어를 집어 올려 접시 위에 두고 젓가락을 비늘 밑에 끼워서 아래로 밀어내리면 비늘이 저절로 벗겨진다. 그 맛이 매우 특별하다.《증보산림경제》[63]

以羽根亂鍼之, 令油醬透入. 待爛熟控起, 置楪子上, 以筯挾而推下, 則鱗自脫去. 其味自別.《增補山林經濟》

20) 청어 굽기(자청어방)

청어는 서해산이 좋고 남해산은 다음이며, 북해산은 맛이 떨어진다. 굽는 법은 비늘을 남겨둔 채로 소금을 뿌려 바로 뜨거운 불 위에서 굽는다. 그러면 맛이 좋다. 만약 소금을 뿌린 지 오래 되면 맛이 좋지 않을 것이다.《증보산림경제》[64]

炙靑魚方

西海産者佳, 南産次之, 北産味劣. 炙法, 取鱗者, 加鹽即炙於烈火上則味美. 若加鹽稍久, 便不美矣.《增補山林經濟》

21) 전복 굽기(자복방)

전복은 날것을 주사위크기로 자르고, 계란 흰자와 고루 섞어 원래의 전복껍질 안에 담는다. 여기에

炙鰒方

生者切作骰子大, 以鷄子清拌均, 盛本甲內. 下油

사진10 전복 굽기1

전복 굽기2

63 《增補山林經濟》卷9〈治膳〉下 "魚品類" '炙鯽法'(《農書》4, 140~141쪽).
64 《增補山林經濟》卷9〈治膳〉下 "魚品類" '靑魚'(《農書》4, 139쪽).

기름간장을 넣고 화롯불 위에서 구워 끓으면 먹는
다.《증보산림경제》[65]

전복은 날것을 깨끗이 씻고 손가락두께로 자른
다. 이를 대나무꼬챙이에 꿰어 기름간장에 담갔다가
구워 먹는다.《옹치잡지》

22) 대합 굽기(자합방)

대합은 깨끗한 살을 흐물흐물하게 찧은 다음 기
름간장·파채·생강채·계란 노른자·계란 흰자와 섞
은 뒤 구워서 상에 올린다.《증보산림경제》[66]

23) 게 굽기(자해방)

해황(蟹黃, 게알)에 기름간장·양념을 잘 섞는다
【안《증보산림경제》에 "생강·파·후춧가루·계란 노
른자를 넣고, 녹두분이나 밀가루를 조금 넣어 고루
섞는다."[67]라 했다】. 대나무통 안에 담고 삶아 내어
편으로 잘라 구워먹는 방법은 계란이나 오리알 굽
는 법과 같다.《삼산방》[68]

醬, 爐火上煮沸用.《增補
山林經濟》

生者淨洗, 切作一指大. 竹
籤穿過, 蘸油醬, 炙熟啖
之.《饔饎雜志》

炙蛤方

取淨肉擣爛, 拌以油醬、蔥
絲、薑絲、鷄子黃·白, 炙熟
供之.《增補山林經濟》

炙蟹方

蟹黃用油醬、物料拌和【案
《增補山林經濟》云 : "用
薑、蔥、胡椒屑、鷄子黃拌
均, 少入綠豆粉或小麥麵
調和."】. 盛竹筒內, 烹出
切作片, 炙食, 如鷄、鴨卵
炙法.《三山方》

---

65 《增補山林經濟》卷9〈治膳〉下 "魚品類" '鰒魚'(《農書》4, 143쪽).
66 《增補山林經濟》卷9〈治膳〉下 "魚品類"(《農書》4, 145~146쪽).
67 생강……섞는다 :《增補山林經濟》卷9〈治膳〉下 "魚品類" '蟹炙法'(《農書》4, 153쪽).
68 출전 확인 안 됨.

3. 회생(膾生, 육회와 생선회)

膾生

1) 총론

고기를 잘게 자른 것을 '회(膾)'라 한다. 회(膾)는 끊는다[劊], 나눈다[割]는 뜻이다. 유희(劉熙)[1]의《석명(釋名)[2]》에 "회는 모은다[會]는 뜻이다. 고기를 잘게 썰어 벌여놓되, 붉은색과 흰색을 구분하여 따로 썰었다가, 다 끝난 뒤에야 비로소 이를 모아서 색을 조화시킨 것이다."[3]라 했다. 이 또한 뜻이 통한다.

회는 반드시 생선이나 고기의 날것을 쓴다. 그러므로 '어생(魚生)'이나 '육생(肉生)'이라고도 부른다. 간혹 삶거나 데쳐서 썬 것도 '회생(膾生)'이라 한다. 이는 가차한 것이다.《옹치잡지》[4]

總論

肉細切曰"膾". 膾者, 劊也, 割也. 劉熙《釋名》云 : "膾, 會也. 細切肉令散, 分其赤、白異切之, 已, 乃會合和之也." 亦通.

膾必用魚肉之生者. 故亦稱 "魚生"、"肉生". 厥或煮煠切之, 而亦謂之"膾生", 則假借也.《饔饎雜志》

2) 육회(肉膾) 만들기(육생방)

살코기를 아주 얇게 편으로 자르고 간장과 기름에 깨끗이 씻는다. 이를 불로 벌겋게 달군 노구솥에

肉生方

用精肉切細薄片子, 醬油洗淨. 入火燒紅鍋, 爆炒,

---

1 유희(劉熙) : ?~? 중국 후한(後漢) 말기의 경학자.《석명(釋名)》을 저술했다.
2 석명(釋名) : 중국 후한(後漢) 말기에 유희(劉熙)가 지은 책으로, 같은 음을 가진 말의 어원을 설명하였다. 내용에 의해서 석천(釋天)·석지(釋地)·석산(釋山)으로 시작하여 석질병(釋疾病)·석상제(釋喪制)에서 끝나는 27편의 분류방법은《이아(爾雅)》의 편집체제와 같으나, 소리가 비슷한 말은 의미에도 많은 관련이 있다는 성훈(聲訓)의 입장에서 해설을 한 점이 특징이다.
3 회는……것이다 :《釋名》卷4〈釋飲食〉(《文淵閣四庫全書》0221, 403쪽).
4 출전 확인 안 됨.

넣고 살짝 볶아 핏물을 제거한다. 고기색이 약간 하
얘지도록 익으면 좋다. 이를 꺼내어 채썬다. 다시 장
에 절인 오이·술지게미에 절인 무·마늘·사인(砂仁)⁵·
초과(草果)⁶·화초·귤껍질채·참기름을 넣어서 채썬
고기와 함께 잘 섞고 볶는다. 먹을 때는 식초를 더
하여 고루 섞어 먹으면 맛이 매우 좋다. 《중궤록》⁷

去血水, 微白卽好. 取出切
成絲, 再加醬瓜、糟蘿蔔、
大蒜、砂仁、草果、花椒、橘
絲、香油, 拌炒肉絲. 臨食,
加醋和均食之甚美. 《中饋
錄》

3) 쇠고기육회(우육회) 만들기(우육회방)

소위장과 소처녑을 함께 끓는 물에 살짝 데쳐낸
다음 나뭇잎처럼 얇게 저미고 다시 채썬다. 이를 혹
초간장과 함께 상에 올리기도 하고, 혹 겨자장과 함
께 상에 올리기도 한다. 양고기회 만드는 법도 이와
같다. 《옹치잡지》⁸

牛肉膾方

牛肚、牛膍, 竝滾湯略煤
出, 薄批如葉, 更切作絲.
或用醬醋供, 或用芥子醬
供. 羊肉膾法倣此. 《饔饎
雜志》

소의 내장 중 콩팥을 갈라서, 기름과 막을 깨끗
하게 제거한 다음 나뭇잎처럼 얇게 저미서 접시 위
에 펼쳐 담는다. 고추·파·마늘·생강을 채썰어 그
위에 뿌린 다음 겨자장을 찍어 먹는다. 《옹치잡지》⁹

牛內腎剖開, 淨去脂、膜, 薄
批如葉, 鋪盛楪子上. 用蠻
椒子、蔥、蒜、薑, 切作絲撒
其上, 蘸芥子醬食之. 同上

4) 양고기육회(양육회) 만들기(양육회방)

양의 간[羊肝]¹⁰을 얇게 잘라서 종이 위에 펼쳐놓은
다음 핏물이 다 빠지면 채로 썬다. 양의 백엽(百葉)¹¹도

羊肉膾方

羊肝薄切, 攤紙上, 血盡
縷切. 羊百葉亦細切. 入薑

---

5 사인(砂仁) : 생강과 여러해살이 풀인 양춘사(陽春砂)의 열매. 매운 맛이 난다.

6 초과(草果) : 생강과의 열대식물인 초두구(草豆蔲)의 일종.

7 《中饋錄》〈肉生方〉《文淵閣四庫全書》881, 406쪽).

8 출전 확인 안 됨.

9 출전 확인 안 됨.

10 양의 간[羊肝] :《居家必用·飮食類·燒肉品》에는 '양의 살코기와 간[精羊肉幷肝]'이라 되어 있다.

11 백엽(百葉) : 되새김질을 하는 동물의 위장으로, 밥통에 들어갔던 먹이를 새김질하여 넘긴 것을 다시 받아

역시 가늘게 썬다. 여기에 생강채와 식초를 끼얹어 상에 올린다. 볶은 파기름을 바르면 고기에서 비린 내가 나지 않는다. 《거가필용》[12]

絲、醋澆供. 炒蔥油抹過, 肉不腥.《居家必用》

5) 돼지고기수정회(저육수정회) 만들기(저육수정회방)

돼지껍질에서 비계를 긁어내고 깨끗이 씻는다. 1근마다 물 10승에 파·산초·진피 조금을 넣고 뭉근한 불에 삶아 껍질이 연해지면 꺼내어 실처럼 가늘게 채로 썬다. 그런 다음 원래 삶았던 즙 안에 넣고 다시 삶아 농도가 적당해지도록 한다. 이를 면으로 걸러 응고되면 회가 곧 완성된다. 회를 잘라서 진한 식초를 끼얹어 먹는다. 《거가필용》[13]

猪肉水晶膾方

猪皮括去脂洗淨. 每斤用水一斗、蔥·椒·陳皮少許, 慢火煮皮軟, 取出細切如縷. 却入原水內, 再煮稀稠得中. 用綿子濾, 候凝卽成. 切膾釅醋澆食.《居家必用》

6) 생선회(어생회) 만들기(어생회방)

머리·꼬리·내장·껍질을 제거하고, 얇게 잘라 백지 위에 펼친 다음 잠시 동안 볕에 말렸다가 실처럼 가늘게 채로 썬다. 무를 곱게 다진 다음 베로 싸고 물기를 짜내서 쌀처럼 만든다. 이렇게 즙을 짜낸 무와 함께 생강채 조금을 생선회와 버무리고 접시에 담되, 꽃모양으로 놓는다. 여기에 생향채원수(香荽芫荽, 고수풀)를 얹어 장식한 뒤 매운 겨자식초를 끼얹는다.

【회에 쓰는 식초 : 외제한 파 4줄기, 생강채 2냥, 느릅나무씨장 0.5잔, 후춧가루 0.2냥을 한곳에서

魚生膾方

去頭、尾、肚、皮, 薄切攤白紙上, 晾片時, 細切如絲. 以蘿菔細剉, 布紐作米. 薑絲少許, 拌魚膾入楪, 釘作花樣, 簇生香菜芫荽, 以芥辣醋澆.

【膾醋 : 煨蔥四莖, 薑絲二兩, 榆仁醬半盞, 椒末二

삭이는 작용을 한다. 처녑이라고도 한다.

12 《居家必用》庚集〈飮食類〉"肉下酒"(《居家必用事類全集》, 268쪽) ;《山林經濟》卷2〈治膳〉"魚肉"(《農書》2, 301쪽).

13 《居家必用》庚集〈飮食類〉"肉下酒"(《居家必用事類全集》, 267~268쪽) ;《山林經濟》卷2〈治膳〉"魚肉"(《農書》2, 299쪽).

문드러지게 간 다음 신 식초 안에 넣는다. 여기에 소금과 설탕을 함께 더하고 이를 회와 섞어서 쓴다. 더러는 생강을 0.5냥 덜고 호두 0.1냥을 더하기도 한다】《거가필용》[14]

민간에서 쓰는 법 : 생선회의 재료가 될 만한 물고기【숭어·준치·쏘가리·농어·누치·은어·밴댕이는 모두 생선회의 좋은 재료이다】를 가져다가 껍질과 뼈를 제거하고 흰살을 얇게 썬다. 이를 흰 종이 위에 펼친 다음 잠깐 동안 볕을 쬔다. 잘 드는 칼로 이를 실처럼 가늘게 썬 뒤, 사기접시 중앙에 얇게 편다.

따로 파와 생강을 각각 0.05척 정도 길이로 가늘게 채썰어 생선회 위에 뿌린다. 젓가락으로 회를 집어 겨자장에 찍어 먹는다. 여름에 회를 만들 때는 회접시를 얼음소반 위에 얹어서 상에 올린다.《증보산림경제》[15]

7) 금제옥회(金虀玉膾) 만들기(금제옥회방)

오군(吳郡)[16]에서 농어회를 만들 때는 반드시 8~9월에 서리가 내리면 길이가 3척 이하짜리 농어를 거두어 말려서 횟감으로 만들어둔다. 이를 물에 담가두었다가 베로 싸서 물기를 모두 제거한 다음 소반 안에 흩어둔다. 여기에 향기롭고 부드러운 꽃잎을 회

錢, 一處擂爛, 入酸醋內, 加鹽竝糖, 拌膾用之. 或減薑半兩, 加胡桃一錢】《居家必用》

俗法 : 取膾材魚【鯔魚、鱒魚、鱖魚、鱸魚、魛魚、銀口魚、蘇魚, 皆爲膾材美品】, 去皮骨, 取白肉薄切, 攤白紙上, 晾片時. 用利刀細切如絲, 薄布砂楪中.

另用蔥、薑各半寸許, 細切作絲, 撒于膾上. 以箸挾膾, 蘸芥子醬食之. 夏月造者, 以膾楪安氷盤上, 供之.《增補山林經濟》

金虀玉膾方

吳郡作鱸魚膾, 須八九月霜下之, 則收鱸魚三尺以下者, 作乾膾. 浸漬訖, 布裹瀝水令盡, 散置盤內. 取香柔花葉, 相間細切, 和

14 《居家必用》庚集〈飮食類〉"肉下酒"(《居家必用事類全集》, 268쪽) ;《山林經濟》卷2〈治膳〉"魚肉"(《農書》2, 305쪽).

15 《增補山林經濟》卷9〈治膳〉下 "魚品類" '膾生魚法'(《農書》4, 132~133쪽).

16 오군(吳郡) : 지금의 중국 강소성(江蘇省) 소주시(蘇州市).

의 사이사이에 끼우고 가늘게 자른 다음 꽃잎을 회와 버무려 고루 섞이도록 한다. 서리가 내린 뒤 농어의 살은 눈처럼 희고 비린내도 나지 않는다. 이른바 이 '금제옥회(金韲玉膾, 금과 옥처럼 귀한 절임과 회)'는 중국 동남 지방의 맛좋은 음식이다.《대업습유기(大業拾遺記)》[17]

膾撥令調均. 霜後鱸魚肉, 白如雪不腥. 所謂"金韲玉膾", 東南之佳味也.《大業拾遺記》

8) 법주붕어 숙회(법즉) 만들기(법즉방)

법주붕어 숙회를 만들 때는 반드시 큰 붕어를 가져다 배를 살짝 벌려 작은 구멍을 낸 다음 산초를 마근(馬芹)과 함께 그 속에 채운다. 붕어 1마리당 소금 2냥, 기름 0.5냥을 몸통에 비빈 다음 땅을 파서 만든 움에 넣고 3일이 지나면 이를 법주(法酒)에 담근 상태로 병에 넣은 뒤 석회면(石灰綿)[18]을 덮어 밀봉한다. 1개월이 지나 붉은색을 띠면 회로 먹을 수 있다.《제요록(提要錄)[19]》[20]

法鯽方

法鯽須得鯽之大者, 腹間微開小竅, 以椒同[1]馬芹實其中. 每一鮒, 用鹽二兩、油半兩擦, 窨三日外, 以法酒漬之入瓶, 石灰綿蓋封之. 一月紅色可膾.《提要錄》

회는 붕어보다 좋은 것이 없다. 방어·도미·농어는 그 다음이다.《선부록(膳夫錄)[21]》[22]

膾莫先於鯽魚. 鯿魴、鯛、鱸次之.《膳夫錄》

9) 얼린 숭어회(동치회) 만들기(동치회방)

겨울에 숭어를 얼음이나 눈 위에 하룻밤 내어두어 충분히 얼게 한다. 이를 가져다 비늘과 껍질을 제

凍鯔膾方

冬月取鯔魚, 放頓氷雪上一夜, 令十分凍沍. 取起

---

17 출전 확인 안 됨 ;《格致鏡原》卷24〈飲食類〉"膾"(《文淵閣四庫全書》1031, 336쪽).
18 석회면(石灰綿) : 석회 바른 면포로 추정된다. 예로부터 술항아리를 석회로 밀봉했다.
19 제요록(提要錄) : 작자미상. 중국 송(宋)나라 《세시광기(歲時廣記)》등에서 인용된 내용 등이 전해진다.
20 출전 확인 안 됨 ;《格致鏡原》卷24〈飲食類〉"膾"(《文淵閣四庫全書》1031, 336~337쪽).
21 선부록(膳夫錄) : 중국 송나라의 문인 정망지(鄭望之, 1078~1161)가 지은 음식 관련 서적.
22 출전 확인 안 됨 ;《格致鏡原》卷24〈飲食類〉"膾"(《文淵閣四庫全書》1031, 337쪽).
[1] 椒同 : 저본에는 "草圖".《格致鏡原·飲食類·膾》에 근거하여 수정.

거한 다음 잘 드는 칼로 나뭇잎처럼 얇게 저민다. 겨자장에 찍어 먹으면 맛이 몹시 상쾌하고 좋다. 《옹치잡지》[23]

去鱗、皮, 快刀薄批如葉. 蘸芥子醬食, 極爽美.《饔 饎雜志》

10) 잉어수정회 만들기(잉어수정회방)

잉어의 껍질과 비늘을 양에 관계없이 사기동이 안에서 문질러 하얘지도록 씻고, 다시 물을 갈아가며 깨끗이 씻는다. 여기에 물을 적당히 더하고, 파·후추·진피를 더한 뒤에 찰지고 뻑뻑해지도록 볶은 다음 면으로 깨끗이 거른다. 여기에 부레를 조금 넣어 다시 볶고 이를 다시 면에 걸러 응고되면 곧 회가 완성된다. 이를 실처럼 채로 썰고, 겨울부추·생채(生菜)[24]·목서(木犀)[25]·오리알·죽순채를 쟁반에 보기 좋게 담은 다음 매운 겨자식초를 끼얹는다.《거가필용》[26]

鯉魚水晶膾方[2]

鯉魚皮、鱗, 不拘多少, 砂盆內擦洗白, 再換水濯淨. 約有多少添水, 加蔥、椒、陳皮, 熬至稠粘, 以綿濾淨. 入鰾少許, 再熬再濾, 候凝卽成膾. 縷切, 用韭黃、生菜、木犀、鴨子、筍絲簇盤, 芥辣醋澆.《居家必用》

11) 취팔선(聚八仙) 만들기(취팔선방)

닭을 익혀서 실처럼 가늘게 찢어 놓는다. 양의 창자는 가르고 데쳐서 가늘게 자른다. 만약 양의 창자가 없으면 익힌 양의 위장을 가늘게 잘라도 좋다. 익힌 새우살과 익힌 소혓바닥을 편으로 자른다.

생채에 기름과 소금을 넣고, 여기에 술지게미에

聚八仙方

熟鷄爲絲. 襯羊腸焯過, 剪爲線. 如無, 亦可熟羊肚細切. 熟鰕肉幷熟牛舌切片.

生菜油鹽, 揉糟薑絲、熟筍

---

23 출전 확인 안 됨.
24 생채(生菜) : 상추·미나리·고수 등 생으로 먹을 수 있는 채소.
25 목서(木犀) : 용담목 물푸레나무과의 물푸레나무.
26 《居家必用》庚集〈飮食類〉"肉下酒"(《居家必用事類全集》, 268쪽) ;《山林經濟》卷2〈治膳〉"魚肉"(《農書》2, 305~306쪽).
[2] 鯉魚水晶膾方 : 오사카본에는 "魚熟膾方".

절인 생강채·익힌 죽순채·연뿌리채·향채원수를 넣어 무치고 회와 함께 접시 안에 보기 좋게 담아 식초를 끼얹는다. 더러는 매운 겨자식초나 산락(蒜酪)[27]을 끼얹는다. 《거가필용》[28]

絲、藕絲、香菜芫荽, 簇槑內膾醋. 或芥辣醋或蒜酪澆之.《居家必用》

12) 드렁허리회처럼 썬 양고기찜(가초선) 만들기 (가초선방)

假炒鱔方

양의 등골뼈에 붙은 고기를 큰 편으로 저미고, 콩가루와 흰밀가루를 겉과 속에 고루 뿌린다. 골로추(骨魯槌, 면을 얇게 펼칠 때 쓰는 봉)로 두드려서 탕련(湯臠, 탕에 넣는 저민고기)과 비슷하게 만든다. 이를 쪄서 식게 놔둔 뒤 비스듬한 결로 드렁허리회처럼 자른다. 목이버섯과 향채를 보기좋게 장식해서 회에 식초를 끼얹는다. 이때 가로나 세로로 잘라서는 모두 안 되며, 오직 비스듬한 결로 잘라서 만든다. 《거가필용》[29]

羊脊肉批作大片, 用豆粉、白麪, 表裏均糁. 以骨魯槌拍, 如作湯臠相似. 蒸熟放冷, 斜紋切之如鱔生. 用木耳、香菜, 簇釘膾醋澆. 縱橫切皆不可, 唯斜紋切爲製.《居家必用》

13) 수정냉도회 만들기(수정냉도회방)

水晶冷淘膾方

거세한 돼지의 등뼈껍질 3근을 깨끗이 씻고 비계도 깨끗이 다듬는다. 이를 노구솥에 넣고 물을 껍질보다 세 손가락 정도의 두께만큼 높게 부은 다음 센 불로 삶는다. 그런 뒤에 뭉근한 불로 오랫동안 달이다가 물이 절반 정도로 줄어들면 국자로 부유물을 밀어내면서 맑은 즙을 떠낸다.

犗猪夾脊皮三斤淨, 及臕刷淨, 入鍋, 添水令高於皮三指, 急火煮滾. 却以慢火養, 伺耗太半, 卽以杓撇清汁澆.

크고 깊지 않은 옻소반 안에 전병을 만들 때처럼

大漆單盤內, 如作煎餅, 乘

---

27 산락(蒜酪) : 유라시아 대륙의 유목민족이 먹는, 마늘을 함유한 유제품.
28 《居家必用》庚集〈飮食類〉"肉下酒"(《居家必用事類全集》, 268쪽).
29 《居家必用》, 위와 같은 곳.

뜨거운 채로 돼지고기 끓인 물을 흔들어 소반바닥에 골고루 펴져서 담기도록 한다. 수정회가 응고되면 옻소반에서 들어올려 냉도(冷淘, 전분 경단이나 국수)처럼 자른다. 여기에 생채·부추·죽순·무 등의 채를 보기좋게 장식하고 5가지 매운 양념이 든 식초를 끼얹는다. 《거가필용》30

熱搖湯, 令遍滿盤底. 候凝, 揭下切如冷淘. 簇生菜、韭、筍、蘿蔔等絲, 五辣醋澆③之.《居家必用》

14) 전복회(복회) 만들기(복회방)

생전복은 살을 깨끗이 씻은 다음 나뭇잎처럼 얇게 저며 접시 위에 펼쳐놓는다. 여기에 초간장을 곁들이고 잣가루를 뿌려 먹는다. 《옹치잡지》31

鰒膾方

生鰒取肉淨洗, 薄批如葉, 鋪楪子上. 以醋醬衝之, 糝海松子屑食之.《饔饎雜志》

15) 대합회(합회) 만들기(합회방)

대합조개는 살을 깨끗이 씻은 다음 얇게 저며 회를 친다. 이를 본래의 대합조개껍질 안에 담는다. 파·마늘·고추를 실처럼 채로 썰어서 대합조개회 위에 골고루 흩어 뿌린 다음 초간장 또는 겨자장과 함께 상에 올린다. 《옹치잡지》32

蛤膾方

大蛤取肉淨洗, 薄批爲膾, 盛本甲內. 將蔥、蒜、蠻椒子, 縷切撒其上, 蘸醬醋或芥子醬, 供之.《饔饎雜志》

16) 얼린 꿩회(동치회) 만들기(동치회방)

겨울에 꿩을 가져다 창자·위장 밑 껍질을 제거하고 얼음이나 눈 위에 두어 꽁꽁 얼린다. 예리한 칼로 꿩살을 얇게 저며낸 다음 졸인 간장이나 된장에

凍雉膾方

冬月取雉, 去腸、肚及皮, 置氷雪上, 令極凍. 以利刀薄削, 蘸煉淸醬或醋

---

30 《居家必用》, 위와 같은 곳.

31 출전 확인 안 됨.

32 출전 확인 안 됨.

③ 澆 : 저본에는 "洗".《居家必用·飮食類·肉下酒》에 근거하여 수정.

담근다. 여기에 생강과 파를 더하여 먹으면 몹시 연하고 맛이 좋다. 《증보산림경제》[33]

17) 게회(해생) 만들기(해생방)

생게를 자르고 부수어 살을 발라낸 다음 이를 참기름으로 먼저 볶아 식힌다. 초과·회향·사인·화촛가루·수강(水薑, 생강의 일종)·후추를 모두 가루 낸 뒤, 다시 파·소금·식초를 더하여, 이렇게 모두 10가지 조미료를 게껍데기 안에 넣고 고루 섞으면 바로 먹을 수 있다. 《중궤록》[34]

醬, 加薑、蔥食之, 極脆美.
《增補山林經濟》

蟹生方

用生蟹剁碎, 以麻油先熬熟冷. 幷草果、茴香、砂仁、花椒末、水薑、胡椒, 俱爲末, 再加蔥、鹽、醋, 共十味入蟹內拌均, 卽時可食.
《中饋錄》

---

33 《增補山林經濟》卷8〈治膳〉上 "肉膳治法"(《農書》4, 121쪽).
34 《中饋錄》〈蟹生〉(《文淵閣四庫全書》881, 405쪽).

4. 포석(脯腊, 육포와 어포)

脯腊

1) 총론

總論

고기를 얇게 자른 것을 '포(脯)'라 하고, 고기를 찧어서 생강과 후추를 뿌린 것을 '단(腶)'【음은 단(鍛)이다】이라 하며, 작은 재료를 통째로 말린 것을 '석(腊)'【정현(鄭玄)의 《주례》 주(註)에 보인다】이라 한다.[1] 포(脯)는 두드린 것[摶]이니, 고기를 건조시키고 서로 두드려서 붙인 것이다. 수(脩)는 오그라든 것이니, 건조시켜 오그라든 것이다. 석(腊)은 오래된 것[昔]이니, 오랫동안 남은 고기를 말한다.

薄析曰"脯", 桎之而施薑、椒曰"腶"【音鍛】, 小物全乾曰"腊"【見鄭氏《周禮》註】. 脯者, 摶也, 乾燥相摶著也. 脩者, 縮也, 乾燥而縮也. 腊者, 昔也, 謂久殘之肉也.

포를 편 것을 '정(脡)'【음은 정(斑)이다. 《공양전(公羊傳)》[2] 주에 "편 것을 정(脡)이라 한다."[3]라 했다】이라 하고, 포를 굽힌 것을 '구(朐)'【음은 구(劬)이다. 《예기》〈곡례〉 주(註)에 "가운데를 굽힌 것을 구(朐)라 한다."[4]라 했다】라 하고, 뼈가 붙어 있는 것을 '자(胏)'【음은 재(滓)이다. 《옥편(玉篇)》[5]에 "자는 포이

脯之伸者曰"脡"【音斑. 《公羊傳》註"伸曰'脡'"】, 屈者曰"朐"【音劬. 《禮·曲禮》註"屈中曰'朐'"】, 帶骨曰"胏"【音滓. 《玉篇》"脯, 有骨也"】.

---

1 고기를……한다:《周禮》〈天官冢宰〉"腊人"(《十三經注疏整理本》7, 125쪽).
2 공양전(公羊傳) : 중국 제(齊)나라의 경학자 공양고(公羊高, ?~?)가 《춘추(春秋)》에 전(傳)을 달아 해설한 책. 《춘추공양전(春秋公羊傳)》이라고도 한다. 《춘추좌씨전(春秋左氏傳)》·《춘추곡량전(春秋穀梁傳)》과 더불어 '춘추삼전(春秋三傳)'으로 불린다.
3 편……한다:《春秋公羊傳》卷24〈昭公二十五年〉(《十三經注疏整理本》21, 605쪽)
4 가운데를……한다:《禮記》〈曲禮〉(《十三經注疏整理本》15, 65쪽).
5 옥편(玉篇) : 중국 남조(南朝) 시대의 양(梁)나라 학자 고야왕(顧野王, 519~581)이 《설문해자》의 체제와 내용에 근거하되 부수의 배열을 같은 종류의 의미를 중심으로 재배열하여 펴낸 자서. 한자의 뜻풀이가 일치

니, 뼈가 있는 것이다."[6]라 했다】라 한다.

생선 말린 것을 '수(鱐)'【《주례》소(疏)에 "수(鱐)는
생선을 말린 것이다."[7]라 했다】라 하고, 꿩고기 말
린 것을 '거(腒)'【《주례》주(註)에 "거(腒)는 꿩고기를
말린 것이다."[8]라 했다】라 한다. 《옹치잡지》[9]

魚乾曰"鱐"【《周禮》疏"鱐,
謂魚乾"】, 雉乾曰"腒"【《周
禮》註"腒, 雉乾"】. 《饔
饎雜志》

2) 육포(肉脯) 만드는 전반적인 방법(육포총방)

肉脯總方

가괄(歌括)[10]에 다음과 같은 내용이 있다.

歌括云:

"돼지·양과 태뢰(大牢)[11] 가리지 말고,

"不論猪、羊與大牢,

고기 1근은 16가락으로 자르네.

一斤切作十六條.

큰 잔에 순료(醇醪)[12], 작은 잔에 식초 넣고,

大盞醇醪小盞醋,

마근·시라 털끝 만큼 넣네.

馬芹、蒔蘿入分毫.

깨끗한 흰소금 골라 정확히 4냥 넣고서

揀淨白鹽秤四兩,

요리사에게 뭉근한 불에 볶으라 하네.

寄語庖人慢火熬.

술 다하고 식초 마르도록 볶는 이 방법

酒盡醋乾方是法,

맛이 달기로는 공자가 소(韶)음악 듣고 고기맛 몰
랐다던 상황과도 비할 것 없네.[13] 《거가필용》[14]

味甘不論孔聞韶."《居家必
用》

양·사슴·노루 등의 고기를 가락으로 썰거나 편

羊、鹿、獐等肉, 作條或片,

하지 않고, 자서의 전승 과정에서 오류가 많이 생겨나서 이들을 바로잡기 위해 펴냈다.

6 자는……것이다 : 《重修玉篇》卷7〈肺〉.

7 수(鱐)는……것이다 : 《周禮》〈天官冢宰〉 "內饔"(《十三經注疏整理本》7, 111쪽).

8 거(腒)는……것이다 : 《周禮》〈天官冢宰〉 "庖人"(《十三經注疏整理本》7, 106쪽).

9 출전 확인 안 됨.

10 가괄(歌括) : 기억하기 쉽도록 요점을 간추려 노래 형식으로 만든 운문.

11 태뢰(大牢) : 나라의 큰 제사에 바치는 제물.

12 순료(醇醪) : 풍미가 좋은 술.

13 공자가……없네 : "공자가 제나라에서 소(韶) 음악을 듣고 3개월 동안 고기맛을 몰랐다(子在齊聞《韶》, 三
月不知肉味)."는 일화를 말한다. 공자가 이 음식을 맛보았다면 상황이 달라졌을 것이라는 의미이다.

14 《居家必用》己集〈飮食類〉 "肉食" '醃藏肉品'(《居家必用事類全集》, 255쪽).

으로 썬다. 이때 힘줄과 근막은 제거하되 비계는 약간 남겨둔다. 고기 1근마다 소금 1냥을 넣고, 날씨가 따뜻하면 여기에 15/100를 더한다. 이를 반나절 동안 절인 다음 술 1.5승, 식초 1잔을 넣고 2일밤 동안 숙성시킨 뒤 꺼내어 볕에 말린다. 《거가필용》[15]

去筋膜, 微帶脂. 每斤, 用鹽一兩, 天氣煖加分半. 醃半日, 入酒升半、醋一盞, 經兩宿, 取出曬乾. 同上

양과 소 등의 고기는 뼈를 말끔하게 제거하고 작고 긴 토막[段子]으로 만든다. 고기가 열을 머금었을 때 살코기를 기름기가 많은 고기와 서로 사이에 끼워 3~4토막을 1덩이로 만들고 이를 베로 감싼 다음 돌로 눌러두어 하룻밤을 지낸다.

고기 1근마다 소금 0.8냥, 술 2잔, 식초 1잔을 넣고 15일 동안 절인다. 이때 매일 1번을 뒤집는다. 10일 동안 절인 다음부터는 저물 때까지 볕에 말리고 바로 앞서 고기를 절였던 소금물에 넣는다. 소금물을 다 쓸 때까지 이렇게 하여 말린다. 다 말랐으면 이를 부엌의 연기 피어오르는 곳에 걸어둔다. 이 방법으로는 오직 12월에만 포를 만들 수 있다. 《거가필용》[16]

羊、牛等肉去骨淨, 打作小長段子. 乘肉熱, 精肥相間, 三四段作一垛, 布包石壓, 經宿.

每斤, 用鹽八錢、酒二盞、醋一盞, 醃三五日. 每日翻一次. 醃至十日後, 日曬至晚, 却入滷汁, 以汁盡爲度. 候乾, 掛廚中烟頭上. 此法惟臘可造. 同上

쇠고기포[牛腊]와 사슴고기포[鹿脩]: 좋은 고기를 양에 관계없이 힘줄과 근막을 제거하고 잘라서 가락이나 토막으로 만든다. 고기 2근마다 소금 0.65냥, 천초 30알, 파 3큰줄기(곱게 썬 것), 술 1큰잔을 함께 넣고 15일 동안 절인다. 이때 날마다 5~7번씩 뒤

牛腊、鹿脩:好肉, 不拘多少, 去筋膜, 切作條或作段. 每二斤, 用鹽六錢半、川椒三十粒、葱三大莖(細切)、酒一大盞, 同醃三五

---

15 《居家必用》己集 〈飮食類〉 "肉食" '醃藏肉品'(《居家必用事類全集》, 256쪽).
16 《居家必用》, 위와 같은 곳.

집어가며 볕에 말린다. 돼지고기포나 양고기포도 이
와 같이 만든다.《거가필용》[17]

日. 日翻五七次曬乾. 猪、
羊倣此. 同上

고기를 볕에 말릴 때는 반드시 기름을 발라야 파
리가 꼬이지 않는다.《물류상감지》[18]

曬肉, 須油抹, 不引蠅子.
《物類相感志》

3) 천리포(千里脯) 만들기(천리포방)

소고기·양고기·돼지고기로 모두 만들 수 있다.
살코기 1근에 진한 술 2잔, 묽은 식초 1잔, 흰소금
0.4냥【겨울에는 0.3냥】, 회향·화촛가루 0.1냥을 섞
어 하룻밤 동안 묵힌 다음 중간불로 삶는다. 이를
다시 볕에 쬐어 즙을 말리면 맛이 빼어나고 좋다. 1
개월 동안 두고 먹을 수 있다.《준생팔전》[19]

千里脯方

牛、羊、猪肉皆可. 精者一
斤、釅酒二盞、淡醋一盞、
白鹽四錢【冬則三錢】、茴
香·花椒末一錢, 拌一宿,
文武火煮. 令汁乾曬之, 妙
絶. 可安一月.《遵生八牋》

4) 쇠고기육포(우육포) 만들기(우육포방)

쇠고기로 포를 만들고, 소금을 뿌려 자리 위에
펼쳐놓는다. 또 다른 자리로 고기를 덮은 다음 사람
들이 이리저리 밟게 한다. 시간이 지나면 널어서 볕
에 말린다.《산림경제보》[20]

牛肉脯方

牛肉作脯, 糝鹽鋪席上. 又
以他席覆之, 令人亂踏之.
移時控起曬乾.《山林經濟
補》

배포법(焙脯法, 불에 쬐어 포 만드는 법) : 쇠고기는 힘
줄과 비계를 깨끗이 제거하고, 얇게 잘라 포를 만든

焙[1]脯法 : 牛肉淨去筋脂,
薄析爲脯. 用白鹽、川

---

17 《居家必用》, 위와 같은 곳.

18 《物類相感志》〈飮食〉《叢書集成初編》1344, 10쪽).

19 《遵生八牋》卷11〈飮饌服食牋〉上 "脯鮓類" '千里脯'《遵生八牋校注》, 418~419쪽).

20 출전 확인 안 됨.

[1] 焙 : 오사카본에는 "炙".

사진11 쇠고기육포 만들기

다. 여기에 흰소금과 천초【알맹이를 제거한 것】를 뿌린다. 화롯불 위에 배롱(焙籠)²¹을 둔 다음 포를 배롱 위에 걸고 불에 쬐어 말린다. 이렇게 하면 포가 몹시 연하고 맛있다. 양고기나 사슴고기도 모두 이

椒【去目】糝之. 爐火上置焙籠, 以脯掛籠上焙乾. 極脆美. 羊肉、鹿肉皆可倣此造.《饔饎雜志》

사진12 불에 쬐어 포 만드는 법

사진13 장(醬)에 절여 포 만드는 법

---

21 배롱(焙籠) : 화로에 씌워 놓고 그 위에 옷을 말리도록 만든 기구.

방법에 따라 포를 만들 수 있다. 《옹치잡지》[22]

또 다음과 같은 장포법[醬脯法, 장(醬)에 절여 포 만드는 법]이 있다. 소 살코기는 비계와 근막을 깨끗이 제거하고 손바닥크기의 얇은 편으로 썬 다음 칼등으로 약간 두드린다. 여기에 참기름·졸인 좋은 간장·후춧가루·생강가루·볶은 참깻가루를 고루 바른 뒤 볕에 절반 정도 말린다. 여기에 또 기름간장과 양념을 고루 바른 다음 다시 볕에 말리고 다시 양념을 발라준다. 이와 같이 3~5번을 반복한 뒤, 자기 항아리에 저장한다. 《옹치잡지》[23]

又醬脯法：牛精肉淨去脂、膜, 析作掌大薄片, 以刀背略擣. 用芝麻油、煉過美醬、胡椒屑、生薑屑、炒芝麻屑拌均, 曬半乾. 又用油醬、物料拌均, 更曬更拌. 如是三五次, 磁缸收貯. 同上

조편포법(造片脯法, 편으로 썬 쇠고기육포 만드는 법)：쇠고기는 비계와 근막을 제거하고 예리한 칼로 진흙처럼 흐물흐물해지도록 두드린 다음 소금을 약간 넣는다. 나무로 참기(甄機, 나무틀)【길이 1척, 너비 0.3~0.4척, 두께 0.2척이다】를 만든다. 깨끗한 베보자기를 참기 안에 펼친 다음 비로소 다진 고기를 넣고 그대로 그 베로 덮은 뒤 누룩 만드는 법처럼 발로 단단히 밟는다.

이를 가져다 볕에 말렸다가 다 마른 뒤에 항아리 안에 거두어넣으면 포에 흰 곰팡이가 생긴다. 7~8월과 2~3월 사이에 만들 수 있다. 먹을 때는 조각조각으로 자르고 돼지기름을 발라 굽는다. 《증보산

造片脯法：牛肉去脂膜, 以利刀爛擣如泥, 略加鹽. 以木作甄機【長一尺, 廣三四寸, 厚二寸】. 以淨布巾鋪於甄機內, 始下肉泥, 仍掩其布, 以足踏堅如造麴法.

出曬旣乾, 收入甕中, 生白衣. 七八、二三月間, 可造. 臨食, 片片切下, 塗猪炙之. 《增補山林經濟》

---

22 출전 확인 안 됨.
23 출전 확인 안 됨.

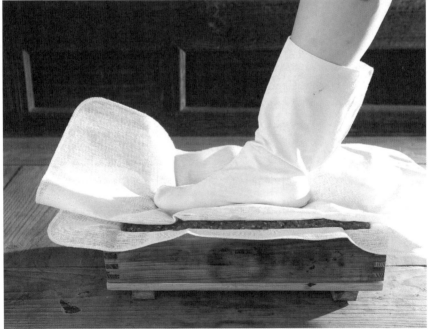

사진14 편으로 썬 쇠고기육포 만드는 법

림경제》[24]

5) 돼지고기육포(저육포) 만들기(저육포방)

갓 잡은, 우리에서 키운 돼지에서 온기를 머금은 살코기 1근을 4~5덩이로 자른다. 여기에 볶은 소금 0.5냥을 고기 안에 주물러 넣는다. 고기의 힘줄이 수축되기 전에 바로 볕에 쬐어 절반쯤 말린다. 말린 고기는 적당한 분량의 좋은 술에 물을 섞고 고기와 아울러 화초·시라·귤피를 넣은 다음 뭉근한 불로 삶고 말린 뒤, 방망이로 두드려 잘게 부순다.《준생팔전》[25]

猪肉脯方

新宰圈猪, 帶熱精肉一斤, 切作四五塊, 炒[2]鹽半兩 擩入肉中, 直待筋脈不收, 日曬半乾. 量用好酒和水, 并花椒·蒔蘿·橘皮, 慢火煮乾, 碎槌.《遵生八牋》

돼지혀는 1근마다 소금 0.5냥, 1잔 분량의 천초·시라·회향 조금씩, 가늘게 썬 파와 함께 5일 동안 절이되 3~4번 뒤집어준다. 가느다란 새끼줄을 돼지혀에 꿰어서 묶은 다음 바람이 통하는 곳에 걸어둔다. 마르면 종이봉투에 담는다.《거가필용》[26]

猪舌每斤, 用鹽半兩、一盞 川椒·蒔蘿·茴香少許、細 切蔥白, 醃五日, 翻三四 次. 用細索穿, 掛透風處, 候乾紙袋盛.《居家必用》

6) 사슴고기육포(녹육포) 만들기(녹육포방)

사슴포를 절일 때는, 살코기 10근에서 힘줄과 근막을 제거하고, 결을 따라서 큰 가락으로 썬다. 소금 5냥, 천초 0.3냥, 파채 4냥, 좋은 술 2근을 고기

鹿肉脯方

淹鹿脯, 淨肉十斤去筋膜, 隨縷打作大條[3]. 用鹽五兩、川椒三錢[4]、蔥絲四兩、

---

24 《增補山林經濟》卷8〈治膳〉上 "肉膳治法"(《農書》4, 102쪽).

25 《遵生八牋》卷11〈飮饌服食牋〉上 "脯鮓類" '搥脯'(《遵生八牋校注》, 419쪽).

26 《居家必用》己集〈飮食類〉"肉食" '醃藏肉品'(《居家必用事類全集》, 255쪽).

[2] 炒 : 저본에는 "少".《遵生八牋·飮饌服食牋·脯鮓類》에 근거하여 수정.

[3] 條 : 저본에는 "片".《居家必用·飮食類·肉食》에 근거하여 수정.

[4] 川椒三錢 :《居家必用·飮食類·肉食》에는 "川椒三錢、蒔蘿半兩".

와 함께 섞어 절이되, 매일 2번씩 뒤집는다. 겨울에는 3일, 여름에는 1일 동안 절인 다음 꺼내어 포 1가락마다 실로 꿴 뒤, 기름을 바르고 볕에 말린다. 《거가필용》[27]

好酒二斤, 和肉拌淹, 每日翻兩遍. 冬三日, 夏一伏時, 取出以線逐條穿, 油擦曬乾.《居家必用》

사슴의 꼬리를 절일 때는 칼로 꼬리밑둥의 털을 깍아내고 뼈를 발라낸다. 소금 0.1냥, 느릅나무열매 [蕪荑仁] 0.15냥을 꼬리 안에 채워 넣고 장대에 끼운 뒤, 바람을 쐬어 말린다. 《거가필용》[28]

淹鹿尾, 刀剃去尾根上毛, 剔去骨. 用鹽一錢、榆錢五分, 塡尾內, 杖夾風吹乾. 同上

또 다른 방법 : 사슴고기나 새끼 사슴고기는 껍질과 근막은 벗겨내고 비계는 붙어 있는 상태로 20

又法 : 鹿肉或鹿子肉去皮膜連脂, 細切二十斤. 用鹽

사진15 사슴고기육포

27 《居家必用》己集〈飮食類〉"肉食" '醃藏肉品'(《居家必用事類全集》, 256쪽).
28 《居家必用》, 위와 같은 곳.

사진16 양홍간 만들기

근을 잘게 자른다. 이를 소금 20냥에 느릅나무열매 0.2승을 넣고 한곳에서 고루 섞는다. 양의 큰 위 1개는 융털을 제거한 다음 위에서 준비한 사슴고기를 여기에 가득 쟁여넣고 봉합한다. 이를 장대에 끼워 바람 부는 곳에 고정해서 말린다. 혹은 볕에서 말린다.《거가필용》[29]

二十兩, 入蕪荑二合, 一處拌均. 用羊大肚一箇, 去草芽, 裝滿縫合. 用杖子夾定於風道中, 或日曬乾. 同上

7) 양홍간(羊紅肝) 만들기(양홍간방)

살진 양고기 15근을 0.5근씩 1가락으로 만든다. 이를 소금 15냥에 3일 동안 절였다가 꺼낸다. 여기에 술지게미 3근, 소금 3냥을 고루 섞은 다음 다시 3일 동안 묵힌다. 이를 꺼내서 술지게미를 제거하지 않은 채 부뚜막 위에서 뜨거운 장작불 연기를 쐬어

羊紅肝方

肥羊肉十五斤, 半斤作一條. 用鹽十五兩, 醃三伏時取出. 却用糟[5]三斤、鹽三兩, 拌均, 再醃三宿. 取出不去糟, 於竈上猛[6]柴烟

---

29 《居家必用》, 위와 같은 곳.

[5] 糟 : 저본에는 "醋". 규장각본·《居家必用·飲食類·肉食》에 근거하여 수정.

[6] 猛 : 저본에는 "樹". 오사카본·《居家必用·飲食類·肉食》에 근거하여 수정.

말린다. 이렇게 만든 포는 다음해 5~6월에 씻어서 겉을 벗긴 다음 삶아 먹는다. 《거가필용》[30]

熏乾. 次年五六月洗剝, 煮食.《居家必用》

8) 천리육(千里肉) 만들기(천리육방)

껍질이 붙은, 양의 얇은 옆구리살 5근, 식초 3승, 호유자(胡荽子)[31] 0.1승을 명주포대에 담는다. 여기에 소금 3냥, 술 3잔, 깐 마늘 3냥을 넣고 함께 뭉근한 불로 오랫동안 삶아 익힌다. 이를 눌러서 만든 덩어리를 작은 조각으로 자른 뒤 볕에 잠깐 말린다. 《거가필용》[32]

千里肉方

連皮羊浮脇五斤、醋三升、胡荽子一合, 絹袋盛. 鹽三兩、酒三盞、蒜瓣三兩, 同煮慢火養熟. 壓成塊切, 略曬乾.《居家必用》

9) 건함시(乾醎豉) 만들기(건함시방)

양 살코기 1근마다 잘라서 덩어리나 가락으로 만든다. 여기에 소금 0.5냥, 술·식초 각 1사발, 사인·양강·산초·파·귤피 조금씩을 넣고 뭉근한 불에 삶다가 즙이 다 졸아들면 볕에 말린다. 100일 동안 둘 수 있다. 《거가필용》[33]

乾醎豉方

精羊肉每斤, 切作塊或挺子. 鹽半兩、酒·醋各一碗、砂仁·良薑·椒·蔥·橘皮各少許, 慢火煮汁盡, 曬乾. 可留百日.《居家必用》

10) 첨취포(甜脆脯)[34] 만들기(첨취포방)

12월에 노루나 사슴고기를 두께가 손바닥만 한 편으로 자른다. 이를 곧바로 그늘에 말리되 소금을

甜脆[7]脯方

臘月取麞、鹿肉, 片厚薄如手掌. 直陰乾, 不著鹽. 脆

---

30 《居家必用》己集〈飮食類〉 "肉食" '醃藏肉品'(《居家必用事類全集》, 255쪽).

31 호유자(胡荽子) : 미나리과의 한해살이풀인 고수의 열매.

32 《居家必用》庚集〈飮食類〉 "肉下飯品" '千里肉'(《居家必用事類全集》, 269쪽).

33 《居家必用》庚集〈飮食類〉 "肉下飯品" '乾醎豉'(《居家必用事類全集》, 269쪽).

34 첨취포(甜脆脯) : 첨취포의 첨(甛)은 중국 북방에서 소금을 넣지 않은 본래의 맛을 일컫는 말이다. 남방에서는 '담(淡)'이라 한다. 가사협 저, 최덕경 역, 《제민요술역주》, 세창출판사, 2018, 162쪽 참조.

[7] 脆 : 저본에는 "肥".《齊民要術·脯臘》에 근거하여 수정.

뿌리지 않는다. 그 맛이 언 눈처럼 부드럽다. 《제민
요술(齊民要術)[35]》[36]

如凌雪也. 《齊民要術》

11) 꿩고기육포(치건) 만들기(치건방)

雉乾方

꿩은 털과 껍질 및 창자와 장기를 제거한다. 여기
에 기름간장·후춧가루를 고루 섞어 볕에 반쯤 말린
다음 편으로 썬 뒤, 잣가루를 뿌려 먹는다. 기름간
장을 쓰지 않고, 꿩고기육포에 다만 소금만 뿌려서
볕에 말리기도 한다. 바싹 말린 것은 오래 두어도
상하지 않으니, 멀리까지도 포를 보낼 수 있다. 《증
보산림경제》[37]

雉去毛、皮及腸、肚. 用油
醬、胡椒屑拌均, 曬半乾,
切作片, 糝松子屑啖之. 其
不用油醬, 只糝鹽曬乾, 極
燥者, 久留不敗, 可以寄
遠. 《增補山林經濟》

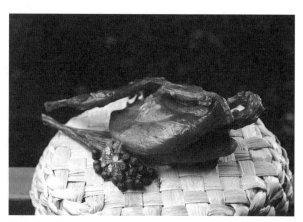

사진17 꿩고기육포

---

35 제민요술(齊民要術) : 중국 북위(北魏)의 문인 가사협(賈思勰, ?~?)이 지은 종합농서. 곡물·채소·과수 등의
     종식법(種植法)과 가축의 사육법, 술·간장의 양조법 그리고 가공·판매·조리의 과정을 상세히 기록했다. 화
     북지방의 밭농사에 대한 정보가 집대성되었고, 지금은 사라진 많은 관련 서적들을 인용하여 그 내용을 보존
     했다.
36 《齊民要術》卷8〈脯腊〉第75(《齊民要術校釋》, 579쪽).
37 《增補山林經濟》卷8〈治膳〉上 "肉膳治法"(《農書》4, 121쪽).

12) 아안석(鵝雁腊, 거위나 기러기육포) 만들기(아안 석방)

거위나 기러기를 데쳐 깨끗이 다듬고 가슴 위를 갈라서 창자와 위장을 제거한다. 고기 1근마다 소금 1냥에 천초·회향·시라·진피를 넣고 거위나 기러기에 두루 문질러 절이되, 15일 뒤에 고기가 볕에 마를 때까지 한다. 《거가필용》38

13) 오미포(五味脯) 만들기(오미포방)

12월 초에 만든다. 거위·기러기·닭·오리·검은목 두루미[鶬]39·너새·물오리·꿩·토끼·메추라기[鶴鶉]· 신선한 생선으로 모두 만들 수 있다. 재료를 깨끗이 손질하고 생식기구멍과 꽁지 위의 지병(脂瓶)40을 제 거한다.

삶을 때 통째로 물에 담가야지 4조각으로 자르지 말아야 한다. 따로 소나 양의 뼈와 고기를 삶아서 즙을 낸다. 여기에 두시를 담가 끓이고 조미하는 것은 모두 앞에 나온 오미포법(五味脯法)과 같다41 【안】 이 구절은 와전되었거나 오류가 있는 듯하다】.

鵝、雁腊方

燖淨, 於胸上剖開, 去腸、 肚. 每斤, 用鹽一兩, 加入 川椒、茴香、蒔蘿、陳皮, 遍 擦醃, 半月後, 曬乾爲度. 《居家必用》

五味脯⑧方

臘月初作. 用鵝、雁、鷄、 鴨、鶬、鴇、鳧、雉、兔、鶴 鶉、生魚, 皆得作. 乃淨治, 去腥竅及翠上脂瓶.

全浸, 勿四破. 別煮牛、羊 骨、肉取汁. 浸豉和調, 一 同五味脯法【案】此句, 疑 有訛誤】.

---

38 《居家必用》庚集〈飮食類〉"肉食"'醃藏肉品'(《居家必用事類全集》, 256쪽).

39 검은목두루미[鶬] :《본초강목》에서 "학처럼 크고 푸른색 또는 회색이다. 목과 다리가 길고 떼 지어 날아다닌다"라 했다. 이에 따르면 오늘날 '검은목두루미[灰鶴]'라 불리는 '섭금류(涉禽類)'이다.《齊民要術譯 註》4, 165쪽 각주 참고.

40 지병(脂瓶) : 새꽁지 위의 지방샘[脂腺].

41 두시를……같다 : 이 기사의 내용은 《제민요술·포석(脯腊)》'오미포법'의 아래에 있는 '오미석법(五味腊法)' 이다. '앞에 나온 오미포법[一同五味脯法]'이라 한 부분의 안(案)의 내용을 보면 서유구는 오미석법을 오미 포법으로 오인하여 잘못 인용한 것으로 보인다.《제민요술》의 '오미포법'에서 설명한 방법은 다음과 같다. 소나 양의 뼈를 삶은 즙에 좋은 두시를 넣고 끓인 다음 걸러낸 뒤 소금을 친다. 총백(다진 것)·산초·생강· 귤껍질을 찧어 가루 낸 뒤 고기에 넣고 간이 배도록 주무른다.

⑧ 脯 :《齊民要術·脯腊》에는 "腊".

사진18 오미포 만들기

고기를 4~5일 동안 두시즙(豆豉汁)⁴²에 담가두었
다가 맛이 들어 적당하면 곧 밖으로 꺼내어 발 위
에 올려두고 그늘에서 말린다. 이를 불에 구워 익히
고 방망이로 두드린다. 이를 또한 '촉석(瘯腊)'이라 하
고, 또한 '촉어(瘯魚)'·'어석(魚腊)'이라고도 한다.《제민
요술》⁴³

浸四五日, 當味徹, 便出置
箔上, 陰乾. 火炙熟槌, 亦
名"瘯腊", 亦名"瘯魚", "魚
⑨腊".《齊民要術》

14) 취포(脆脯) 만들기(취포방)

12월 초에 만든다. 오미포(五味脯)를 만드는 재료
로는 모두 취포를 만들 수 있지만 오직 생선은 적합
하지 않다. 끓는 물에 삶으면서 위에 뜨는 거품을 제
거한다. 솥에서 고기를 꺼낼 때는 더욱 불을 세게
해야 한다. 불을 세게 하면 나중에 쉽게 마른다. 꺼

脆⑩脯⑪方

臘月初作. 任爲五味脯者,
皆中作, 唯魚不中耳. 白湯
熟煮, 掠去浮沫⑫. 欲去釜
時, 尤須急火, 急則易燥.
置箔上陰乾之. 甜脆殊常.

---

42 두시즙(豆豉汁) : 콩을 삶아 발효시켜 만든 두시에서 낸 즙.
43 《齊民要術》卷8〈脯腊〉第75 "五味腊法"(《齊民要術校釋》, 580쪽) ;《齊民要術譯註》4, 164~166쪽.
⑨ 魚 : 저본에는 없음.《齊民要術·脯腊》에 근거하여 보충.
⑩ 脆 : 저본에는 "脃".《齊民要術·脯腊》에 근거하여 수정.
⑪ 脯 :《齊民要術·脯腊》에는 "腊".
⑫ 沫 : 저본에는 "洙".《齊民要術·脯腊·五味腊法》에 근거하여 수정.

낸 고기를 발 위에 올려두고 그늘에서 말린다. 달고 부드러운 맛이 매우 특별하다.《제민요술》[44]

《齊民要術》

15) 생선포(풍어) 만들기(풍어방)[45]

청어(靑魚)[46]나 잉어는 배를 가르고 창자와 위를 제거한다. 고기 1근마다 소금 0.4~0.5냥을 넣고 7일 동안 절인 다음 꺼내서 깨끗이 씻고 닦아 말린다. 아가미 밑을 칼로 한 번 자른다. 천초·회향에 볶은 소금을 넣은 다음 아가미 안쪽과 뱃속에 비벼 넣은 뒤, 겉을 종이로 감싼다. 종이로 감싼 겉을 삼껍질로 묶으면 풍어(風魚) 하나가 완성되는데, 이를 바람이 드는 곳에 걸어놓는다. 뱃속에 넣는 양념이 많을수록 맛이 빼어나다.《중궤록》[47]

風魚方

用靑魚、鯉魚破去腸胃. 每斤, 用鹽四五錢, 醃七日, 取起, 洗淨拭乾. 腮下切一刀. 將川椒、茴香加炒鹽, 擦入腮內幷腹裏, 外以紙包裹. 外用麻皮扎成一箇, 掛于當風之處. 腹內入料多些方妙.《中饋錄》

사진19 생선포 만들기

44 《齊民要術》, 위와 같은 곳.
45 생선포(풍어) 만들기(풍어방) : 오사카본에서 서유구는, "어방(魚方, 생선회 만들기)의 끝에는 마땅히 아래에 있는 어포방(魚脯方, 생선포 만드는 법)을 옮겨와야 한다(魚方下當移下魚脯方)."라 적어두었다.
46 청어(靑魚) : 《전어지(佃漁志)》 권4 〈물고기 이름 고찰〉 "바닷물고기" '청어'를 보면 《도경본초(圖經本草)》와 《본초강목》에서 말하는 청어는 강과 호수에서 나는데, 우리나라에서 말하는 청어는 바다에서 나며 수만 마리씩 무리지어 다닌다고 했다. 이 둘은 이름은 같지만 실제로는 다른 생선인 것이다. 《정조지》 기사에서 말하는 청어는 대부분 중국의 청어를 말한다.
47 《中饋錄》〈風魚法〉(《文淵閣四庫全書》881, 406쪽).

또 다른 법 : 생선 1근마다 소금 0.4냥을 넣고 화초·사인·파꽃·참기름·생강채·귤껍질채를 더하여 절이고 10일 동안 눌러둔다. 이를 꺼내서 연기에 훈증될 만한 장소에 걸어둔다.《준생팔전》[48]

又法 : 每魚一斤, 鹽四錢, 加以花椒、砂仁、蔥花、香油、薑絲、橘細絲, 醃壓十日. 掛烟熏處.《遵生八牋》

16) 술에 절인 생선포(주어포) 만들기(주어포방)

큰 잉어를 깨끗이 씻고 베로 닦아 말린다. 고기 1근마다 소금 1냥, 파·시라·후추·생강채 각각 조금, 좋은 술을 함께 담근다. 이때 술이 잉어보다 손가락 1개 두께 정도 높도록 한다. 이를 매일 뒤집어주다가 맛이 잘 배어들었으면 꺼내어 볕에 말린 다음 썰어 먹는다. 12월에 만든다.《거가필용》[49]

酒魚脯方

大鯉魚淨洗, 布拭乾. 每斤, 用鹽一兩、蔥·蒔蘿·椒·薑絲各少許、好酒同醃, 令酒高魚一指, 逐日翻動, 候滋味透, 取出曬乾削食. 臘月造.《居家必用》

17) 전복포(전복) 만들기(전복방)

마른 전복은 꼬챙이에 꿰어서 말린다.《화한삼재도회(和漢三才圖會)[50]》[51]

乾鰒方

乾鰒串貫乾之.《和漢三才圖會》

말린 전복 중에 큰 것은 소금을 반드시 많이 넣게 되므로, 짜서 먹을 수가 없다. 이를 먹을 때는 반드시 깨끗한 물에 담가 소금기를 빼고 나서야 먹을 수 있다. 크기가 작고 색이 누렇고 밝은 전복은 맛

乾鰒之大者, 用鹽必多, 鹹不可食. 臨食, 必淨水浸退鹽, 乃可食. 少而色黃明者, 味淡可食. 半乾半生者

---

48 《遵生八牋》卷11〈飮饌服食牋〉上 "脯鮓類" '又風魚'(《遵生八牋校注》, 427쪽).

49 《居家必用》己集〈飮食類〉"肉食" '醃藏魚品'(《居家必用事類全集》, 258쪽).

50 화한삼재도회(和漢三才圖會) : 일본 에도 시대 중기의 의사인 데라지마료안(寺島良安)이 지은 105권의 총서로, 천문·지리·인사·사물에 관한 백과사전이다. 중국의《삼재도회(三才圖會)》를 본떠서 천·지·인 3재에 대하여 부(部)를 나누고 여러 도보(圖譜)를 모아 싣고 그림에 설명을 덧붙였다.《임원경제지》에서 유일하게 인용한 일본 서적이다.

51 《和漢三才圖會》卷47〈介貝部〉"鰒" '長鰒'(《倭漢三才圖會》5, 66쪽).

사진20 전복포 만들기

이 담백하여 먹을 만하다. 절반쯤 마르고 절반쯤 날 것인 전복이 맛이 더욱 좋다. 《증보산림경제》52

긴 전복포 만드는 법(장복조법) : 생전복은 창자를 제거하고 전복귀 끝【전복 속 사방 주변의 단단하고 얇으면서 색이 푸르고 검은 것을 '전복귀[鰒耳]'라 한다】에서부터 얇게 잘라 속의 살점까지 잘라서 긴 가락 하나를 만드는 법은 박호축법(剝瓠蓄法, 호롱박 벗겨 저장하는 법)53과 같다. 이를 볕을 쪼여 말린다. 생으로 말린 것을 당겨서 늘이고 다시 볕에 말려 긴 가락으로 만들면 그 색이 희면서 밝고 영롱하다.

【안】 우리나라에서 만드는 법 : 이미 전복을 잘라

尤佳.《增補山林經濟》

長鰒造法 : 生鰒去腸, 從耳端【鰒內四圍, 堅薄而色蒼黑者, 謂之"鰒耳"】薄切, 剝至中肉, 成一帶長條, 如剝瓠蓄法, 暴乾. 取生乾者, 引伸令長, 復乾曝作長條, 其色白而明瑩.

【案】東國造法 : 旣削作薄薄

---

52 《增補山林經濟》卷9〈治膳〉下 "鰒魚"(《農書》4, 143~144쪽).

53 박호축법(剝瓠蓄法) : 《정조지》권4〈건채(乾菜, 채소 말리기)〉 "호로(葫蘆)와 가지 말리기(호로가건방)"에 나온다.

서 얇고 긴 가락으로 만든 것을 두께가 종이처럼 얇
아지도록 쇠망치[鐵槌]로 곱게 두드리면서 점차 이어
져 길이가 5~6척이 되도록 한다. 양쪽 변을 재단하
여 자르되 너비는 0.15척이 되도록 한다. 10가락이 1
첩이다. 이를 채워서 관아에 바치는 것을 '추복(槌鰒)'
이라 부른다. 바다의 음식 중에서 가장 진귀한 것이
다】《화한삼재도회》[54]

長條, 用鐵槌槌細, 其薄如
紙, 次次粘連, 可引長五六
尺. 裁剪兩邊, 廣可寸半,
十條爲一貼. 用充貢獻, 呼
爲"槌鰒". 海味中最珍貴者
也】《和漢三才圖會》

18) 새우를 붉은색이 변하지 않게 볕에 말리기(쇄 하불변홍색방)

曬蝦不變紅色方

새우를 소금에 볶아 익히고 광주리 안에 담는다.
우물물을 뿌려 소금기를 빼고 볕에 말리면 새우의
붉은색이 변하지 않는다.《중궤록》[55]

蝦用鹽炒熟, 盛籮內. 用井
水淋洗, 去鹽曬乾, 色紅
不變.《中饋錄》

사진 21 새우 붉게 말리기

54 《和漢三才圖會》, 위와 같은 곳.
55 《中饋錄》〈風魚法〉(《文淵閣四庫全書》881, 406쪽).

5. 해자(醢鮓, 젓갈과 식해)¹

醢鮓

1) 총론

소금·쌀로 생선살을 발효시킨 음식을 '해(醢)'라 한다. 해(醢)는 해(海, 바다)이고, 명(冥, 어둡다)이니, 진흙을 발라 봉하여 깊숙하고 어두운 곳에 둔다는 말이다. 또한 '자(鮓)'라고도 한다. 자(鮓)는 재(滓, 앙금)이니 '소금에 절여진 쌀의 즙'을 말한다. 일반적으로 날짐승·들짐승·생선·갑각류(껍데기 있는 해양 동물)의 고기는 모두 절이고 담가 해자를 만들 수 있다.

《주례(周禮)》에서 "해인(醢人)은 4가지 제수의 내용물을 담당한다."²라 했다. 탐해(醓醢, 고기젓갈)【탐(醓)은 음이 탐(貪)이다. 육장(肉醬)이다】·라해(蠃醢, 소라젓갈)【라(蠃)는 음이 라(騾)이다. 《이아(爾雅)》의 주에 "크기가 큰 소라는 됫박[斗]만 하다. 일남(日南)³의 창해(漲海)⁴에서 난다. 라의 껍데기로 술잔을 만들 수 있다."⁵라 했다】·비해(蠯醢, 깃맛젓갈)【비(蠯)는 음이

總論

用鹽、米, 釀魚肉曰"醢". 醢者, 海也, 冥也, 封塗密冥也. 亦曰"鮓". 鮓者, 滓也, 謂"鹽米之滓"也. 凡鳥獸、鱗介之肉, 皆可醃釀而成.

《周禮》"醢人掌四豆之實", 醓醢【醓, 音貪. 肉醬也】、蠃醢【蠃, 音騾. 《爾雅》註：大者如斗, 出日南漲海中, 可以爲酒杯】、蠯醢【蠯, 音倂. 蛤也】、蚳·蚳醢【蚳, 音遲. 蟻卵也】、

---

1   해자(醢鮓)：고기나 생선을 소금이나 곡물에 절인 식해. 식해는 원래 고기나 생선을 소금에 절인 것을 전반적으로 가리켰다가 나중에 생선에 곡물과 향신채를 넣은 음식을 가리키는 말로 변했다. 여기서는 곡물과 향신채가 들어간 '자(鮓)'를 '식해'로, 주로 소금만 쓴 '해(醢)'를 '젓갈'로 옮겼다.

2   해인(醢人)은……담당한다：《周禮》〈天官冢宰〉下 "醢人"(《十三經注疏整理本》7, 163쪽).

3   일남(日南)：현재의 베트남 일대.

4   창해(漲海)：현재의 베트남 연해 및 남중국해 일대.

5   크기가……있다：《爾雅》〈釋魚〉第16(《十三經注疏整理本》24, 333쪽).

병(倂)이다. 조개이다】·신해(蜃醢, 대합조개젓갈)·지해 (蚳醢, 개미알젓갈)【지(蚳)는 음이 지(遲)이다. 개미알이 다】·토해(兔醢, 토끼젓갈)·어해(魚醢, 물고기젓갈)·안해(雁 醢, 기러기젓갈)가 이것이다.

즙이 많은 해(醢)를 '혜(醯)'라 하고, 뼈가 있는 해 를 '니(臡)'【음은 니(泥)이다】라 한다. 《옹치잡지》[6]

兔醢、魚醢、雁醢是也.

醢多汁曰"醯①", 有骨曰 "臡"【音泥】.《饔饎雜志》

2) 고기식해(육자) 만들기(육자방)

살코기 1근(힘줄을 제거한 것), 소금 1냥에 볶 은 쌀가루 약간을 넣는다. 쌀가루를 많이 넣으면 맛 이 시큼하게 된다. 고기껍질 3근을 끓는 물에 데쳐 서 얇고 가늘게 편으로 썬 뒤, 얇게 썬 살코기와 함 께 섞는다. 이것을 댓잎으로 싸서 4냥 무게가 되도록 떡처럼 만든다. 겨울에는 잿불에 3일 동안 쬐어서 먹 는데, 댓잎 덮개 위에 작은 구멍을 뚫어둔다. 여름에 는 잿불에 1일만 쬐면 먹을 수 있다. 《준생팔전》[7]

肉鮓方

精肉一斤(去筋)、鹽一兩, 入炒米粉些少, 多要酸. 肉 皮三斤滾水焯, 切薄絲片, 同精肉切細拌. 用箬包, 每 餠四兩重. 冬天灰火焙三日 用, 蓋上留一小孔. 夏天一 週時可吃.《遵生八牋》

3) 생선식해(어자) 만들기(어자방)

큰 생선 1근마다 편으로 썰어 저민다. 이를 물이 닿지 않게 하고 깨끗한 베로 물기를 닦아서 말린다. 여름에는 소금 1.5냥, 겨울에는 소금 1냥으로 잠깐 동안 생선을 절여서 물이 나오면 다시 펼쳐서 물기를 말린다. 그 다음 여기에 생강채·귤피채·시라(蒔蘿, 소회향)·홍국(紅麴, 누룩의 일종)·찐밥을 넣고 파기름과

魚鮓方

每大魚一斤, 切作片臠, 不 得犯水, 以淨布拭乾. 夏 月用鹽一兩半, 冬月用鹽一 兩, 待片時醃魚水出, 再 擘乾. 次用薑·橘絲、蒔蘿、 紅麴、饙飯, 竝蔥油拌均,

---

6 출전 확인 안 됨.
7 《遵生八牋》卷11〈飮饌服食牋〉"脯鮓類" '肉鮓'(《遵生八牋校注》, 419쪽).
① 醢 : 저본에는 "醯". 오사카본·규장각본에 근거하여 수정.

함께 고루 섞는다. 이를 자기항아리에 넣고 눌러 채운다. 이를 댓잎으로 덮은 다음 대나무꼬챙이로 꽂아 고정해놓고 자기항아리를 덮는다. 짠물이 모두 마르면 숙성된 것이다. 또는 처음 생선을 절였던 소금물에 담가놓으면 고기가 쫄깃하고 연해진다. 《거가필용》[8]

생선식해는 잉어·청어·농어·철갑상어[鱘魚]로도 모두 만들 수 있다. 비늘과 창자를 손질하여 제거하고 오래된 솔빗자루로 생선 외부를 천천히 쓸어 기름기와 비린내 나는 피를 제거함으로써 충분히 깨끗이 한다. 이를 바람이 잘 드는 곳에 1~2일 걸어두었다가 잘라서 작고 네모난 덩어리를 만든다.

생선덩어리 10근마다 생염(生鹽)[9] 1근을 쓴다. 여름에는 1근 4냥을 써서 고루 섞은 다음 그릇 안에서 절인다. 겨울에는 20일 절이고, 봄과 가을에는 절이는 기간을 더 줄인다. 절였던 생선을 꺼내어 베로 싼 다음 돌로 눌러서 수분이 충분히 마르게 하여 미끄럽지도 않고 질기지도 않게 한다.

천초껍질 2냥, 시라·회향·사인(砂仁)·홍두(紅豆) 각 0.5냥, 감초 약간을 모두 거칠게 가루 낸다. 깨끗하게 씻은 흰멥쌀 0.7~0.8승(밥을 지은 것), 생참기름 1.5근, 순백색의 파채 1근, 홍면(紅麴)[10] 0.15승(잘

入磁罐捺實, 箬葉蓋, 竹籖插覆罐, 去滷盡卽熟. 或用元水浸, 肉緊而脆. 《居家必用》

魚鮓, 鯉魚、靑魚、鱸魚、鱘魚皆可造. 治去鱗、腸, 舊笎箒緩刷, 去脂膩腥血, 十分令淨. 挂當風一二日, 切作小方塊.

每十斤, 用生鹽一斤, 夏月一斤四兩, 拌均, 醃器內, 冬二十日, 春秋減之. 布裹石壓, 令水十分乾, 不滑不靭.

用川椒皮二兩、蒔蘿·茴香·砂仁·紅豆各半兩、甘草少許, 皆爲麤末. 淘淨白粳米七八合(炊飯)、生麻油

---

8 《居家必用》己集〈造鮓品〉"魚鮓"(《居家必用事類全集》, 259쪽).

9 생염(生鹽) : 소금의 일종. 이시진은 《본초강목(本草綱目)》에서 소금기 있는 흙을 끓이고 졸여 만드는 소금을 애염(崖鹽)이라 하는데, 이 애염의 모양이 백반과 같아서 생염이라고도 한다고 했다. 《본초강목》 권11 〈석부(石部)〉 "식염(食鹽)", 630쪽 참조.

10 홍면(紅麴) : 붉은색을 띠는 밀가루로 추정된다.

게 부순 것). 이상의 재료들을 모두 물기를 말린 생선과 고루 섞은 다음 자기그릇이나 나무통에 눌러 담아 충분히 채운다. 이를 연잎으로 덮은 다음 대나무조각으로 꽂아놓고 다시 작은 돌로 그 위를 눌러두고 저절로 숙성될 때까지 기다린다.

봄과 가을이 생선식해를 만들기에 가장 알맞고, 겨울에는 생선을 미리 절여 질그릇에 두면 저장할 수 있다. 먹기 직전에 양념을 넣고 섞는다. 이것이 도회에서 생선식해를 만드는 법이다. 웅어도 같은 법으로 만드는데, 다만 말리는 방법이 좋아야 한다. 《준생팔전》11

一斤半、純白蔥絲一斤、紅麴一合半(槌碎). 已上俱拌均, 磁器或木桶按十分實, 荷葉蓋, 竹片扦定, 更以小石壓在上, 候其自②熟. 春秋最宜造, 冬天豫醃下作坏可留. 臨用時, 旋將料物打③拌. 此都中造法也. 鱭魚同法, 但要乾方好. 《遵生八牋》

생선식해를 만들 때에는 백반·소금을 함께 넣고 절였다가 점액질을 제거하고 깨끗이 씻은 다음 일반적인 방법대로 만든다. 《물류상감지》12

做魚鮓, 同礬、鹽淹, 去涎洗淨, 如常法造. 《物類相感志》

4) 여름에 생선식해 만들기(하월작어자방)

저민 생선 10승, 소금 1.8승, 정미 3승으로 지은 밥, 술 0.2승, 귤껍질·생강 0.05승, 수유(茱萸)13 20알을 그릇 안에 눌러 담는다. 양이 이보다 많거나 적을 때에는 위 재료의 비율로 가늠하여 만든다.

夏月作魚鮓方

鱤一斗、鹽一升八合、精米三升炊作飯、酒二合、橘皮·薑半合、茱萸二十顆, 抑④著器中, 多少以此爲

---

11 《遵生八牋》卷11〈飲饌服食牋〉"脯鮓類"(《遵生八牋校注》, 420~421쪽).
12 《物類相感志》〈飲食〉(《叢書集成初編》1344, 7쪽).
13 수유(茱萸) : 운향과의 수유나무의 열매. 붉은 자줏빛을 띤다.
② 自 : 저본에는 "日". 《遵生八牋·飲饌服食牋·脯鮓類》에 근거하여 수정.
③ 打 : 저본에는 "扛". 《遵生八牋·飲饌服食牋·脯鮓類》에 근거하여 수정.
④ 抑 : 저본에는 "仰". 《齊民要術·作鮓法》에 근거하여 수정.

《제민요술》[14]

5) 잉어식해(鯉鮓, 이자) 만들기(이자방)

호광(湖廣)[15]의 잉어식해 만드는 법 : 큰 잉어 10근을 쓴다. 정향조각을 가늘게 자른 다음 뼈를 제거한 잉어와 고루 섞는다.

먼저 오래된 기장쌀을 볶아 말리고 맷돌에 갈아 약 1.5승을 가루 낸다. 이를 볶은 홍국 1.5승과 합하여 함께 가루 낸 뒤 사용한다.

앞의 생선덩어리 10근에 맞는 비율로, 좋은 술 2사발, 소금 1근을 넣는다. 여름에는 소금 1근 4냥을 써서 생선과 섞고 자기그릇 안에서 절인다. 겨울에는 15일간 절이고, 봄과 여름에는 10일이 지나면 자기에서 꺼낸 다음 깨끗이 씻어 베로 싸고 충분히 짜서 말린다.

여기에 천초 2냥, 사인 1냥, 회향 0.5냥, 홍두 0.5냥, 감초 약간(가루 낸 것), 참기름 1근 8냥, 총백두(蔥白頭, 대파밑둥의 흰 부분) 1근을 먼저 쌀과 섞은 누룩가루 1승과 합한 뒤, 생선과 고루 섞어 술단지 속에 넣고, 돌로 내용물을 꼭 눌러둔다.

이렇게 하면 겨울에는 15일이면 먹을 수 있고, 여름에는 7~8일이면 먹을 수 있다. 먹을 때 다시 산초나 쌀식초를 더하면 좋다.《준생팔전》[16]

率.《齊民要術》

鯉鮓方

湖廣鮓法 : 用大鯉魚十觔, 細切丁香塊子, 去骨垃雜物.

先用老黃米炒燥, 碾末, 約有升半. 配以炒紅麴升半, 共爲末, 聽用.

將魚塊稱有十斤, 用好酒二碗、鹽一斤. 夏月用鹽一斤四兩, 拌魚醃磁器內. 冬醃半月, 春夏十日取起, 洗淨布包, 榨十分乾.

以川椒二兩、砂仁一兩、茴香五錢、紅豆五錢、甘草少許(爲末)、麻油一斤八兩、蔥白頭一斤, 先合米麴末一升⑤, 拌和納罈中, 用石壓實. 冬月十五日可吃, 夏月七八日可吃. 吃時, 再加椒料、米醋爲佳.《遵生八牋》

---

14 《齊民要術》卷8〈作鮓法〉(《齊民要術校釋》, 577쪽).
15 호광(湖廣) : 현재 중국 호남성(湖南省)·광서성(廣西省)·광동성(廣東省) 일대의 총칭.
16 《遵生八牋》卷11〈飮饌服食牋〉"脯鮓類"(《遵生八牋校注》, 426쪽).
⑤ 升 : 저본에는 "斤". 오사카본·규장각본·《遵生八牋·飮饌服食牋·脯鮓類》에 근거하여 수정.

공물로 진상하는 잉어식해[貢御鮓, 공어자] 만들기 : 잉어 10근을 깨끗이 씻고 널어서 물기를 말린 다음 작게 자른다. 여기에 술 0.5승, 소금 6냥을 넣고 절여 하룻밤을 묵힌 뒤 소금물을 제거한다. 또 생강채·귤피채 각 2냥, 천초·시라 각 0.5냥, 회향 0.2냥, 홍국 0.2승, 파채 4냥, 멥쌀밥 1.5승, 소금 4냥, 술 0.5승을 넣고 고루 섞어 자기그릇 안에 넣은 뒤 저장한다. 이때 댓잎으로 잉어식해를 덮고 대껍질 꼬챙이로 꽂아놓는다. 소금기가 빠져나오면 따라버리고 숙유(熟油) 4냥을 끼얹어 넣는다. 《거가필용》[17]

옥판자(玉版鮓) 만드는 법 : 청어·잉어로 모두 만들 수 있다. 큰 생선을 깨끗하게 손질해서 살을 가져다가 적당한 크기의 편으로 썬다. 생선 1근마다 소금 1냥으로 절여 하룻밤 묵힌 다음 널어 말린다. 여기에 산초·시라·생강채·귤피채·회향·파채·숙유 0.5냥, 귤잎 여러 개, 고두밥 2~3술을 넣고, 다시 소금을 조금 넣는다. 이를 잘 섞어 병에 넣고 댓잎으로 봉한 뒤 진흙을 단단히 바른다. 《거가필용》[18]

간단하게 생선식해 만드는 법 : 청어 혹은 잉어를 손가락 3개 두께로 잘라 깨끗이 씻는다. 생선 5근마다 볶은 소금 4냥, 숙유 4냥, 생강채·귤피채 각 0.5냥, 산촛가루 0.1냥, 술 1잔, 식초 0.5잔, 파채 2줌,

貢御鮓方 : 鯉魚十斤洗淨控乾, 切作臠. 用酒半升、鹽六兩, 醃過宿去滷. 入薑·橘絲各二兩、川椒·蒔蘿各半兩、茴香二錢、紅麴二合、蔥絲四兩、粳米飯升半[6]、鹽四兩、酒半升, 拌均, 入磁器內收貯, 箬蓋簸簽. 候滷出傾去, 入熟油四兩澆.《居家必用》

玉版鮓法 : 靑魚、鯉魚皆可. 大者取淨肉, 隨意切片. 每斤, 用鹽一兩醃過宿, 控乾. 入椒·蒔蘿·薑橘絲·茴香·蔥絲·熟油半兩、橘葉數片、硬飯二三匙, 再入鹽少許, 調和入瓶, 箬封泥固. 同上

省力鮓法 : 靑魚或鯉魚, 切作三指大臠, 洗淨. 每五斤, 用炒鹽四兩、熟油四兩、薑·橘絲各半兩、椒末一分、酒一

---

17 《居家必用》己集〈造鮓品〉 "貢御鮓"《居家必用事類全集》, 259쪽).
18 《居家必用》己集〈造鮓品〉 "玉版鮓"《居家必用事類全集》, 259쪽).
[6] 升半 : 저본에는 "半斤",《居家必用·造鮓品·貢御鮓》에 근거하여 수정.

I. 가르거나 삶아서 조리하는 음식(할팽지류)   111

밥알 약간을 고루 섞은 다음 자기병에 채워 눌러둔다. 그 위를 댓잎으로 덮고 대껍질꼬챙이로 꽂아놓는다. 5~7일이면 숙성된다. 《거가필용》[19]

6) 청어젓갈(청어해) 만들기(청어해방)

청어【안 우리나라의 청어는 중국의 청어와 이름은 같지만 실제로는 다른 생선이다】를 켜켜이 소금을 뿌려 발 위에 두고 자리로 덮는다. 하룻밤이 지나면 생선즙이 모두 빠질 것이다. 그러면 바로 항아리 안에 넣는다. 이때 청어 사이에 소금을 켜켜이 넣어 생선과 생선 사이를 띄워둔다. 6월이 되면 먹을 수 있고, 해가 지나면 더 좋다.

【안 우리나라의 생선젓갈 만드는 법은 소금에 절이는 방법 이외에 맛을 돋우는 다른 양념이 없다. 소금을 너무 많이 넣으면 짜서 먹을 수가 없고, 소금을 적게 넣으면 또 쉽게 썩어 문드러진다. 그러므로 우리나라 사람들이 먹는 해자(醯鮓)는 대체로 모두 상한 고기이거나 썩은 생선일 뿐이다.

일반적으로 조기·숭어·조개·새우 등으로 만든 젓갈 및 여러 종류의 알로 만든 젓갈 중에서 다른 법으로 만든 젓갈은 전혀 없다. 우리나라의 요리 중에서 엉성하여 제대로 된 법이 없는 음식으로는 해자가 최고이다. 이로써 중국의 법을 빨리 모방하여 술·쌀·향신료 등으로 조금이라도 그 맛에 보탬이

盞、醋半盞、葱絲兩握、飯糝少許, 拌均, 磁瓶實捺, 箬葉蓋篾插. 五七日熟. 同上

靑魚醢方
取靑魚【案 我東靑魚, 與中國靑魚, 名同實異】層層灑鹽, 置於箔上, 以席覆之. 經宿則魚汁盡下矣, 卽納甕中, 而魚與鹽層層隔下. 至六月可食, 經年又佳.

【案 我東魚鮓造法, 鹽醃以外, 更無他料之助味者. 過用鹽則醶不可食, 少用鹽則又易敗爛. 故東人所食醃[7]鮓, 大抵皆敗肉、餒魚耳.
凡石首魚、鯔魚、蛤、蝦等醢及諸色卵醢, 一切無他法, 東國膳品中, 鹵莽無法, 醃鮓爲最. 此當亟倣中國法, 用酒、米、香料等, 少助其滋味也】《增補山林

---

19 《居家必用》己集〈造鮓品〉"省力鮓"《居家必用事類全集》, 259쪽).
[7] 醃 : 저본에는 "鹽". 오사카본·규장각본에 근거하여 수정.

되게 해야 한다】《증보산림경제》[20]

청어젓갈은 오랫동안 보관하기에 가장 어려우니, 매미소리가 들리기 시작하면 곧 썩어 문드러지기 때문이다. 이때는 들판 언덕의 평평한 곳에서 신선한 청어에 소금을 약간 뿌려가며 섞고, 마른 섶을 깐 다음 청어를 비늘모양으로 가지런히 펼쳐서 쌓아놓는다. 여기에 그대로 무거운 물건으로 눌러 비린내 나는 즙이 모두 빠지게 하고 거둔 다음 다시 소금으로 독에 절이면 수년 간 두어도 상하지 않는다.《난호어목지(蘭湖漁牧志)[21]》[22]

青魚醢, 最不堪久藏, 一聞蟬聲輒敗爛. 取新鮮[8]者, 略用鹽拌于原阜陵夷處, 下布乾柴而鱗次鋪積, 仍以物蘭之, 令腥汁盡出後收起, 更用鹽就甕醃之, 可留數年不敗.《蘭湖漁牧志》

7) 대합젓갈(합해) 만들기(합해방)

대합은 살을 깨끗하게 손질한다. 대합살 10승마다 소금 3승을 대합살 사이에 켜켜이 뿌리면서 독 안에 넣는다. 그런 다음 옹기아가리를 단단히 봉하고 땅속에 묻는다. 해가 지난 뒤에 먹으면 맛이 좋다.《증보산림경제》[23]

蛤醢方

大蛤取肉治淨. 每肉一斗, 用鹽三升, 層層隔布, 納甕中. 堅封口, 埋地中, 經年後食之則美.《增補山林經濟》

---

20 《增補山林經濟》卷9〈治膳〉下 "靑魚"(《農書》4, 139쪽).
21 난호어목지(蘭湖漁牧志) : 서유구(徐有榘, 1764~1845)가 1820년경 짐승류·어류에 관하여 저술한 책. 현재는 짐승류 관련 부분은 남아 있지 않고, 어류 부분, 그중에서도 '어류 이름 고찰(어명고)'만 전한다. 현존본에는 강어(江魚, 강에 사는 물고기)·해어(海魚, 바다에 사는 물고기)·논해어미험(論海魚未驗, 바다에 살지만 직접 보지 못한 물고기)·논화산미견(論華産未見, 중국에서 서식하여 직접 보지 못한 물고기)·논동산미상(論東産未詳, 우리나라에 서식한다고 알려졌지만 직접 보지 못한 물고기) 등으로 나누어 서술했다.《임원경제지(林園經濟志)》〈전어지(佃漁志)〉에 상당부분 인용되어 있다.
22 출전 확인 안 됨.
23 《增補山林經濟》卷9〈治膳〉下 "大蛤"(《農書》4, 146쪽).
⑧ 鮮 : 저본에는 "鱗". 오사카본·규장각본에 근거하여 수정.

8) 굴젓갈(석화해) 만들기(석화해방)

4월 작약꽃이 한창 필 때 석화(굴)는 막 알을 품는다. 이때가 되면 여러 사람이 석화를 많이 채취한다. 석화는 바닷물에 깨끗이 씻어야지 민물로 씻어서는 안 된다【민물로 씻으면 구더기가 생기는 것을 막기 어렵다】. 석화를 발 위에 두고 볕에 말려 물기가 말끔하게 마르도록 한 뒤, 바로 독 안에 넣는다.

석화 10승마다 소금은 7승의 비율로 넣는데, 석화에 소금을 켜켜이 뿌리며 깔고 독이 가득차면 그친다. 그런 다음 기름종이로 독아가리를 단단히 봉하여 햇볕이 독을 비추지 않는 곳에 독을 놓는다. 1년이 지나 먹으면 좋다. 만약 이 법에서 소금 넣는 양을 줄이면 다음해 봄에 모두 물이 되어 있을 것이다.

또 다른 방법으로는 숭어·조기·밴댕이 종류를 비늘·창자·위장·머리·꼬리를 제거하고 닦은 다음 꽤 오랫동안 볕에 말린다. 물기가 모두 마르면 석화와 섞어 같이 절인다. 젓갈이 숙성된 뒤에 독에서 꺼내어 칼로 손가락 3개 두께로 자른 다음 굴젓갈과 잘 섞으면 생선뼈는 모두 연하게 물러져 1가지만 절인 젓갈에 비해서 더욱 좋다.

일반적으로 이 젓갈을 만드는 일은 7~8월 이전에 한다. 쓸 때는 뒤적거리지 않도록 조심해야 하니, 구더기가 생길 염려가 있기 때문이다.《증보산림경제》[24]

石花醢方

四月芍藥花政發時, 石花方含卵矣. 就此時, 衆手多採, 以海水洗淨, 勿用淡水洗【蛆生難禁】. 取石花, 置箔上, 晾令水氣淨盡, 卽納甕中.

每石花一斗, 加鹽七升爲率, 層層隔鋪, 滿甕而止. 以油紙堅封, 安甕於日色不甕照處. 周年食之佳. 若入鹽減此法, 則明春盡化爲水矣.

或用鯔魚、石首魚、蘇魚之類, 去鱗及腸肚、頭尾拭, 曬良久. 待水氣盡去, 和石花同醢之. 醢已熟, 取出刀切三指大, 與石花醢拌和, 則骨鯁皆已軟爛, 較單醢者更勝.

凡作此醢, 七八月以前, 愼勿翻動, 恐生蛆蟲也.《增補山林經濟》

---

24 《增補山林經濟》卷9〈治膳〉下 "石花"(《農書》4, 147~148쪽).

9) 새우젓갈(자하해) 만들기(자하해방)

자하(紫蝦, 초가을에 잡힌 어린 새우)는 일반적인 방법으로 소금에 절여 생전복살·바다소라살【모두 손가락 1개 두께로 자른다】·오이·무【모두 먼저 소금에 절여두었다가 자하가 나는 철이 되면 물에 담가 소금기를 빼고 4조각으로 자른다】를 자하와 같이 잘 섞어 독에 넣는다.

이때 한 층은 자하, 한 층은 소금으로 쟁여 독이 가득차면 그친다. 기름종이로 독아가리를 밀봉한 다음 땅속에 묻는다. 이때 독아가리는 동이로 잘 덮고, 또 맹회(猛灰)[25]로 독아가리를 따라 사방을 빙 둘러 메우고 덮어서 개미와 같은 벌레의 접근을 막고 빗물로 인한 습기도 막는다.《증보산림경제》[26]

紫蝦醢方

紫蝦依常法鹽醃, 將生鰒肉、海螺肉【竝切一指大】、青苽、蘿蔔【竝先期鹽藏, 至是, 水浸退鹽, 擘作四片】, 同紫蝦, 拌和入甕.

一層蝦、一層鹽, 滿甕而止. 以油紙密封口, 埋地中, 以盆蓋定, 又以猛灰緣甕口, 四周塡掩之, 以防蟲蟻, 亦防雨濕.《增補山林經濟》

10) 맛조개식해(정자) 만들기(정자방)

맛조개 1근, 소금 1냥을 24시간 동안 절인다. 다시 깨끗이 씻고 널어서 물기를 말린 다음 베에 싸서 돌로 눌러둔다. 여기에 숙유 0.5냥, 생강채·귤피채 각 0.5냥, 소금 0.1냥, 파채 0.05냥, 술 1큰잔, 밥알 0.1승, 갈아놓은 쌀을 더하여 고루 섞고 병에 넣어 진흙으로 봉한다. 10일이면 상에 올릴 수 있다.《중궤록》[27]

蟶鮓方

蟶一斤、鹽一兩, 醃一伏時. 再洗淨控乾, 布包石壓. 加熟油五錢、薑·橘絲五錢、鹽一錢、蔥絲五分、酒一大盞、飯糝一合、磨米, 拌均入瓶, 泥封. 十日可供.《中饋錄》

---

25 맹회(猛灰) : 참나무를 태우고 난 재 따위처럼 진한 잿물을 내릴 수 있는 독한 재.
26 《增補山林經濟》卷9〈治膳〉下 "紫蝦"(《農書》4, 149쪽).
27 《說郛》卷95上〈中饋錄〉"蟶鮓"(《文淵閣四庫全書》881, 406쪽).

11) 참새식해(황작자) 만들기(황작자방)

참새 1마리씩 깨끗하게 손질하고 술로 씻어 닦아 말린 다음 물에 닿지 않게 한다. 맥황(麥黃)[28]·홍국·소금·천초·파채를 고루 섞어서 맛을 보고 알맞으면 그친다.

참새를 평평한 술단지 안에 넣어 한 층 깔고 그 위에 양념 한 층을 쟁여 채운다. 여기에 댓잎을 덮고 대꼬챙이조각을 꽂아놓는다. 짠물이 빠져나오면 따라버린 다음 술을 부어 담가놓고 밀봉하면 오래 먹을 수 있다. 《중궤록》[29]

12) 거위식해(아자) 만들기(아자방)

살진 거위 1마리는 뼈를 제거하고 살코기만 고른다. 5근씩 가늘게 썰고 여기에 소금 3냥, 술 1큰잔을 넣고 절여 하룻밤이 지나면 짠물을 제거한다. 여기에 파채 4냥, 생강채 2냥, 귤피채 1냥, 천초 0.5냥, 시라·회향·마근(馬芹) 각각 조금, 홍국가루 0.1승, 술 0.5승을 고루 섞어 항아리에 넣고 꼭 눌러둔다. 그런 다음 댓잎으로 봉하고 진흙을 단단히 바른다.

돼지나 양의 살코기로도 모두 이 방법을 본떠서 식해를 만들 수 있다. 《거가필용》[30]

黃雀鮓方

每隻治淨, 用酒洗拭乾, 不犯水. 用麥黃、紅麴、鹽、椒、蔥絲拌均, 嘗味和爲止.

卽將雀入匾罈內, 鋪一層、□料一層裝實. 以箸蓋, □片扦定, 候滷出傾去, 加□□、密封久用.《中饋錄》

鵝鮓□

肥者□隻去骨, 用淨肉. 每五斤□切, 入鹽三兩、酒一大盞□過宿去滷. 用蔥絲四兩、□絲二兩、橘絲一兩、椒半兩、□蘿·茴香·馬芹各少許、紅□末一合, 酒半升, 拌均, 入□實捺, 箸封泥固.

猪、羊精者, 皆可倣此造.《居家必用》

---

28 맥황(麥黃) : 쌀과 보리를 섞어 덮어두면 노랗게 생기는 곰팡이의 일종.

29 《說郛》卷95上〈中饋錄〉"黃雀鮓"(《文淵閣四庫全書》881, 407쪽).

30 《居家必用》己集〈造鮓品〉"鵝鮓"(《居家必用事類全集》, 260쪽).

⑨ 一 : 오사카본·《居家必用·造鮓品·鵝鮓》에는 "二".

조금 더한다. 《중궤록》[35]

우리나라의 어장 만드는 법 : 먼저 간장에 고기를 넣고 뭉근한 불에 삶다가 간장이 반으로 줄어들면 자기항아리 안에 부어 넣는다. 다음으로 붕어는 비늘과 지느러미를 제거하고【큰 붕어는 편으로 썰고, 작은 붕어는 통으로 쓴다】기름간장을 바른 다음 숯불에 구워 매우 부드럽게 만든다. 이를 미리 준비해둔 어장항아리 안에 넣고 단단히 봉하면 5~6일 만에 먹을 수 있다. 먹을 때 고춧가루를 뿌린다. 일체의 민물고기는 모두 이를 본따서 어장을 만들 수 있다. 《옹치잡지》[36]

時, 加蔥花少許. 《中饋錄》

東國魚醬法 : 先將淸醬入肉料, 慢火煮, 至醬半縮, 傾入磁缸內. 次將鯽魚去鱗·鬐【大者切作片, 小者全用】, 蘸油醬, 炭火上炙熟, 令極酥. 投醬缸中封固, 五六日吃. 吃時, 糝蠻椒屑. 一切川魚, 皆可倣此造. 《饔饎雜志》

16) 어육장(魚肉醬) 만들기(어육장방)

7월에 빚어 완전히 깨끗한 독[37]을 땅속에 독의 꼭대기까지 묻는다. 살찐 소 살코기(비계와 막을 제거한 것) 10여 근【노루고기·양고기·토끼고기로도 모두 된다】, 소 위고기·소 심장고기 각 3근, 꿩 10마리(털·창자·대가리·발을 제거한 것), 닭 10마리(꿩과 같이 손질한다)【거위·오리·기러기로도 모두 쓸 수 있다】.

魚肉醬方

用七月坏完淨甕, 埋地中沒頂. 肥牛精肉(去脂膜)十餘斤【獐肉·羊肉·兔肉皆可】、牛肚肉·牛心肉各三斤、雉十首(去毛·腸·頭·足)、鷄十首(治同雉)【鵝、鴨、雁皆可用】.

---

35 출전 확인 안 됨 ; 《說郛》 卷95上 〈中饋錄〉 "魚醬法"(《文淵閣四庫全書》881, 406쪽).

36 출전 확인 안 됨.

37 7월에……독 : 《증보산림경제》 권8에서 "일반적으로 독은 7월에 빚은 질그릇이 가장 좋고, 8월에 빚은 질그릇은 그 다음이며, 나머지 달에 빚은 질그릇은 그 아래이다. 중요한 점은 두꺼워야지 얇아서는 안 된다는 것이다. 일반적으로 자기항아리는 좋지 않다(凡甕七月坏爲上, 八月次, 餘月下. 要厚不宜薄. 凡磁甕不好)."라 했다. 《增補山林經濟》 卷8 〈治膳〉上 "醬諸品" '備甕'(《農書》4, 71쪽).

숭어·도미·광어·회어(鮰魚)[38]·조기·준치 종류는 모두 창자·비늘·대가리·꼬리를 제거하고 살짝 볕에 말려 물기를 없앤다.

연어·방어·대구·낙지·주꾸미는 모두 끓는 물에 넣고 잠시 데친 다음 꺼낸다. 복어살·홍합은 모두 소금에 절여 볕에 말린 다음 말장(末醬)【안 우리나라 사람들은 장황(醬黃, 메주)을 말장이라 부르고 또 훈조(燻造)라고도 한다. 이에 대해서는 아래에 상세하게 보인다】과 함께 독 안에 켜켜이 배열해 넣는다【먼저 고기 종류를 독바닥에 놓고, 다음에 생선을 넣고, 다음으로 꿩·닭을 넣는데, 모두 말장과 함께 켜켜이 배열해 넣는다】. 그런 다음에야 감천수 혹은 강심수(江心水, 강 가운데에 흐르는 물)를 팔팔 끓였다가 식혀서 흰소금을 타고 독에 붓는다. 이때 말장 10승마다 소금 7승의 비율로 한다.

재료들의 배치가 끝나면 볏짚으로 독을 두껍게 감싸고 기름종이로 독아가리를 봉한다. 여기에 질동이뚜껑을 덮고 다시 볏짚을 얹은 뒤 흙으로 덮고 묻어서 빗물이 스며들지 않도록 한다. 한 해가 지나고 나서 개봉하면 맛이 뛰어나서 비교할 데가 없다.

일반적으로 어육장에 넣는 재료는 안 되는 것이 없어서 새우·게·계란이나 오리알 종류는 모두 마음대로 넣을 수 있으며, 천초·생강·두부도 쓸 수 있다.《증보산림경제》[39]

鯔魚、禿尾魚、廣魚、鮰魚、石首魚、眞魚之屬, 皆去腸、鱗、頭尾, 略曬令無水氣. 鰱魚、魴魚、夻魚、大小八梢魚, 并投沸湯, 暫焯取出. 鰒魚肉、淡菜, 并鹽淹曬乾. 同末醬【案 東人呼醬黃爲末醬, 亦稱燻造, 詳見下】, 隔層排下于甕中【先以肉品安甕底, 次下魚, 次下雉鷄, 皆與末醬, 相隔排下】. 乃將甘泉或江心水, 煎滾放冷, 調白鹽灌甕. 每末醬一斗, 以鹽七升爲率.

安排旣訖, 用稻藁厚纏甕身, 以油紙封甕口, 蓋以瓦盆, 更覆稻藁, 掩土埋之, 勿令雨水滲入. 周年然後發之, 則味美無倫.

凡所入魚肉, 無物不可, 如蝦、蟹、鷄·鴨卵之屬, 皆可隨意投入, 川椒、生薑、豆腐亦可用.《增補山林經濟》

---

38 회어(鮰魚):《본초강목》에 회어의 다른 이름은 외어(鮠魚)이고, 중국 양자강과 회수(淮水) 사이에서 나며, 철갑상어[鱘魚]와 비슷하게 생겼고 비늘이 없다고 했다.《본초강목》권44〈인부(鱗部)〉"외어", 2460쪽 참조.
39《增補山林經濟》卷8〈治膳〉上 "醬諸品"(《農書》4, 77~78쪽).

17) 홍색의 참조개장(홍합리장) 만들기(홍합리장방)

홍색의 참조개 생것 1근을 바닷물로 씻어 진흙과 모래를 제거하고, 베로 싼 다음 돌로 눌러 하룻밤 묵힌다. 여기에 소금 2냥, 홍국가루 1냥, 맥황가루 0.2승을 넣은 다음 항아리에 술 조금과 함께 쟁여넣은 뒤, 진흙으로 단단히 봉한다. 《거가필용》[40]

참조개를 절일 때는 갈대 태운 재를 소금에 넣고 절이면 맛이 좋을 뿐만 아니라 또 참조개가 입을 벌리지 않는다. 바로 숙성시키려면 볕에 말린다. 《물류상감지》[41]

18) 계란장(계란장)·오리알장(압란장) 만들기(계압란장방)

계란·거위알·오리알을 큰 표주박 안에 담고 손으로 흔들면 그 껍질이 모두 트듯이 갈라지는데, 갈라진 모양이 촘촘한 무늬가 되면 간장항아리 안에 넣고 볕을 쬔다. 《증보산림경제》[42]

다른 방법 : 알 8~9개를 표주박 안에 둔다. 팔팔 끓인 맹물을 뜨거울 때 급히 붓고 조금 있다가 위의 법과 같이 흔들어 껍질을 깨뜨린다. 이를 건져낸 다음 매우 짜게 끓였다가 식힌 소금물 속에 넣는다. 10여 일 뒤에 꺼내어 껍질을 벗기고 다시 간장 안에

紅蛤蜊醬方

生者一斤, 將元滷洗去泥沙, 布裹石壓一宿. 入鹽二兩、紅麴末一兩、麥黃末二合, 入罐裝酒少許, 泥封固.《居家必用》

淹醃蛤蜊, 以蘆灰入鹽醃醃之, 味好且不開口, 要卽熟則在日中曬.《物類相感志》

鷄、鴨卵醬方

取鷄、鵝、鴨卵, 盛大瓢內, 以手搖之, 則其殼皆皺坼, 成細紋, 卽投淸醬缸中, 曬之.《增補山林經濟》

一方 : 取卵八九個, 置瓢中, 以百沸湯, 乘熱急灌少時, 如上法, 搖碎之. 取出投極醃冷鹽湯中. 十餘日取出, 剝去殼, 復投淸醬

---

40 《居家必用》己集〈造鮓品〉 "紅蛤蜊醬"《居家必用事類全集》, 260쪽).
41 《物類相感志》〈飮食〉《叢書集成初編》1344, 11쪽).
42 《增補山林經濟》卷8〈治膳〉上 "醬諸品"《農書》4, 90~91쪽).

넣어두었다 1개월 남짓 뒤에 먹는다. 만약 해가 지나면 그 맛이 더욱 좋다. 《증보산림경제》[43]

19) 어장(魚醬) 담그는 여러 가지 법(양어잡법)

술과 누룩에 어장 담그는 법 : 깨끗이 씻은 큰 물고기 1근을 손바닥크기로 자른다. 여기에 소금 2냥, 신국(神麴)[44]가루 4냥, 후추 100알, 파 1줌, 술 2승을 고루 섞어 밀봉한다. 겨울에는 7일, 여름에는 하룻밤을 묵히면 먹을 수 있다. 《거가필용》[45]

법제어장[法魚, 법어] : 질 좋고 큰 붕어 10근씩을 기준으로 한다. 먼저 붕어를 깨끗이 씻고 넣어 하룻밤을 말린다. 다음에 배를 갈라 창자와 위장과 쓸개는 제거하고 알과 비늘·아가미는 남겨둔 다음【다른 방법으로는 아가미 아래쪽에 칼집을 1번 낸다】다시 닦아서 말린다.

볶은 소금 24냥, 맥황가루 15냥, 신국가루 20냥, 천초 2냥, 시라 1.5냥, 마근(馬芹) 1냥, 홍국 8냥을 따로 준비한다.

이상의 재료들을 한데 섞은 뒤, 물고기아가미에 넣어 가득 채우고, 남은 재료는 물고기배에 채워 넣은 뒤, 아울러 물고기몸통에도 뿌린다. 또 좋은 술

中, 月餘食之. 若經年, 其味尤佳. 同上

釀魚雜法

酒、麴魚法 : 大魚淨洗一斤, 切作手掌大. 用鹽二兩、神麴末四兩、椒百粒、蔥一握、酒二升, 拌均密封. 冬七日, 夏一宿可食. 《居家必用》

法魚 : 好大鯽魚每十斤. 先淨洗控乾一宿, 破去腸、肚、膽, 留子、鱗、顋【一方, 顋下切一刀】, 再拭乾.

別用炒鹽二十四兩、麥黃末十五兩、神麴末二十兩、川椒二兩、蒔蘿一兩半、馬芹一兩、紅麴八兩.

右件拌爲一處, 入魚顋塡實, 所餘物料, 入塡魚腹, 竝糝魚身. 又添入好酒, 浸

---

43 《增補山林經濟》卷8〈治膳〉上 "醬諸品"(《農書》4, 91쪽).
44 신국(神麴) : 백호(白虎)·청룡(靑龍)·주작(朱雀)·현무(玄武)·구진(句陳)·등사(螣蛇) 여섯 신에 해당하는 백출(白朮)·청호(靑蒿)·적두(赤豆)·행인(杏仁)·창이(蒼耳)·야료(野蓼)를 넣고 5월 5일 혹은 6월 6일 혹은 삼복일(三伏日)에 만든 누룩.
45 《居家必用》己集〈醃藏魚品〉"酒麴魚"(《居家必用事類全集》, 258쪽).

을 더 넣어서 생선이 술에 손가락 1~2개 두께의 깊이 정도 잠기게 하고, 진흙으로 단단히 봉한다. 12월에 만든다.《거가필용》⁴⁶

홍어(紅魚)⁴⁷나 붕어는 창자와 위장을 제거한다. 생선 1근마다 깨끗이 씻고 소금 1냥으로 한나절을 절여 둔다. 이를 다시 깨끗이 씻어 점액을 제거하고 널어 말린다. 매번 소금 2냥을 생선살 위에 뿌리고 홍국가루 2냥, 파채 흰부분 2줄기, 시라 약간, 후추 100알, 술 0.5잔을 함께 병에 넣고 단단히 봉한다. 5일이면 먹을 수 있다.《거가필용》⁴⁸

20) 게장 담는 여러 가지 법(양해잡법)

주해(酒蟹, 술에 담근 게장) : 9월에 살지고 튼실한 게를 10근 고른다. 볶은 소금 1근 4냥, 좋은 명백반가루 1.5냥으로 먼저 게를 깨끗이 씻는다. 게를 성긴 대바구니에 봉하여 담아두고, 대바구니를 바람 부는 곳에 한나절 혹은 하루 동안 게가 마를 때까지 매달아 놓는다. 좋은 배주(醅酒, 탁주) 5승을 소금·백반과 섞고, 게를 이 술 안에 넣은 다음 꽤 오랫동안 두었다가 꺼낸다.

게 1마리마다 비틀어 연 배딱지에 화초 1알을 넣고, 자기병 안에 꼭꼭 눌러 저장한다. 다시 화초를

没一二指, 泥封固. 臘月造. 同上

紅魚、鯽魚去腸、肚. 每一斤淨洗, 用鹽一兩, 醃半日. 淨洗去涎, 控乾. 每用鹽二兩, 糝魚肉上, 紅麴末二兩、蔥白絲二莖、蒔蘿少許、椒百粒、酒半盞, 入瓶封固, 五日可喫. 同上

釀蟹雜法

酒蟹 : 於九月間, 揀肥壯者十斤. 用炒鹽一斤四兩、好明白礬末一兩五錢, 先將蟹淨洗. 用稀篾籃封貯, 懸之當風, 半日或一日, 以蟹乾爲度. 好醅酒五升⑩拌和鹽、礬, 令蟹入酒內, 良久取出.

每蟹一隻, 花椒一顆, 斡開臍納入, 磁缾實捺收貯.

---

46 《居家必用》己集〈醃藏魚品〉"法魚"(《居家必用事類全集》, 257쪽).

47 홍어(紅魚) : 툼돔과의 빨간퉁돔. 흰살 생선으로, 요리해서 먹으면 맛이 매우 좋다.

48 《居家必用》己集〈醃藏魚品〉"紅魚"(《居家必用事類全集》, 257~258쪽).

⑩ 升 : 《居家必用·醃藏魚品·魚蟹》에는 "斤".

그 위에 뿌려 게가 보이지 않도록 완전히 덮는다. 이어서 화초로 덮어 병의 종이꽃처럼 보이는 곳[49] 위에 팥크기의 소분(韶粉) 1알을 놓은 뒤, 댓잎으로 비늘 겹치듯이 조금씩 겹치도록 덮은 다음 진흙으로 단단히 봉한다.

또는 좋은 술에서 12월에 거른 술지게미에 소금·백반을 섞고 여기에 게를 넣어도 좋다. 술지게미는 5근을 쓴다. 《거가필용》[50]

법제게장[法蟹, 법해] : 배딱지가 둥글고 큰 게 10마리를 깨끗이 씻고 널어 말려서 하룻밤 동안 둔다. 소금 2.5냥, 맥황가루 2냥, 누룩가루 1.5냥을 준비한다. 병 안에 게를 위로 보게 겹쳐 쌓고, 좋은 술 2승과 양념을 게에 부어 넣은 다음 15일 동안 숙성시킨다. 백지(白芷)[51]가루 0.2냥을 넣으면 게의 누런 기름 부분이 쉽게 맺힌다.

【안】《준생팔전》에 "백짓가루를 술에 담은 게에 넣으면 해고(蟹膏)[52]가 결실을 맺는데, 다만 좋지 못한 약기운이 여기에 있을까 걱정된다."[53]라 했다】《거가필용》[54]

更用花椒, 糝其上了包. 瓶紙花上, 用韶粉一粒如小豆大, 箬扎泥固⑪.

或用好酒破開臘糟, 拌鹽, 礬亦得. 糟用五斤. 《居家必用》

法蟹 : 團臍大者十枚, 洗淨控乾, 經宿. 用鹽二兩半、麥黃末二兩、麴末一兩半. 仰疊蟹在瓶中, 以好酒二升、物料, 傾入蟹, 半月熟. 用白芷末二錢, 其黃易結.

【案】《遵生八牋》云 : "以白芷末入醉蟹, 則膏結實, 但恐有藥氣不佳"】同上

---

49 화초로……곳 : 원문의 "瓶紙花"를 옮긴 것이다. 하지만 의미는 불분명하다.
50 《居家必用》己集〈醞藏魚品〉"魚蟹"(《居家必用事類全集》, 258쪽).
51 백지(白芷) : 산형과의 구릿대의 말린 뿌리.
52 해고(蟹膏) : 게가 겨울을 나기 위해 몸속에 축적하는 지방. 게 껍질과 게살 사이에 생기는데, 끈끈한 젤리처럼 보인다.
53 백짓가루를……걱정되다 :《遵生八牋》卷11〈飮饌服食牋〉"脯鮓類"(《遵生八牋校注》, 428쪽).
54 《居家必用》己集〈醞藏魚品〉"法蟹"(《居家必用事類全集》, 258~259쪽).
⑪ 固 :《居家必用·醞藏魚品·魚蟹》에는 "固取時不許見燈".

조해(糟蟹, 술지게미에 담근 게장) : 가괄(歌括)에 다음과 같이 말했다.

"배딱지 둥근 암케 30마리 써야지, 배딱지 뾰족한 수케는 쓰지 않고【물에 씻고 널어 말려 베로 닦는다】,

술지게미 5근에 소금 12냥 넣고 게와 섞지【술지게미 5근, 소금 12냥】.

좋은 식초 0.5승 술도 0.5승【술지게미 안에 고루 섞는다】,

7일이면 먹을 수 있고 내년까지 간다네【7일이면 익고 내년까지 남길 수 있다】."《거가필용》[55]

장초해(醬醋蟹, 장·식초 등에 담근 게장) : 배딱지가 둥글고 크기가 큰 게를 삼껍질로 묶은 다음 따뜻한 솥 안에 넣고 거품을 토해내게 한다. 게 1근마다 소금 0.75냥, 식초 0.5승, 술 0.5승, 참기름 2냥, 총백 5줌【볶아서 익힌 파를 만든다】, 유인장(榆仁醬)[56] 0.5냥, 면장(麪醬)[57] 0.5냥, 회향·천촛가루·생강채·귤피채 각 0.1냥을 술·식초와 같이 고루 섞는다.

게를 깨끗한 그릇에 배열하여 술과 식초를 부어 넣고 담그는데, 15일이면 먹을 수 있다. 그릇바닥에는

糟蟹 : 歌括云 :

"三十團臍不用尖【水洗控乾, 布拭】,

糟鹽十二五斤蟹[12]【糟五斤, 鹽十二】.

好醋半升垃半酒【拌均糟內】,

可飡七日到明年【七日熟, 留明年】." 同上

醬醋蟹 : 團臍大者, 麻皮扎定, 於溫煖鍋內, 令吐出涎沫. 每斤, 用鹽七錢半、醋半升、酒半升、香油二兩、蔥白五握【炒作熟蔥】、榆仁醬半兩、麪醬半兩、茴香·椒末·薑絲·橘絲各一錢, 與酒、醋同拌均.

將蟹排在淨器, 傾入酒、醋浸之, 半月可食. 底下安皁

55 《居家必用》己集〈醃藏魚品〉"糟蟹"(《居家必用事類全集》, 259쪽).
56 유인장(榆仁醬) : 느릅나무 열매로 담근 장(醬).
57 면장(麪醬) : 메밀로 담근 장.
[12] 蟹 : 저본에는 "解". 오사카본에 근거하여 수정.

조각(皂角)[58]을 0.1척 정도 깔아 놓는다. 《거가필용》[59]

장해(醬蟹, 법제간장에 담근 게장) : 배딱지가 둥근 게 100마리를 깨끗이 씻고 넣어 말린다. 게 하나하나마다 뱃속에 소금을 가득 채우고, 실로 묶어 고정시킨다. 게가 위를 보도록 포개어 자기그릇 안에 넣는다.

법제간장[法醬, 법장] 2근, 간 천초 1냥, 좋은 술 10승을 고루 섞어서 게 위에 끼얹는데, 게보다 손가락 1개 정도 높게 한다. 약간의 술을 다시 첨가하여 밀봉하고 진흙으로 단단히 바른다. 겨울에는 20일이면 먹을 수 있다. 《거가필용》[60]

동국침해법(東國沈蟹法, 우리나라의 게장 담그는 법) : 끓는 물에 소금을 타서 매우 짜게 한다. 이 물을 달여 수차례 끓으면 내놓고 식혜 찌꺼기를 거른 다음 항아리에 담는다. 생게【죽은 게는 쉽게 썩고 상한다】를 깨끗이 씻고 닦아서 말린 다음 항아리에 넣는다. 여기에 식혜서 거른 소금물을 게보다 손가락 2개 정도 높게 붓는다. 상수리나무잎으로 덮고 대나무가지를 가로질러 놓는다. 숙성되면 꺼내서 두어도 상하지 않는다. 《산림경제보》[61]

角一寸許. 同上

醬蟹 : 團臍百枚, 洗淨控乾. 逐箇臍內滿塡鹽, 用線縛定, 仰疊入磁器中.

法醬二斤、硏椒[13]一兩、好酒一斗, 拌均澆浸, 令過蟹一指. 酒少再添, 密封泥固. 冬二十日可食. 同上

東國沈蟹法 : 滾湯調鹽, 令極醎, 煎數沸, 放冷濾滓, 盛缸. 將生蟹【死者易腐傷】洗淨拭乾, 納缸, 使湯高於蟹二指許. 用櫟葉蓋定, 竹枝交撑, 待熟, 取留不敗. 《山林經濟補》

---

58 조각(皂角) : 차풀과의 쥐엄나무의 열매.
59 《居家必用》己集〈醞藏魚品〉"醬醋蟹"(《居家必用事類全集》, 258쪽).
60 《居家必用》己集〈醞藏魚品〉"醬蟹"(《居家必用事類全集》, 259쪽).
61 출전 확인 안 됨 ;《山林經濟》卷2〈治膳〉"魚肉"(《農書》2, 308쪽).
[13] 椒 :《居家必用·醞藏魚品·醬蟹》에는 "渾椒".

장해내국법(醬蟹內局法, 궁중에서 간장에 게 담그는 법) : 서리가 내린 뒤 배딱지가 둥글고 크기가 큰 게를 깨끗이 씻어 닦고 말린다. 따로 맛좋은 간장에 살진 소 살코기와 천초【알맹이를 제거한 것】를 넣고 간장이 반으로 줄도록 졸인다. 내놓고 식혀서 게를 담그는 방법은 위의 법대로 한다. 《산림경제보》[62]

장해·조해(糟蟹)는 등불을 꺼린다. 등불을 비추면 삭아버린다. 《중궤록》[63]

참기름을 장해 안에 넣으면 오래 두어도 삭지 않는다. 《중궤록》[64]

회남(淮南)[65] 사람들이 소금·술로 게장 담는 법 : 일반적으로 한 그릇에 수십 마리의 게를 담고 조협(皁莢, 조각) 0.5줄기를 그 안에 두면 오랫동안 보관할 수 있다. 해가 지나도 삭지 않는다. 《귀전록(歸田錄)》[66]

항아리 속에 숯 1덩이를 두면 해고(蟹膏)가 삭지 않는다. 《준생팔전》[67]

게젓은 오래 두면 쉽게 삭고, 등불을 보아도 삭

醬蟹內局法 : 霜後取團臍大者, 洗淨拭乾. 另將美清醬入肥牛精肉、川椒【去目】, 煉令醬半縮, 放冷, 沈蟹, 如上法. 同上

醬蟹、糟蟹, 忌燈, 照則沙. 《中饋錄》

香油入醬蟹內, 久留不沙. 同上

淮南人藏鹽、酒蟹 : 凡一器, 數十蟹, 以皁莢半梃置其中則可藏, 經歲不沙. 《歸田錄》

缸中置炭一塊, 則蟹膏不沙. 《遵生八牋》

蟹醃久留易沙, 見燈亦沙,

---

62 출전 확인 안 됨.
63 《說郛》卷95上〈中饋錄〉 "治食有法"(《文淵閣四庫全書》881, 407쪽).
64 《說郛》卷95上〈中饋錄〉 "醉蟹"(《文淵閣四庫全書》881, 406쪽).
65 회남(淮南) : 현재 중국의 회하(淮河) 남쪽 일대를 지칭한다.
66 《歸田錄》卷下(《文淵閣四庫全書》1036, 554쪽).
67 《遵生八牋》卷11〈飲饌服食牋〉 "脯鮓類"(《遵生八牋校注》, 428쪽).

고, 후추를 넣으면 쉽게 끈끈해진다. 이때 조협이나 마늘 및 소분(韶粉)을 넣으면 삭거나 끈끈해지는 현상을 면할 수 있다. 백지(白芷)를 넣으면 게장의 누런 기름 부분이 흩어지지 않고 파와 오미자를 넣고 같이 삶으면 색이 변하지 않는다. 《본초강목》[68]

得椒易膩. 得皂莢或蒜及韶粉, 可免沙膩. 得白芷則黃不散, 得蔥及五味子同煮, 則色不變. 《本草綱目》

21) 술에 새우 절이기(주엄하방)

대하를 물에 닿지 않게 하여 먼저 수염과 꼬리를 제거한다. 새우 1근마다 소금 0.5냥을 뿌리고 한나절 동안 절였다가 걸러서 말린 다음 병 속에 넣는다. 새우를 한 층 넣고 후추 30알을 넣는다. 후추가 많으면 맛이 빼어나다. 또는 후추를 새우에 섞어서 병 속에 쟁여넣어도 역시 맛이 빼어나다.

새우를 다 쟁였으면 새우 1근마다 소금 3냥과 좋은 술을 섞어서 병 안에 부은 다음 잘 봉하고 병 입구에 진흙을 바른다. 봄과 가을에는 5~7일이 지나면 먹기에 좋고 겨울에는 10일이 지나야 딱 좋다. 《준생팔전》[69]

酒醃蝦方

用大蝦, 不見水洗, 剪去鬚尾. 每斤, 用鹽五錢, 醃半日, 瀝乾, 入瓶中. 蝦一層, 放椒三十粒, 以椒多爲妙. 或用椒拌蝦, 裝入瓶中亦妙.

裝完, 每斤, 用鹽三兩、好酒化開, 澆入瓶內, 封好泥頭. 春秋五七日卽好吃, 冬月十方好. 《遵生八牋》

68 《本草綱目》卷45〈介部〉"蟹", 2511쪽.
69 《遵生八牋》卷11〈飮饌服食牋〉"脯鮓類"(《遵生八牋校注》, 425~426쪽).

6. 생선이나 고기 절여 저장하기
(엄장어육)

醃藏魚肉

1) 총론

總論

생선이나 고기를 절여서 저장하는 법은 어진 사람의 마음씀이다. 1마리의 가축을 기르면 한 사람의, 100일 동안 상에 올릴 반찬을 충당할 수가 있다. 그러나 매일 가축이나 생선을 도살해도 반찬이 부족한 까닭은 반찬이 쉽게 상하기 때문이다.

醃藏魚肉之法, 仁人之用心也. 一牢之豢, 可供一人百日之膳, 而日擊鮮[1]不足者, 以其易敗也.

이 때문에 소금에 절이거나 술지게미에 담가 오래 저장해도 상하지 않게 함으로써 이미 도살한 고기로 아직 도살하지 않은 고기를 조금이나마 대신하려는 것이다. 잠시 가축의 생명을 연장해 주었다고 하여 도살을 금하는 계율을 지킬 수는 없을지라도, 임시방편으로나마 옛사람들이 살육을 금하는 1가지 방법에 가깝다고 할 수는 있을 것이다. 《옹치잡지》[1]

於是鹽淹焉, 糟藏焉, 使久留不敗, 而將已宰之肉少贖未宰者. 須臾之命, 縱未能持戒斷屠, 亦庶幾古人方便去殺之一道云. 《饔饎雜志》

2) 납육(臘肉, 12월의 고기) 만들기(납육방)

臘肉方

강주(江州)[2] 악부(岳府)[3]의 납육 만드는 법 : 갓 잡

江州 岳府臘肉法 : 新猪肉

---

1 출전 확인 안 됨.
2 강주(江州) : 현재 중국의 강서성(江西省)·복건성(福建省)·호북성(湖北省)에서 양자강(揚子江) 남쪽 지역 일대.
3 악부(岳府) : 중국 강서성 구강시(九江市) 일대. 이곳에서 송나라의 명장 악비(岳飛, 1103~1142)가 활약했었기 때문에 '악부'라 불렸다.
[1] 鮮 : 저본에는 "膳". 오사카본·규장각본에 근거하여 수정.

은 돼지의 고기를 잘라서 토막 낸 뒤, 밀을 삶았던 끓는 물을 고기에 뿌리고 널어 말린다. 고기 1근마다 소금 1냥으로 버무리고 섞어서 독 속에 넣는다. 이때 2~3일에 1번씩 뒤집어준다. 15일이 지나면 좋은 술지게미로 절여 1~2일 묵혔다가 독에서 꺼낸다.

처음 고기를 절였던 즙으로 고기를 깨끗이 씻은 다음 연기가 없는 깨끗한 방에 매달아놓는다. 20일 뒤에 반쯤 마르면 오래된 종이로 싼다. 여기에 잿물을 걸러낸 깨끗한 재를 써서, 큰 독 속에 한 켜는 재, 한 켜는 고기를 넣어 땅에 묻은 다음 동이로 덮는다. 서늘한 곳에 묻어두면 해가 지나도 갓 잡은 고기 같다.

납육을 삶을 때는 밥을 1번 할 시간 동안 돼지고기를 쌀뜨물에 담갔다가 깨끗이 문질러 닦는다. 이를 맑은 물이 있는 솥에 넣은 다음 솥 위를 동이로 덮은 뒤 흙으로 막는다. 뭉근한 불로 삶다가 끓어오르면 땔감을 빼고 밥을 1번 할 시간 동안 식힌다. 다시 불을 때서 다시 끓어오르면 한참 동안 끓였다가 꺼내서 먹는다.

이 법의 묘미는 오로지 고기를 일찍 절이는 데 있으니, 12월이 되기 10일 전에 고기를 절여 12월의 기운을 얻는 것이 좋다. 조금이라도 늦어지면 좋지 않다. 소·말·양 등의 고기는 모두 이 법대로 만든다. 붉은색을 내고 싶을 경우에는 가축을 도살할 때에 열기를 머금은 채로 피를 고기에 바르면 납육의 색이 선홍빛을 띠어 아낄 만하다. 《이씨식경(李氏食經)》[4][5]

打成段, 用煮小麥滾湯淋[2] 過, 控乾. 每斤, 用鹽一兩擦拌, 置甕中, 二三日一度翻. 至半月後, 用好糟[3]醃一二宿, 出甕.

用元醃汁水洗淨, 懸於無煙淨室. 二十日以後, 半乾半濕, 以故紙封裹. 用淋過淨灰, 於大甕中, 一重灰, 一重肉. 埋訖盆合, 置之涼處, 經藏如新.

煮時, 米泔浸一炊時, 洗刷淨. 下清水中, 鍋上盆合, 土擁. 慢火煮, 候滾卽徹薪, 停息一炊時. 再發火再滾, 住火良久取食.

此法之妙, 全在早醃, 須臘月前十日醃藏, 令得臘氣爲佳, 稍遲則不佳矣. 牛、馬、羊等肉竝同此法. 如欲色紅, 須纔宰時, 乘熱以血塗肉, 卽顏色鮮紅可愛. 《李氏食經》

무주(婺州)[6]의 납저육(臘猪肉, 12월의 돼지고기) 만드는 법 : 돼지고기 3근 정도를 1토막으로 만든다. 고기 1근마다 깨끗한 소금 1냥을 고기에 비벼서 고루 항아리에 넣고 며칠간 절인다. 이때 매일 2~3번씩 두루 뒤집어준다. 그런 다음 고기를 술과 식초 속에 넣고 다시 3~5일간 절인다. 매일 3~5번 정도 뒤집어 주고 꺼내서 널어 말린다.

먼저 팔팔 끓인 맹물 1솥, 좋은 참기름 1그릇을 준비해서 고기를 뒤적일 때마다 저민 고기토막을 각각 끓는 물에 잠깐만 넣어 담갔다가 급히 꺼낸다. 뜨거운 채로 참기름을 고루 발라 연기가 나는 곳에 걸어 훈증한다. 하루가 지난 뒤에 다시 12월에 거른 술지게미[臘醣]에 술을 더하고 고루 섞은 다음 고기 안팎에 발라서 다시 10일 동안 절인다. 이를 꺼내서 부엌의 연기 나는 곳에 걸어둔다. 만약 집 안에 연기가 적다면 찧은 왕겨를 모아 태운 연기에 훈증한다. 이때 10일 동안 그 연기가 밤낮으로 끊이지 않게 한다. 양고기도 이 방법으로 만들어야 한다.《이씨식경》[7]

사철에 납육 만드는 법 : 12월에 고기를 절였던 소금물을 깨끗한 그릇에 저장하고 진흙으로 입구를

婺州臘猪肉法 : 三斤許作一段. 每斤, 用淨鹽一兩, 擦令均入缸, 醃數日, 逐日翻三兩遍. 却入酒、醋中停, 再醃三五日, 每日翻三五次, 取出控乾.

先備百沸湯一鍋、眞芝麻油一器, 將肉逐旋, 各爨略入湯蘸, 急提起. 趁熱以油均刷, 挂當煙頭處燻之. 日後再用臘糟[4]加酒, 拌均, 表裏塗肉上, 再醃十日. 取出, 挂廚中煙頭上. 若人家煙少, 集礱糠煙熏之, 十日使其煙晝夜不絕. 羊肉亦當依此法爲之. 同上

四時臘肉法 : 收臘月內醃肉滷汁, 淨器收貯, 泥封

---

4 이씨식경(李氏食經) : 신원 미상의 이씨(李氏)라는 중국의 인물이 쓴 식경(食經, 음식조리서). 이 외에도 최호(崔浩)·축훤(竺暄)·회남왕(淮南王)·신농(神農) 등의 식경이 전한다.
5 출전 확인 안 됨 ;《山林經濟》卷2〈治膳〉“魚肉”(《農書》2, 298쪽).
6 무주(婺州) : 현재 중국의 절강성(浙江省) 금화현(金華縣) 일대.
7 출전 확인 안 됨 ;《五洲衍文長箋散稿》〈人事篇〉“服食類”“諸膳”(한국고전종합DB).
② 淋 :《山林經濟·治膳·魚肉》에는 “沸”.
③ 糟 :《山林經濟·治膳·魚肉》에는 “醋”.
④ 糟 : 저본에는 “醋”.《五洲衍文長箋散稿·人事篇·服食類》에 근거하여 수정.

봉한다. 필요할 때가 되면 저장했던 소금물 1사발에 납수(臘水)[8] 1사발, 소금 3냥을 더한다. 돼지고기에서 뼈를 제거하고 손가락 3개 두께, 0.5척 너비의 토막을 만든 다음 소금·양념가루와 함께 한나절 절인다. 이를 준비해둔 소금물 안에 다시 넣어 하룻밤을 담가둔다. 그러면 다음날 그 고기의 색과 맛이 납육과 다름이 없다.

만약 12월에 고기를 절였던 소금물이 없을 경우 고기 1근마다 소금 4냥을 써서 2일간 절여도 맛이 빼어나다. 삶을 때 먼저 맑은 쌀뜨물에 소금 2냥을 넣고 삶아 1~2번 끓으면 물을 갈아서 삶는다. 《이씨식경》[9]

남은 술·식초를 넣고 납육을 삶으면 고기가 붉어지고, 국에 술을 섞어주면 맛이 달다. 《물류상감지》[10]

3) 절인 돼지고기(오육) 만들기(오육방)

오육 만드는 법 : 먼저 숙저(宿猪)[11]를 살지게 키워서 12월 중에 도살한다. 털을 뽑은 다음 불에 그을려 누렇게 만든다. 따뜻한 물로 잘 씻고 오물을 긁어내서 깨끗이 한 다음 오장을 제거한다. 돼지비계는 볶아 기름을 모아둔다. 고기는 사방 0.5~0.6척

頭. 如要用時, 取滷一盌, 加臘水一盌、鹽三兩. 將猪肉去骨, 三指厚、五寸闊段子, 同鹽、料末, 醃半日, 却入滷汁內, 浸一宿. 次日其肉色味, 與臘肉無異.

若無滷汁, 每肉一斤, 用鹽四兩醃二宿亦妙. 煮時, 先以米泔淸者入鹽二兩, 煮一二沸, 換水煮. 同上

臘肉用酒脚、醋煮, 肉紅, 酒調羹則味甜. 《物類相感志》

奧肉方

作奧肉法 : 先養宿猪令肥, 臘月中殺之. 擘訖, 以火燒之令黃. 用煖水梳洗之, 削刮令淨, 刳去五臟. 猪肪煠取脂. 肉臠方五六寸, 作令

---

8 납수(臘水) : 납월(臘月)에 내린 눈을 받아 녹인 물.
9 출전 확인 안 됨 ; 《五洲衍文長箋散稿》, 위와 같은 곳.
10 《物類相感志》〈飮食〉(《叢書集成初編》1344, 8쪽).
11 숙저(宿猪) : 돼지우리에서 2년 이상 키운 돼지.

이 되도록 자르되, 껍질과 살점이 서로 적당히 섞여 있도록 한다. 여기에 물을 넣어 고기가 잠기게 한 다음 솥 안에서 데친다.

고기가 익고 물기가 마르면 다시 앞서 볶아 얻은 비계기름으로 고기를 삶는다. 이때 대략 기름 2승, 술 3승, 소금 3승을 섞고, 이 기름에 고기가 잠기도록 한 다음 약한 불로 한나절 정도 삶아야 좋다. 고기를 건져내서 독 안에 넣고, 남은 기름도 그대로 옹기 속에 부어 고기가 잠기게 한다.

먹을 때에는 물에 삶아 익힌 다음 양념을 넣어 조리하되 일반적인 고기 조리법대로 한다. 이때 햇부추를 잘 버무려 먹으면 더욱 좋다. 또한 구워 먹는데도 적합하다. 2년 된 돼지의 고기는 단단하지 않아 잘 문드러지고 상하므로 오육을 만들 수 없다. 《제민요술》[12]

皮肉相兼, 著水令相淹漬, 於釜中炒之.

肉熟水氣盡, 更以向所炒肪膏煮肉. 大率脂二升, 酒三升, 鹽三升, 令脂渡沒肉, 緩火[5]煮半日許乃佳. 漉出甕中, 餘膏仍瀉肉甕中, 令相淹漬.

食時, 水煮令熟, 而調和之, 如常肉法. 尤宜新韭[6]爛拌. 亦中炙噉. 其二歲猪肉, 未堅爛壞, 不任作也. 《齊民要術》

4) 포육(苞肉, 풀로 싸놓은 고기) 만들기(포육방)

포육 만드는 법 : 12월 중에 돼지를 잡고 하룻밤을 묵혀두었다가 즙이 말라 눅눅할 때 갈라서 봉적(棒炙)[13]모양으로 만든다. 이를 띠풀이나 골풀로 싼다[苞]. 골풀이나 띠풀이 없으면 볏짚도 쓸 수 있다.

苞肉方

苞肉法 : 十二月中殺猪, 經宿, 汁盡洇洇時, 割作棒炙形, 茅、菅中苞之. 無菅、茅, 稻稈亦得. 用厚泥封,

12 《齊民要術》卷9〈作膪、奧、糟、苞法〉(《齊民要術校釋》, 628쪽).
13 봉적(棒炙) : 큰 소의 등심이나 송아지 다리의 사태살을 불에 구워 먹는 음식. 한쪽만 굽다가 익으면 베어내고 나서 다른 면을 굽는다. 모든 면을 다 익힌 고기보다 육즙이 많고 연하며 맛이 좋다. 모양은 두툼하고 길쭉할 것으로 추정된다. 《齊民要術》卷9〈炙法〉(《齊民要術校釋》, 616쪽) ; 《齊民要術譯註》4, 247~248쪽.
⑤ 火 : 저본에는 "水". 《齊民要術·作膪、奧、糟、苞法》에 근거하여 수정.
⑥ 新韭 : 저본에는 "新韭新韭". 《齊民要術校釋》, p.629 주석 6번에 따르면 "新韭"는 연문이다. 그 주석에 따라 삭제.

그런 다음 진흙으로 두껍게 봉해서 갈라지지 않게
한다. 갈라지면 다시 그 위에 진흙을 바른다. 이를
집 밖 북쪽 응달에 매달아두면 7~8월이 되어도 갓
잡은 고기 같다. 《제민요술》[14]

勿令裂. 裂復上泥. 懸著屋
外北陰中, 得至七八月, 如
新殺肉.《齊民要術》

5) 여름에 고기 거두는 법(하월수육법)

여름에 고기를 상하지 않게 거두는 법 : 일반적으
로 모든 고기는 큰 편으로 얇게 저민다. 고기 1근마
다 소금 2냥, 고운 양념 조금을 고루 섞은 다음 자주
뒤적인다. 한 나절 정도 절인 다음 짜서 핏물을 제거
하고 참기름을 바른 뒤 쪄서 익힌다. 이를 대나무꼬
챙이에 꿰어 뜨거운 볕이 있는 곳에 매달고 볕을 쬐
어 말린 다음 저장한다. 《이씨식경》[15]

夏月收肉法
夏月收肉不壞法 : 凡諸般
肉, 大片薄批. 每斤, 用鹽
二兩、細料物少許拌均, 勤
翻動. 醃半日許, 榨去血
水, 香油抹過, 蒸熟. 竹籤
穿懸烈日中, 曬乾, 收貯.
《李氏食經》

여름에 익힌 고기 거두는 법 : 고기는 큰 덩어리
로 자른다. 고기 1근마다 소금 0.5냥을 쓴다. 고기
편을 절일 때 진피·회향·천초·술·식초·장(醬)을 조
금 넣어 술과 식초가 마를 때까지 삶는다. 이를 체
에 거르고 그릇에 담은 다음 뜨거운 볕에 쬐어 말린
다. 《이씨식경》[16]

夏月收熟肉法 : 切作大塊,
每斤, 用鹽半兩. 醃片時,
入陳皮、茴香、川椒、酒、
醋、醬少許, 煮至酒醋乾,
以篩子盛, 烈日曝乾. 同上

또 다른 법 : 여름에 익힌 고기를 거두어 자기그
릇에 담은 다음 솥 안에 넣는다. 솥 안에 약간의 물
을 붓고 불을 지펴 끓인다. 식으면 다시 불을 지펴

又法 : 夏月收熟肉, 用磁
器盛, 頓放鍋內. 鍋中少
貯水, 燒滾, 候冷, 再燒常

---

14 《齊民要術》卷9〈作脾、奧、糟、苴法〉(《齊民要術校釋》, 628쪽).

15 출전 확인 안 됨 ;《五洲衍文長箋散稿》〈人事篇〉"服食類" '諸膳'(한국고전종합DB).

16 출전 확인 안 됨 ;《五洲衍文長箋散稿》, 위와 같은 곳.

항상 열기가 끊어지지 않게 하면 상하지 않은 채로 2~3일을 둘 수 있다. 《이씨식경》[17]

令熱氣不絕, 可留二三日不壞. 同上

여름에 생고기를 거두는 법 : 흰밀가루를 치대고 밀가루떡 반죽처럼 편다. 여기에 생고기를 싸서 술잔크기의 덩어리를 만든 다음 기름항아리 안에 담가둔다. 그러면 오래 두어도 색이 갓 잡은 고기와 같다. 밀가루는 떡을 만들어 먹을 수 있는 밀가루를 쓴다. 《이씨식경》[18]

夏月收生肉法 : 白麵搜和, 如捍餅麵劑, 裏生肉, 作盞來大塊, 油缸內浸, 久留色如新. 麵堪作餅食麵用. 同上

여름에 삶은 고기 오래 두는 법 : 고기 5근마다 호유자 0.1승, 식초 2승, 소금 3냥을 넣고 뭉근한 불에 삶아 익힌 다음 바람이 통하는 곳에 놓아둔다. 술·파·후추를 넣고 같이 삶으면 더욱 좋다. 《이씨식경》[19]

夏月煮肉停久法 : 每肉五[7]斤, 用胡荽子一合, 醋二升, 鹽三兩, 慢火煮熟, 透風處放. 若加酒、蔥、椒同煮尤佳. 同上

여름에 생선살 안에 참기름을 넣으면 오래되어도 비린내가 나지 않는다. 《물류상감지》[20]

夏月魚肉內安香油, 久亦不臭. 《物類相感志》

여름에 살진 고기에 식초만 넣고 삶으면 10일은 둘 수 있다. 《구선신은서》[21]

夏月肥肉, 單用醋煮, 可留旬日. 《臞仙神隱書》

---

17 출전 확인 안 됨 ; 《五洲衍文長箋散稿》, 위와 같은 곳.
18 출전 확인 안 됨 ; 《五洲衍文長箋散稿》, 위와 같은 곳.
19 출전 확인 안 됨 ; 《五洲衍文長箋散稿》, 위와 같은 곳.
20 《物類相感志》〈飲食〉(《叢書集成初編》1344, 8쪽).
21 출전 확인 안 됨 ; 《遵生八牋》卷11〈飲饌服食牋〉 "治食有法條例"(《遵生八牋校注》, 429쪽).
[7] 五 : 저본에는 "每". 오사카본·《五洲衍文長箋散稿·人事篇·服食類》에 근거하여 수정.

여름에는 고기를 삶아 말리면 효과가 빼어나다. 《산림경제보》[22]

또 고기를 삶은 다음 말린 칡으로 빚은 술의 술지게미 안에 묻어놓으면 오래되어도 상하지 않는다. 이때 술지게미에 물을 뿌려 건조하지 않고 습하게 해야 한다. 《산림경제보》[23]

6) 소금에 오리알 절이기(엄함압란방)

오리알을 양에 관계없이 깨끗이 씻고 물기를 말린다. 아궁이재(체로 곱게 거른 것) 0.02냥, 소금 0.01냥을 고루 섞는다. 오리알을 진한 미음 속에 담가두었다가 따뜻할 때 앞에서 섞은 재와 소금에 넣고 삶은 뒤 저장한다. 《이씨식경》[24]

오리알 절이는 법(엄압란법) : 암오리는 비록 수컷이 없어도 콩과 보리를 많이 먹으면 살지고 튼튼해져 알을 낳는다. 1마리가 100개의 알을 낳을 수 있다【암탉도 역시 그러하다. 이를 '곡산(穀産)'이라 한다】. 동지 이후로부터 청명(淸明) 이전까지는 모두 절일 수 있다.

알 100개마다 소금 10냥, 재 3냥을 고루 섞는다. 알을 미음에 담갔다가 소금과 재 안에 넣고 삶아서 덩어리를 만든다. 이것을 거두고 말려 독에 보관하

夏肉烹乾爲妙.《山林經濟補》

又烹肉, 埋乾葛酒糟內, 久而不壞. 灑水於酒糟, 勿乾而濕. 同上

醃醎鴨卵方

不拘多少, 洗淨控乾. 用竈灰(篩細)二分, 鹽一分, 拌均. 却將鴨卵於濃米飮湯中蘸, 溫入灰、鹽, 滾過收貯.《李氏食經》

醃鴨卵法 : 雌鴨雖無雄, 多喂豆麥, 則肥壯生卵, 一鴨可生百卵【雌鷄亦然, 名曰"穀産"】. 自冬至後淸明前, 皆可醃.

每卵一百箇, 用鹽十兩、灰三兩, 拌均, 以卵蘸米飮, 於鹽、灰內滾成團. 收乾甕內,

---

22 출전 확인 안 됨.
23 출전 확인 안 됨.
24 출전 확인 안 됨 ;《五洲衍文長箋散稿》, 위와 같은 곳.

면 여름까지 둘 수 있다. 《구선신은서》[25]

可留至夏. 《臞仙神隱書》

7) 생선 절이기(엄어방)

醃魚方

강주(江州) 악부(岳府)의 생선 절이는 법 : 12월에 큰 잉어는 비늘과 머리·꼬리를 제거하고, 배를 갈라서 진한 점액과 비린내 나는 피를 씻어낸다. 이를 베로 닦아 말린 다음 볶은 소금에 7일 동안 절여둔다. 이후 소금물로 생선을 깨끗하게 씻은 다음 바람이 부는 곳에 49일 동안 매달아놓는다.

江州 岳府醃魚法 : 臘月將大鯉魚, 去鱗雜頭、尾, 劈開洗去濃涎、腥血. 布拭乾, 炒鹽漬之七日. 就用鹽水刷洗魚明淨, 於當風處, 懸[8]之七七日.

잉어가 바싹 마르면 내려서 크고 네모난 덩어리로 자른다. 12월에 거른 술지게미와 12월에 담근 술 남은 것에 식초를 조금 묽게 탄다. 잉어의 양에 따라 볶은 회향·시라·파·소금·기름과 술지게미를 넣고 고루 섞은 다음 잉어덩어리마다 바른다.

魚極乾, 取下割作大方塊, 用臘糟并臘月酒脚, 和醋稍稀, 相魚多少, 下炒茴香、蒔蘿、蔥、鹽、油與糟, 拌均, 塗魚.

한 덩어리씩 깨끗한 단지 속에 넣는데, 한 켜는 생선, 한 켜는 술지게미를 넣어 단지가 가득차면 그친다. 진흙으로 단지를 단단히 봉한다. 49일이 지나면 단지를 연다. 만일 남풍이 불면 단지를 열어서는 안 된다. 열면 바로 상하기 때문이다. 《이씨식경》[26]

逐塊入淨罈中, 一層魚, 一層糟, 罈滿卽止. 以泥固罈中. 過七七日開之. 如遇南風, 不可開罈, 立致變壞. 《李氏食經》

또 다른 방법 : 전어[鱄魚]·잉어·자가사리[鱤魚]로 건어를 만들되, 12월에 만든다. 1월이 되면 생선을 토막 내어 깨끗이 씻는다. 마른 생선 1근마다 소금 2냥을 넣는다. 따로 찹쌀·흰누룩을 섞어 술을 빚

又方 : 用鱄、鯉、鱤魚, 作乾魚, 臘月造. 至正月, 以魚作段子, 洗令淨. 每一斤, 用鹽二兩, 却以糯米、白

는다. 홍국을 이 술에 넣은 다음 청유(淸油)·시라·
회향·생강·천초를 더하여 섞는다. 한 켜는 생선,
한 켜는 술지게미로 겹겹이 쌓아 자기독 속에 넣고
굳게 밀봉하면 다음해까지 저장할 수 있다. 《이씨
식경》27

麴, 造成酒醅⑨. 以紅麴
入醅內, 加淸油、蒔蘿、茴
香、薑、椒, 拌和. 一層魚,
一層糟醅, 置磁甕中, 密封
固, 可交新. 同上

---

27 출선 확인 안 됨 ; 《五洲衍文長箋散稿》, 위와 같은 곳.
⑨ 醅 : 저본에는 "器". 《五洲衍文長箋散稿·人事篇·服食類》에 근거하여 수정.

7. 고기의 기타 요리법(임육잡법)

餁肉雜法

1) 우육과제(牛肉瓜虀) 만들기(우육과제방)

소고기 10근마다 큰 편으로 자른다. 이를 고운 양념 1냥, 소금 4냥과 고루 섞은 다음 절여서 하룻밤을 둔다. 다음날 일찍 뒤적여 다시 한나절 절였다가 꺼낸다【이것은 봄과 가을에 절이는 법이다. 여름 복날에는 한나절만 절이고, 겨울에는 3일간 절인다】.

참기름 10냥을 뜨겁게 달군다. 고기를 참기름이 든 솥에 집어넣고 쉬지 않고 휘젓는다. 기름이 다 마르면 앞서 고기를 절인 소금물을 부어 넣은 다음 다시 볶는다. 여기에 진한 식초를 고기 위로 손가락 두께 절반 높이로 올라가게 부어넣는다. 이를 뭉근한 불로 졸여 3~5번 끓으면 간장을 조금 넣는다. 뭉근한 불로 삶다가 즙이 마르면 건져내어 체에 거르고 마를 때까지 펼쳐놓는다.

만일 오래 두고 싶을 때는 고기 1근마다 소금 0.6냥, 술과 식초 각 0.5잔을 넣으면 해가 지나도 상하지 않는다. 돼지고기·양고기도 모두 된다. 《거가필용》[1]

牛肉瓜虀方

每十斤, 切作大片, 細料物一兩、鹽四兩拌均, 醃過宿. 次早翻動, 再醃半日, 控出【此春秋醃法. 夏伏醃半日, 冬醃三日】.

用香油十兩煉熟, 傾肉下鍋, 不住手攪. 候油乾, 傾入醃滷再炒, 用釅醋傾入上指半高. 慢火熬三五滾, 下醬些少. 慢火煮, 令汁乾, 漉出, 篩子攤曬乾爲度.

如要久留, 肉每斤, 用鹽六錢、酒·醋各半盞, 經年不壞. 猪、羊皆可.《居家必用》

---

1 《居家必用》己集〈肉下飯品〉"牛肉瓜虀"《居家必用事類全集》, 270쪽).

2) 만능요리(일료백당) 만들기(일료백당방)

쇠고기·양고기·돼지고기 도합 3근을 잘게 다진 것, 말려 깨끗하게 골라낸 작은 새우 0.5근을 찧어 가루 낸 것, 천초·마근·회향·후추·살구속씨·홍두(紅豆) 각 0.5냥을 곱게 가루 낸 것, 생강 가늘게 썬 것 10냥, 면장(麵醬) 1.5근, 12월에 거른 술지게미 1근, 소금 1근, 총백 1근, 무이(蕪荑) 가늘게 썬 것 2냥을 준비한다.

참기름 1근을 뜨겁게 달구고 위의 고기와 양념을 한꺼번에 솥에 넣고 볶아서 익힌다. 식으면 자기그릇 안에 쟁여넣어 뚜껑을 덮어놓고, 먹고 싶을 때 쓴다. 또 탕국에 섞어 먹어도 더욱 좋다. 《거가필용》[2]

3) 회회(回回) 해라시(海螺廝) 만들기(회회해라시방)

【안 이 방법은 회회국(回回國, 아라비아 일대)에서 왔는데, '해라시(海螺廝)'는 곧 그 지역의 방언이다】

계란 20개를 깨서 고루 휘젓는다. 양고기 2근을 가늘게 썰고, 여기에 고운 양념 0.5냥, 다진 파 10줄기를 넣은 다음 참기름에 볶아 포슬포슬하게 만든다. 이를 계란즙에 넣어 고르게 섞는다. 식초 1잔, 술 0.5잔, 콩가루 2냥을 죽처럼 개어 계란즙·볶은 고기와 같이 다시 고루 휘저어 술병 안에 부어 넣는다. 병아가리를 댓잎으로 덮고 묶는다. 이 병을 끓는 물에 넣고 삶아 익힌다. 그 뒤 식었으면 병을 깨

一了百當方

牛·羊·猪肉共三斤剁爛、蝦米揀淨半斤擣爲末、川椒·馬芹·茴香·胡椒·杏仁·紅豆各半兩爲細末、生薑細切十兩、麵醬斤半、臘糟一斤、鹽一斤、蔥白一斤、蕪荑細切二兩.

用香油一斤煉熟, 將上件肉、料一齊下鍋, 炒熟. 候冷, 裝磁器內封蓋, 隨食用之. 亦以調和湯汁尤佳. 《居家必用》

回回海螺廝方

【案 此方來自回回國, "海螺廝", 卽其方言】

鷄卵二十箇打破攪均. 以羊肉二斤細切, 入細料物半兩、碎蔥十莖, 香油炒作燥子. 攪入鷄卵汁令均. 用醋一盞, 酒半盞, 豆粉二兩, 調糊, 同鷄子汁、燥肉, 再攪均, 傾入酒瓶內, 箸扎口. 入滾湯內煮熟, 伺冷打

---

2 《居家必用》己集〈肉下飯品〉"一了百當"(《居家必用事類全集》, 271쪽).

뜨린 다음 익은 음식을 편으로 자르고 연유와 꿀을 뿌려 먹는다. 《거가필용》[3]

破瓶, 切片, 酥、蜜澆食. 《居家必用》

4) 대붕란(大鵬卵) 만들기(대붕란방)

오리알 수십 개의 노른자와 흰자를 분리해서 각각 한그릇에 모은다. 먼저 노른자를 양의 오줌보에 넣어 쪄 익히고, 그 다음에 다시 큰 돼지의 오줌보에 흰자를 넣고 다시 쪄서 완성한다.[4] 《계신잡지(癸辛雜識)[5]》[6]

大鵬卵方

以鳧彈數十黃白各聚一器. 先以黃入羊胞蒸熟, 次後復入大猪胞, 以白入之, 再蒸而成. 《癸辛雜識》

정조지 권제5 끝

鼎俎志卷第五

3 《居家必用》己集〈回回食品〉 "海螺廝"(《居家必用事類全集》, 275쪽).
4 먼저……완성한다 : 보통 흰자의 양은 노른자의 2배이다. 그래서 노른자는 양의 방광에, 흰자는 돼지의 방광에 넣어 조리한 듯하다.
5 계신잡지(癸辛雜識) : 중국 송나라 주밀(周密, 1232~1308)의 필기. 6권 486항목으로 구성되어 있으며, 다양한 일화가 수록되어 있다.
6 출전 확인 안 됨 ; 《齊東野語》卷16〈文莊公滑稽〉(《文淵閣四庫全書》865, 806~807쪽).

6

정조지 권제 6

鼎俎志 卷第六

임원십육지 46

林園十六志 四十六

I. 조미료(미료지류)

기름은 곡식이나 채소의 씨를 짜서 만들고, 타락은 소나 양의 젖을 달여서 만드니, 육식과 채식으로 각각 달라 한 종류가 아니다. 그러나 이것으로 음식을 익히거나 반찬을 조리하면 냄새가 향기로워지고 맛이 부드러워지게 할 수 있다. 기름과 타락은 식재료에서 빠뜨릴 수 없는 것이니, 이 2가지 물질은 그 효능과 쓰임이 같다. 북쪽 지방 사람들은 타락을 즐겨 먹고, 남쪽 지방 사람들은 기름을 즐겨 먹는다. 우리나라 사람들은 본래 목축[畜牧]기술에 어둡다. 단지 깨를 심어 기름을 얻을 줄만 알 뿐이지 다른 것은 알지 못한다.

조미료(미료지류)

味料之類

1. 소금

鹽

1) 총론

總論

소금 염(鹽)자는 그릇[皿] 속에서 소금물을 졸이는 모양을 본떴다. 《설문해자(說文解字)》에 "염(鹽)은 짜다[鹹]는 뜻이다. 옛날에 숙사(宿沙)[1]가 처음으로 바닷물을 졸여서 소금을 만들었다."[2]라 했다【안 숙사는 황제(黃帝)의 신하 이름이다】. 소금은 동쪽 지역에서는 '척(斥)'이라 하고, 서쪽 지역에서는 '함(鹹)'이라 하며, 하내(河內)[3]에서는 '차(醝)'라 한다.

鹽, 象器中煎鹵之形.《說文》云:"鹽, 鹹也. 古宿沙初煮海爲鹽【案 宿沙, 黃帝臣名】." 東方謂之"斥", 西方謂之"鹹", 河內謂之"醝".

대개 중국의 소금은 품목이 가장 많다. 그리하여 해염(海鹽)[4]·정염(井鹽)[5]·지염(池鹽)[6]·감염(鹻鹽)[7]·애

蓋中國鹽品最多, 有海鹽、井鹽、池鹽、鹻鹽、崖鹽、石

---

1 숙사(宿沙) : 고대 중국에서 처음으로 소금을 만들었다고 전해지는 인물. 기원전 27세기경에 황제(黃帝)의 재상(宰相)인 숙사는 바닷물을 항아리에 넣어서 끓이는 방식으로 물을 증발시켜 소금을 만들었다고 한다.

2 염(鹽)은…만들었다 :《說文解字》12篇上〈鹽部〉(《文淵閣四庫全書》223, 307쪽).

3 하내(河內) : 중국 하남성(河南省) 신향시(新鄕市)·초작시(焦作市)·제원시(濟源市) 등 황하(黃河) 남부 일대의 옛 지명.

4 해염(海鹽) : 중국의 바닷가에서 생산되는 소금.《天工開物》卷5〈作鹹〉"海水鹽", 146쪽.

5 정염(井鹽) : 중국 운남성(雲南省)·사천성(四川省) 등지의 하천에서 염정(鹽井)을 파서 길어온 물을 증발시켜 채취한 소금.《天工開物》卷5〈作鹹〉"井鹽", 154쪽.

6 지염(池鹽) : 중국의 영하(寧夏)와 산서성(山西省) 해지(解池)에서 난다. 얕은 못을 만들어 물을 끌어들인 뒤 물을 증발시켜 소금을 얻는데, 해염(海鹽)에 비해서 낱알이 굵다.《天工開物》卷5〈作鹹〉"池鹽", 152쪽.

7 감염(鹻鹽) : 중국이 병주[幷州, 산서성 태원(太原)지역]와 하북성에서 나며, 감토(鹻土, 천연 탄산나트륨)를 긁어모아 달여서 만든다.《天工開物》卷5〈作鹹〉"末鹽", 158쪽) ;《本草綱目》〈石部〉卷11"食鹽", 630쪽.

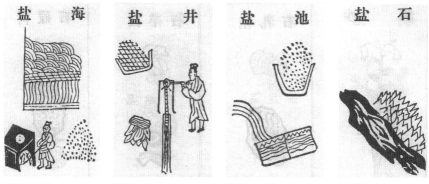

해염(《본초강목》)　　　정염(《본초강목》)　　　지염(《본초강목》)　　　석염(《본초강목》)

염(崖鹽)[8]·석염(石鹽)[9]·목염(木鹽)[10]·봉염(蓬鹽)[11] 등 차이가 나는 여러 소금이 있다.

우리나라는 3면이 바다를 접하고 있어 온 나라 사람들이 모두 해염만을 먹고 다른 종류는 없다. 서남해에서 생산되는 소금은 질그릇에 졸인다. 동북해에서 생산되는 소금은 쇠그릇에 졸인다. 이를 '철염(鐵鹽)'이라 한다. 철염은 서남해에서 생산된 소금에 비해서 맛이 떨어진다.《옹치잡지》[12]

鹽、木鹽、蓬鹽之異.

我東三面瀕海, 通國皆食海鹽, 無他種也. 産西南海者, 用土盆煮. 産東北海者, 用鐵盆煮, 謂之"鐵鹽", 鐵鹽味遜於西南産也.《饔饎雜志》

2) 해염 졸이기(자해염방)

해변에 구덩이를 파고 그 위에 대나무를 깐 다음

煮海鹽方

海邊掘坑, 上布竹木, 覆以

8　애염(崖鹽) : 중국의 감숙성 무도(武都)나 강현(康縣), 섬서성 서남부에서 생산되는 암염(巖鹽)의 일종이다.《天工開物》卷5〈作鹹〉"崖鹽", 159쪽.

9　석염(石鹽) : 모래나 돌에서 추출한 소금. 사석염(砂石鹽).《天工開物》卷5〈作鹹〉"鹽産", 145쪽.

10　목염(木鹽) : 나뭇가지를 숯으로 만드는 과정에서 염분을 빼내는 소금. 숙신족(肅愼族)의 수엽염(樹葉鹽)은 소금을 함유한 식물인 위성류(渭城柳, 위성에서 주로 자라는 낙엽활엽 교목)에서 소금을 추출한다.《天工開物》卷5〈作鹹〉"鹽産", 145쪽.

11　봉염(蓬鹽) : 바닷가에 바람을 타고 떠밀려온 해조를 모아서 끓여 만든 소금. 안정적인 공급이 어렵다.《天工開物》卷5〈作鹹〉"海水鹽", 148쪽.

12　출전 확인 안 됨.

이를 쑥이나 띠풀로 덮어 그 위에 모래를 쌓는다. 밀물과 썰물이 모래에 부딪치면 바닷물의 소금기가 구덩이 속에 스며든다. 물이 빠지면 구덩이를 횃불로 비춰본다. 소금기가 불꽃을 쳐서 불이 모두 꺼질 정도가 되면 바다소금을 쟁반에 담아 졸인다. 그러면 소금이 금새 만들어진다.

소금 졸이는 그릇을 한(漢)나라 때에는 '뇌분(牢盆)'이라 했다. 지금은 쇠를 두드려 만들기도 한다. 남해 사람들은 대나무를 엮어서 만드는데, 대나무 아래위로 조개껍질재[蜃灰]를 두루 바른다. 가로는 1장(丈), 깊이는 1척(尺)으로 하고 바닥은 평평하게 만들어 부뚜막에 둔다. 이를 '염반(鹽槃, 소금쟁반)'이라 한다. 《도경본초(圖經本草)[13]》[14]

蓬、茅, 積沙于上. 每潮汐衝沙, 則鹵鹹淋于坑中. 水退則以火炬照之, 鹵氣衝火皆滅, 因取海鹵貯槃中煎之, 頃刻而就.

其煮鹽之器, 漢謂之"牢盆", 今或鼓鐵爲之. 南海人編竹爲之, 上下周以蜃灰, 橫丈深尺, 平底, 實于竈背, 謂之"鹽槃".《圖經本草》

해염 졸이기1《도경본초》

---

13 도경본초(圖經本草) : 중국 송나라의 의학자 소송(蘇頌, 1020~1101) 등이 편찬하여 1061년에 간행한 의서. 일명 《본초도경(本草圖經)》이라고도 한다. 중국 각 군현(郡縣)에서 나는 약초를 망라하여 기록하고 그림을 수록한 책.
14 《本草圖經》 卷2 〈玉石中品〉 "食鹽", 43쪽.

해염 졸이기2(《도경본초》)

해염 졸이기3(《도경본초》)

3) 꽃소금(화염)과 굵은소금(인염) 만들기(화염방·인염방)

花鹽、印鹽方

5월 중 가물 때 물 20승을 가져다 소금 10승을 그 물에 타서 다 맑아지도록 녹인다. 또 소금을 타서 물이 몹시 짜게 되면 소금이 더 이상 녹지 않는다. 이때 그릇을 바꾸고 일어서 불순물을 걷어내고 더러운 흙을 가라앉힌 뒤, 깨끗한 그릇 안에 맑은 소금물을 붓는다. 그렇게 하여 얻은 소금은 매우 희

五月中旱時, 取水二斗, 以鹽一斗投水中, 令清盡. 又以鹽投之, 水鹹極則鹽不復消融. 易器淘治沙汰之, 澄去垢土, 瀉淸汁於淨器中, 鹽甚白, 不廢常用. 又

다. 이 소금은 버리지 않고 일상적으로 사용한다. 그러면 또 1석(石)의 소금으로 다시 80승의 소금물을 얻을 수 있으니, 또한 큰 손해는 없는 것이다【안 중국은 100승(10두)이 1석이다[15]】.

좋은 날씨에 바람이 불지 않아 먼지가 없을 때 소금물을 햇볕에 쬐어 소금이 되게 한다. 이때 위에 뜨는 소금이 바로 꽃소금이다. 꽃소금은 두께가 얇고 광택이 흡사 종유석(鍾乳石, 탄산칼슘)과 같다. 꽃소금을 그렇게 오래도록 두고 걷어내지 않으면 굵은소금이 된다. 굵은소금의 크기는 콩만 하고, 소금 결정은 네모나며, 수많은 소금이 서로 비슷하다. 이 굵은소금은 바로 물에 가라앉기 때문에 물을 걸러서 얻는다. 꽃소금과 굵은소금은 근원이 같은 소금으로 옥돌이나 눈처럼 희며 그 맛은 더욱 좋다.《농정전서(農政全書)[16]》[17]

一石還得八斗汁, 亦無多損【案 中國十斗爲一石】.

好日無風塵時, 日中曝, 令成鹽. 浮卽便是花鹽, 厚薄光澤似鍾乳. 久不接取, 卽成印鹽, 大如豆, 粒四方, 千百相似, 而成印輒沈, 漉取之. 花、印一鹽, 白如珂、雪, 其味尤美.《農政全書》

4) 늘 가득찬 소금(상만염) 만들기(상만염방)

새지 않는 10석들이 독 1개를 마당의 돌 위에 두고 흰소금을 가득 채운다. 여기에 감수(甘水, 좋은 물)를 붓고 소금 위에는 항상 물이 차있게 한다. 쓸 때마다 떠서 졸이면 소금이 된다. 이때 떠낸 만큼 다

常滿鹽方

以不津甕受十石者一口, 置庭中石上, 以白鹽滿之. 以甘水泛之, 令上恒有淰[1]水. 須用時挹取, 煎卽成

---

15 중국은……1석이다 : 조선은 150승(15두)을 1석으로 했기 때문에 이 같은 안설이 있는 것이다.

16 농정전서(農政全書) : 중국 명(明)나라 서광계(徐光啓, 1562~1633)가 중국 농학서(農學書)를 집대성하여 저술한 책. 중국 한(漢)나라 이후 특히 발달하기 시작한 농학자의 여러 설을 총괄·분류하고 그 아래에 자기의 의견을 첨부하여 집대성한 책으로, 농본(農本)·전제(田制)·농사(農事)·수리(水利)·농기(農器)·수예(樹藝)·잠상(蠶桑) 등 12문(門)으로 되어 있다. 서광계가 죽은 뒤 1639년 그의 문인 진자룡(陳子龍)에 의해 소주(蘇州)에서 간행되었다.

17 《農政全書》卷42〈製造〉"食物"《農政全書校注》, 1215쪽).

[1] 淰 :《農政全書·製造·食物》에는 "游".

시 감수를 더하는데, 1승을 떴으면 1승을 더한다. 독을 햇볕에 쬐어 독이 아주 뜨겁게 되면 더한 감수가 다시 소금이 되어 영원토록 다 없어지지 않는다.[18]

바람에 먼지가 날리거나 흐리고 비가 오면 독뚜껑을 닫고, 날씨가 맑게 개면 다시 열어둔다. 만약 황염(黃鹽, 누런소금)과 함수(鹹水, 염분 많은 물)를 쓰면 소금물맛이 쓰다. 이 때문에 반드시 흰소금과 감수로 해야 한다.

【서광계(徐光啟)[19]는 "이 방법은 소금 맛을 좋게 한다. 하지만 '소금이 영원토록 다 없어지지 않는다.'는 말은 이럴 리가 없는 듯하니, 우선 시험해볼 필요가 있다."라 했다】.《농정전서》[20]

鹽. 還以甘水添之, 取一升, 添一升. 日曝之, 熱盛, 還卽成鹽, 永不窮盡. 風塵陰雨則蓋, 天晴還仰. 若黃鹽、鹹水者, 鹽汁則苦, 是以必須白鹽、甘水

【徐玄扈曰:"是法令鹽味佳. 永不窮盡, 恐無此理, 姑試之"】.《農政全書》

5) 정염(錠鹽) 만들기(정염방)

사염법(死鹽法, 센 불로 녹여 소금 만드는 법): 사기솥 1개에 살구속씨 1개를 바닥에 놓는다. 소금을 사기솥의 8/10이 되도록 넣고 눌러 채운 뒤, 질그릇뚜껑으로 덮는다. 이를 센 불에 녹여 즙을 만든 다음 쇠로 만든 틀에 부어넣고 정(錠, 화폐로 쓰는 은덩이)처럼 만든다.《고금의통대전(古今醫統大全)[21]》[22]

錠鹽方

死鹽法:用砂鍋一箇, 安杏仁一箇在底, 却入鹽八分, 按實瓦蓋. 大火溶作汁, 傾入鐵槽, 成錠.《古今醫統》

---

18 햇볕에……않는다 : 감수를 부어가며 소금 녹은 이 물을 다시 취해 먹으면 깨끗한 소금을 오래 먹을 수 있는 장점이 있다.

19 서광계(徐光啓) : 1562~1633. 중국 명나라 후기의 정치가이자 학자. 자는 자선(子先), 호는 현호(玄扈). 저서로 《농정전서(農政全書)》와 천문서 《숭정역서(崇禎曆書)》 등 많은 책이 있다.

20 《農政全書》, 위와 같은 곳.

21 고금의통대전(古今醫統大全) : 중국 명나라의 의학자인 서춘보(徐春甫, 1520~1596)가 저술한 의서. 서춘보는 금원사대가의 한 사람인 동원(東垣) 이고(李杲, 1180~1251)의 학설을 존중하였고, 내과(內科)·부인과(婦人科)·소아과(小兒科) 등에 능통하여 많은 사람을 치료했다.

22 출전 확인 안 됨.

6) 벽돌모양 소금(염격) 만들기(염격방)

쇠솥에 졸여 만든 소금은 맛이 쓰고 큰 바다의 해수로 만든 소금은 소금기가 너무 세서 역시 좋지 않다. 오직 해변이 긴 포구와 통하는 곳의 해수를 졸인 소금이 입자가 곱고 맛도 좋다.

만약 좋은 소금이 없으면 철염이나 큰 바다의 해수를 졸인 소금을 물에 담가 약간 축축하게 한다. 네모난 나무틀을 만들어 누룩 만드는 방법대로 염격(鹽墼, 벽돌 모양으로 뭉친 소금)을 밟아 다진다. 이것을 짚으로 두텁게 싸서 불을 붙여 태우고 나면 돌처럼 단단해진다. 소금을 쓸 때 절구에 넣어 곱게 찧으면 너무 진한 소금기가 빠지고 맛이 조금 더 나아질 것이다. 《증보산림경제》[23]

鹽墼方

鐵釜煮成者味苦, 大海中産者滷氣大悍, 亦不佳. 惟海邊通長浦處煮者, 脚細味美.

如無好鹽, 只取鐵鹽或大海中煮者, 以水漬令微濕, 造木方機, 踏墼[2]如造麴法. 厚裹藁草, 以火燒過, 則其堅如石. 臨用, 下臼擣細, 則滷氣去而味少勝矣. 《增補山林經濟》

7) 소금 저장하기(장염방)

소금을 저장할 때 조협(皁莢, 쥐엄나무열매) 1개를 그 안에 두면 해가 지나도 상하지 않는다. 《유환기문(游宦紀聞)[24]》[25]

藏鹽方[3]

藏鹽, 以皁莢一[4]挺置其中, 經歲不壞. 《游宦紀聞》

---

23 《增補山林經濟》卷8〈治膳〉上 "醬諸品"(《農書》4, 72~73쪽).
24 유환기문(游宦紀聞) : 중국 송나라의 문인 장세남(張世南, ?~?)이 편찬한 저서. 문학·역법·술수·의약·원예 등 여러 분야의 다양한 기록을 모아 편찬한 책이다.
25 《游宦紀聞》卷2(《游宦紀聞·舊聞證誤》, 15쪽).
② 墼 : 저본에는 "堑". 규장각본에 근거하여 수정.
③ 方 : 저본에는 "法". 오사카본·규장각본에 근거하여 수정.
④ 一 : 《游宦紀聞》에는 "半".

2. 장(醬)

醬

1) 총론

總論

장(醬)은 장수[將]이다. 장은 음식물의 독을 잘 제어할 수 있으니, 이는 마치 장수가 포악한 자를 평정하는 것과 같다. 중국의 장은 종류가 다양하여 콩류·맥류·깻묵·느릅나무열매를 모두 이용해서 장을 만든다. 재료가 다르다보니 성질과 맛[品味]도 다르다.

반면 우리나라에서는 오로지 대두(메주콩)만 쓴다. 그 중에 3~5년 묵은 장은 색이 제호(醍醐)[1]와 같고, 맛은 수타(酥酡)[2]에 맞먹는다. 도홍경(陶弘景)[3]이 장의 품등을 논하면서 두장(豆醬, 콩을 발효시켜 만든 장) 오래 묵은 것이 뛰어나다고 했다.[4] 그렇다면 당연히 우리나라의 장이 천하제일이어야 한다. 《옹치잡지》[5]

醬, 將也, 能制食物之毒, 如將之平暴惡也. 中國醬, 品不一, 豆菽、麬麪、麻枲、榆實皆用爲醬. 物料旣異, 品味亦殊.

我東則純用大豆, 其三五年陳久者, 色如醍醐, 味敵酥酡. 陶隱居論醬品, 以豆醬陳久者爲勝, 是則吾東之醬, 當爲天下第一也. 《饔饌雜志》

2) 우리나라 장 담그는 법(동국장법)

東國醬法

대두를 좋은 것으로 골라내고 깨끗하게 씻어 물

大豆揀淨, 水浸一宿, 漉出

---

1 제호(醍醐): 우유에서 정제한 최상의 음료로, 수락(酥酪)에서 만들어 낸 기름. 《임원경제지 정조지》 권 6 〈조미료(미료지류)〉 "기름과 타락" '제호' 참조.

2 수이(酥酡): 인도에서 주로 만들어 먹는, 요거트와 비슷한 종류의 유제품.

3 도홍경(陶弘景): 456~536. 중국 남북조 시대의 저명한 도사이면서 의학자이다. 자는 통명(通明), 호는 은거(隱居) 또는 화양은거(華陽隱居)라 부르기도 한다. 도교(道敎) 모산파(茅山派)의 개조(開祖)다. 저서로 《본초경집주(本草經集注)》 등이 있다.

4 두장(豆醬, 콩을 발효시켜 만든 장)……했다:《本草綱目》 卷25 〈穀部〉 "醬", 1552쪽.

5 출전 확인 안 됨.

에 하룻밤 담근다. 이를 건져내어 솥에 넣고 푹 삶아낸 뒤 꺼낸다. 손으로 문질러 주먹크기의 둥근 덩어리를 만든다【안 콩을 푹 삶은 다음 꺼내고 절구에 부어 흐물흐물하게 찧은 뒤에야 비로소 손으로 빚어 둥근 덩어리를 만들 수 있다】.

이를 둥구미⁶에 담아 층층이 짚을 사이에 놓고 따뜻한 곳에 둔다. 표면에 누룩곰팡이[黃衣]가 피면 땡볕에 내어 볕을 쬐게 한다. 다시 따뜻한 곳에 두어 저절로 마르게 하니, 이것이 이른바 '메주[末醬, 말장]'이다【안 이는 바로 시골의 장 만드는 법이다. 서울의 장 만드는 법은 이와 다르다. 그에 대해서는 아래를 보라】【우안 메주는 민간에서는 '훈조(燻造)'라고 하니, 중국 사람들이 말하는 '장황(醬黃)'이 이것이다】.

메주 10승을 담을 때는 소금 5승을 끓는 물에 섞어 찌꺼기를 체로 치고 식게 둔다. 먼저 메주를 독에 넣고 끓인 소금물을 메주 높이만큼 붓는다. 볕에 며칠 말렸다가 소금물이 줄어든 양을 살펴 다시 끓인 소금물을 부어 채운다. 숙성되면 쓴다. 《산림경제보》⁷

入釜, 煮令爛熟, 取出. 手摩作團如拳【案 煮熟, 控起, 入臼擣爛, 然後始可手捏作團子】.

盛於藁篅而每層以藁草爲隔, 置溫處. 待上黃衣, 烈日出曬, 還置溫處, 使之自乾, 此所謂"末醬"也【案 此卽鄕野造醬法也. 京都造法異此, 見下】【又案 末醬, 俗稱"燻造", 中州人所謂"醬黃"是也】.

末醬一斗, 以鹽五升和於沸湯, 篩其滓, 放冷. 先以末醬入甕, 仍下鹽湯與末醬平. 曬之數日, 觀其水縮, 更下鹽湯. 待熟, 用之.《山林經濟補》

사진1 시골메주 만들기(2013년, 장단에서 가까운 파주시 월롱면)

사진2 짚둥구미

---

6 둥구미 : 곡식을 담아 나르거나 보관하는 데 사용하는 기구.

7 출전 확인 안 됨 ;《山林經濟》卷2〈治膳〉 "造醬"(《農書》2, 316쪽).

사진3 짚불소독

사진4 청암사 장독대

장 만드는 법에는 다음의 6단계가 있다.

① 독 준비하기[備甕]

7월에 빚은, 온전하고 두꺼우며 아가리가 큰 독을 골라 모래구멍이 있는지 세심하게 살핀다【장독을 땅에 엎고 볏짚에 불을 붙인 뒤 독을 살짝 들어 불을 넣는다. 다시 독을 엎어놓고 독 바깥 주위를 세심하게 살핀다. 만약 모래구멍이 있으면 연기가 바로 새어나올 것이다. 이러한 독을 써서는 안 된다. 반드시 바람이 불지 않는 곳에서 시험해야 한다】. 일반적인 방법대로 독에 기름을 바른다【안 기름을 바르는 법은 《섬용지(贍用志)》에 보인다[8]】.

집 뒤쪽에 볕이 잘 들고 깨끗한 곳에 둔다【장독을 두는 근처에는 과실수를 베어낸다. 이는 어린아이들이 과일을 따기 위해 기왓장을 던져 장독을 깨

造醬之法有六：

一曰"備甕".

取七月坯, 完厚闊口甕, 細審有沙穴與否【醬[1]甕覆地, 用藁薪燃火, 揭起納[2]火, 還覆甕, 細視甕外一周. 如有沙穴, 則煙輒透出, 不可用. 須於無風處試之】.

塗治如法【案 塗治法見《贍[3]用志》】.

安家後向陽潔淨處【安甕近處, 斫去果木, 恐小兒擲瓦破甕. 又不可近墻安甕,

8　기름을……보인다 : 독에 기름을 바르는 자세한 내용은 《섬용지》 참고. 서유구 지음, 임원경제연구소 옮김, 《임원경제지 섬용지》1, 풍석문화재단, 2016, 361~363쪽.

[1]　醬 : 저본에는 "將". 규장각본에 근거하여 수정.

[2]　納 : 저본에는 "細". 오사카본·규장각본·《增補山林經濟·治膳·醬諸品》에 근거하여 수정.

[3]　贍 : 저본에는 "瞻". 오사카본·규장각본에 근거하여 수정.

뜨릴까 염려해서이다. 또 담장에 너무 가까이 장독을 두면 안 된다. 이는 담이 무너져 장독을 깨뜨릴까 염려해서이다. 또 잡목들을 베어내어 그늘이 지나치게 생기지 않게 해야 한다. 또 독 아래의 잡초를 베어주어 뱀이나 벌레들이 숨어 있는 곳을 막는다. 장독 바닥은 방전(方磚, 네모난 벽돌)으로 괴어 둔다】.

恐墻倒破甕. 亦須剪去雜木, 令勿厚陰. 又鋤去甕下草蕟, 防蛇蟲之藏伏. 甕底庋以方塼】.

② 소금 고르기[擇鹽]

쇠솥에서 졸인 소금은 쓸 수 없고 큰 바다에서 생산된 소금도 좋지 않다. 반드시 서해·남해의 해변이 긴 포구와 통하여 해수가 깊이 들어오는 곳의 바닷물을 졸여낸 소금을 써야 한다. 소금은 밀실 안에 두고 나무나 돌로 소금둥구미 1개를 받쳐 노수(滷水, 간수)가 깔끔하게 배어나오게 한다.

二曰"擇鹽".
鐵釜煮者不可用, 大海産者亦不佳, 必用西、南海邊長浦處深入煮出者. 置密室中, 用木石庋鹽簞一頭, 令滷水滲淨.

③ 물 가리기[揀水]

장맛의 좋고 나쁨은 전적으로 물의 품등에 달려 있다. 반드시 단 샘[甘泉]이나 강물 중앙의 물을 떠서 큰 솥 안에 넣고 달여 팔팔 끓여야 한다. 여기에 일반적인 방법대로 소금을 섞는다. 식으면 찌꺼기를 걸러냈다가 필요할 때 쓴다.

三曰"揀水".
醬味美惡專系水品. 必取甘泉或江心水, 就大釜中煎百沸, 如法和鹽, 候冷, 漉去滓, 聽用.

또는 납설수(臘雪水)9로 장을 만들면 벌레가 생기지 않고 맛도 좋다【안 납설(臘雪)을 모으는 법은 《본리지(本利志)》에 보인다】10【우안 《관서구속지(關西

或用臘雪水造醬, 不生蟲, 味佳【案 臘雪收法見《本利④志》】【又案 《關西舊

9　납설수(臘雪水) : 12월에 내린 눈을 녹인 물.

10　납설(臘雪)을……보인다 : 《본리지》에 곡식을 파종할 때 납설을 녹인 물을 쓰면 벌레가 생기지 않는다는 내용은 나오지만(《임원경제지 본리지》2, 소와당, 2008, 185~186쪽 참조) 납설을 모으는 방법과 관련된 구

舊俗志)[11]》에 "6월 6일에 깨끗한 독에 물을 담아두면 1년이 되어도 물에서 냄새가 나지 않는다. 이 물로 식초·장·장아찌를 만들면 1년이 지나도 맛이 상하지 않는다."[12]라 했다】.

④ 메주 만들기[造末醬]

먼저 높고 건조한 곳에 말구유모양으로 깊이는 1척 정도의 긴 도랑을 판다【안 이것은 포백척(布帛尺)[13]을 기준으로 말한 것이다[14]】. 도랑의 사방으로 물길을 내고 빈 둥구미나 엮은 띠풀 따위를 도랑 안에 펴둔다.

대두는 모래와 돌을 일어내고 물에 하룻밤 담가두었다가 건져내어 큰 솥 안에 넣는다. 여기에 물을 붓고 푹 삶는다. 충분히 익으면 하룻밤 지난 뒤 꺼내어 절구에 넣고 진흙처럼 흐물흐물하게 찧는다. 이를 손으로 다듬어 둥근 덩어리를 만드는데, 크기는 수박만 하게 한다. 이 덩어리를 큰 칼로 2조각으로

俗志》云 : "六月六日, 貯水淨甕, 一年不臭, 用作醋、醬、醃物, 一年不壞."】.

四日"造末醬".

先就高燥地, 掘長渠如馬槽狀, 深可尺許【案 此以布帛尺言】. 渠之四面, 分開水道, 以空籮、編茅之屬鋪渠中.

將大豆淘去沙石, 水浸一宿, 漉出入大釜中, 下水爛煮, 至十分熟, 經宿取出, 臼中爛擣如泥, 手摩作團, 大如西苽, 以大刀劈分兩片, 每片又以刀橫切, 則形

체적인 내용은 확인되지 않는다. 이로 볼 때 서유구가 《본리지》에 추가하려 했지만 의도대로 하지 못한 부분임을 알 수 있다. 《증보산림경제》에 납설을 모으는 법이 보인다. "12월에 눈을 거두어 둥구미에 담고, 50~60석 정도를 응달에 쌓아둔다. 초봄에 눈이 녹으려고 할 때 방안에 큰 항아리를 놓은 다음 그 눈을 가져다가 항아리에 채운 뒤, 눈이 녹으면 바로바로 항아리에 눈을 채운다(臘月中, 收雪納藁籮, 限五六十石, 積置陰處. 春初有欲融之勢, 安大甕於房內, 取其雪塡甕中, 隨消隨塡)."《增補山林經濟》卷8〈治膳〉上 "醬諸品"'擇水'(《農書》4, 72쪽).

11 관서구속지(關西舊俗志) : 미상.

12 관서구속지(關西舊俗志)에……않는다 :《遵生八牋》卷4〈四時調攝牋〉"六月事宜"(《遵生八牋校注》, 126쪽).

13 포백척(布帛尺) : 베나 비단 등 옷감의 치수를 재는 자. 조선시대에 포백척의 길이는 일정하지 않았다. 1902년(광무 6)에 도량형을 일본 곡척(曲尺)으로 통일해 포백척이 1.6척(48cm)이 되었으며, 1905년(광무 9)에 도량형법이 제정되자 1.7척(52cm 정도)으로 되었다.

14 이것은……것이다 :《임원경제지 본리지》1, 소와당, 2008, 91쪽 주7번의 표6에 따르면 포백척 1척은 약 51cm이다.

④ 本利 : 저본에는 "耐待". 오사카본·규장각본에 근거하여 수정.

사진5 메주 띄울 도랑

사진6 반달 모양 메주

나누고 각 조각을 또 칼을 가지고 가로로 자르면 반
달모양이면서 두께는 0.1척 남짓이 된다.

　도랑 안쪽의 빈 둥구미 위에 자른 메주를 비늘처
럼 연달아 펴놓는다. 따로 빈 둥구미나 띠풀 따위
로 두텁게 덮어 바람이 통하거나 비가 새어들지 않
게 한다. 습기가 차서 곰팡이가 피면 덮개를 열어 한
번 뒤집어주고 다시 덮는다. 이와 같은 과정을 8~9
번 하면 자연히 수십 일이 되어 거의 다 마른다. 바
로 이때 비로소 꺼내어 볕에 말렸다가 필요할 때
쓴다.

　일반적으로 메주를 만들 때는 반드시 이 방법을
따른 뒤에 장을 만들어야 해가 지나도 맛이 좋을 수
있다. 지금 시골에서 메주 만드는 법을 보면 반드시
둥글게 뭉쳐서 덩어리를 만든 다음 방안에서 띄워
말린다. 이 때문에 덩어리 속은 끝내 잘 마르지 않
아 장을 만들어도 제맛을 잃는 경우가 많고 또 오래

如半月[5], 厚爲一寸餘.

卽鱗次布安於渠中空篅上,
另以空篅、茅草之屬厚蓋
之, 令勿透風漏雨. 待黰
烝上衣, 去蓋翻轉一次而
還蓋之. 如此者八九次, 則
自然延至數十日, 幾盡乾.
正始取起, 曬乾, 聽用.

凡造末醬, 必依此法, 然
後造醬, 可以經年味美. 今
見鄕村造末醬, 必團作塊,
烝乾於房中. 塊裏終不善
乾, 造醬多失味, 且不能耐
久矣.

---

[5] 月 : 저본에는 "日". 규장각본·《增補山林經濟·治膳·醬諸品》에 근거하여 수정.

갈 수도 없다.

【안】이것은 곧 서울의 메주 만드는 법으로, 매년 3월에 만들기 시작하여 5월 단오에 공물로 바친다. 그러므로 서울 근교의 장 만들기는 매년 5월 그믐 이전에 있다】

⑤ 장 담그기[沈醬]

물로 메주를 깨끗이 씻어 먼저 독 안에 넣고 그 다음에 소금물을 붓는다. 이때 메주 10승마다 소금 6~7승, 물 1통을 그 비율로 한다. 가을과 겨울에는 소금이 적어도 무방하지만 봄과 여름에는 소금이 많아야 좋다. 소금물이 메주보다 약간 높이 차게 하고 뚜껑을 덮지 않은 채로 볕에 말린다【흐리고 비가 오면 급히 뚜껑을 덮어 빗물이 한 방울도 스며들지 못하게 해야 한다】. 물이 줄어드는 상태를 살펴서 다시 소금물을 더한다【미리 작은 독에 소금물을 담아두고서 장독 곁에 두고 필요할 때 쓴다】.

【案】此卽京都造末醬法, 每歲三月始造, 五月重五貢御. 故都下造醬, 每在五月晦前】

五日"沈醬".
以水淨洗末醬, 先下甕中, 次下鹽水, 而每末醬一斗, 鹽六七升, 水一桶爲率. 秋冬鹽少無妨, 春夏鹽多方好. 令鹽水稍高於末醬, 不蓋甕曬之【陰雨則急蓋, 勿令雨水點滴滲入】. 觀其水縮, 更加鹽水【豫以小甕貯鹽水, 置醬甕傍, 聽用】.

사진7 서울메주로 담근 장

바싹 말린 메주를 장독아가리까지 차도록 담그면 메주가 젖어서 부풀어오를 때에 독이 갈라질 염려가 있다. 이때 미리 대나무로 독의 배 위아래에 테를 두르고 장을 담글 때도 독아가리까지 채워서는 안 된다.

以極乾末醬, 限甕口沈之, 則及其潤脹之時, 恐有甕坼之慮, 先用竹籧甕腹上下, 沈醬亦不可滿於甕口.

⑥ 장 뜨기[取醬]

미리 작은 독을 장독 옆에 두고 장이 충분히 숙성되기를 기다렸다가 손으로 장독을 파서 한가운데 깊은 웅덩이를 만든다. 자루가 긴 놋국자로 간장[淸醬]을 떠내어 작은 독 안에 나누어 담고 볕에 말린다. 따로 끓인 물에 적당량의 소금을 섞어 큰 독 속에 부어 채우면 오래지 않아 다시 간장이 된다.《증보산림경제》[15]

六日"取醬".
豫用小甕安於醬甕邊, 待十分熟, 以手掘醬甕, 正中作窩. 以長柄鍮杓酌出淸醬, 分貯小甕之內而曬之. 另用沸湯量宜和鹽, 灌下於大甕中, 則非久再成淸醬.《增補山林經濟》

3) 물료(物料, 특별한 재료) 섞어 장 담그기(조장물료방)

장을 담글 때 산삼이나 도라지는 껍질을 벗겨 볕에 말리고 빻아서 체로 친 다음 베주머니에 담는다. 이를 물에 담가 쓴맛을 제거하고 짜서 물기를 제거한다. 이 산삼가루나 도라짓가루를 베주머니에 넣고 장독에 담그면 맛이 포장(泡醬)[16]보다 낫다.《사시찬요(四時纂要)[17]》[18]

造醬物料方
沈醬時, 山蔘、桔梗, 去皮曝乾, 擣篩, 盛布袋. 沈水去苦味, 絞去水. 入袋沈醬甕, 味勝泡醬.《四時纂要》

---

15 《增補山林經濟》卷9〈治膳〉上 "醬諸品"(《農書》4, 71~76쪽).

16 포장(泡醬) : 장독에 물료를 담그는 방법이 아니라 간장을 물료에 끼얹어 맛을 내는 방식으로 추정된다. 또는 그렇게 한 물료.

17 사시찬요(四時纂要) : 중국 당나라 시인 한악(韓鄂, ?~?)이 996년에 편찬한 농서. 《예기(禮記)》〈월령(月令)〉의 체제를 따라 매달 해야 할 농사일 등을 《제민요술》 등을 인용하여 정리했다.

18 출전 확인 안 됨 ; 《增補山林經濟》卷9〈治膳〉上 "醬諸品"(《農書》4, 75쪽).

생게를 잘게 찧은 다음 게의 살을 짜내서 진액을 취한다. 이를 눌러 엉기게 한 뒤 푹 찐다. 이를 베주머니에 넣어 장독에 담그면 맛이 매우 좋다.《사시찬요》[19]

말린 대하를 찧어서 장독에 넣으면 그 맛이 매우 뛰어나다. 쇠고기로 해도 좋다【안 민간에서는 생선이나 육류 같은 재료를 장독에 넣으면 장맛을 돋울 수 있다고 말한다. 하지만 장이 숙성되기 전에 생선이나 육류가 먼저 상하면 오히려 장맛을 변하게 할 것이다. 여름에 만드는 장에는 생선이나 육류와 같이 쉽게 상하는 재료를 섞어서는 더욱 안 된다】.《사시찬요》[20]

4) 청대두장(청두장) 담그기(청두장방)

연한 햇청대두(靑大豆, 푸르대콩)[21]의 껍질을 벗겨 시루에 찐다. 이를 흐물흐물하게 찐 뒤 손으로 빚어 작은 가락으로 만드는데, 모양은 칼자루 같다. 이를 콩잎으로 덮어두고 위에 누룩곰팡이가 피면 볕에 말렸다가 일반적인 방법대로 장을 만들면 맛이 좋다【어떤 이는 다음과 같이 말했다. "청대두로 메주를 만들고 개오동나무잎으로 하나하나 싸서 짚으로 묶은 다음 빈 둥구미 속에 넣어둔다. 메주 위

生蟹細打, 絞取膏, 壓凝烝熟. 入袋沈醬甕, 味極好. 同上

乾大蝦擣, 入醬甕, 其味絕美. 牛肉亦好【案 俗用[6]魚、肉物料入醬甕, 謂能助醬味. 然醬未熟, 而魚、肉先敗, 則反令醬變味矣. 夏月造者, 尤不可雜用魚、肉等易敗之物也】. 同上

靑豆醬方

新嫩帶靑大豆剝取粒, 甑內烝過, 擣爛, 手捻作小條子, 形如刀柄. 以豆葉罨蓋, 上黃衣, 曬乾, 如常法造醬, 味佳【一云 : "靑豆作末醬, 以檟葉箇箇裹之, 以藁草纏縛之, 入空篇中, 待上衣, 出置溫埃, 翻轉

---

19 출전 확인 안 됨 ;《增補山林經濟》, 위와 같은 곳.
20 출전 확인 안 됨 ;《增補山林經濟》, 위와 같은 곳.
21 청대두(靑豆, 푸르대콩) :《본리지》에서는 '파랑콩'이라고 했다.《임원경제지 본리지》2, 540쪽.
⑥ 用 : 저본에는 "周". 오사카본·규장각본에 근거하여 수정.

에 곰팡이가 피면 온돌에 내놓고 뒤집어가며 말린다. 혹은 볕에 말려도 좋다. 바싹 마르면 장을 담그고 소금을 약간 넣는다. 숙성되면 바로 먹는다. 이는 대개 오래 두면 구더기가 생길까 염려되기 때문이다."].《증보산림경제》[22]

乾之. 或曬乾亦好. 待極燥, 卽沈醬而少入鹽. 待熟卽食, 蓋久留則恐生蛆也."].《增補山林經濟》

5) 고추장(남초장) 담그기(남초장방)

멥쌀을 곱게 찧어 가루 낸 뒤, 흰떡을 만든다. 대두를 좋은 것으로 골라내고 깨끗하게 씻어【대두와 멥쌀 같은 양을 쓴다】, 흰떡과 함께 시루에 얹어 푹 찐 다음 흐물흐물하도록 찧어 메주를 만든다【어린아이 주먹만 한 작은 덩어리로 빚는다】. 솔잎을 켜켜이 깔아 메주를 펼쳐놓는다. 21일이 지나 누룩곰팡이가 피면 볕에 바싹 말리고 찧어서 가루로 만든다. 고춧가루 및 참기름·벌꿀 등의 재료를 넣고 옹기항아리에 담은 뒤 볕에 말렸다가 충분히 숙성되면 필요할 때 쓴다.《기재방(寄齋方)[23]》[24]

南椒醬方

粳米精舂作末, 造白餠. 大豆揀淨【大豆與粳米等分】, 同白餠, 上甑烝熟, 爛擣作末醬【捏作小團如小兒拳】. 以松葉隔層布置, 三七日, 待生黃衣, 曬令極燥, 擣作屑. 入南椒末及香油、蜂蜜諸物料, 貯缸甕曬之, 待爛熟, 取用.《寄齋方》

또 다른 방법 : 대두에서 모래와 돌을 일어내고 일반적인 방법대로 메주를 만든다. 볕에 바싹 말렸다가 찧어서 가루로 만든 다음 체로 쳐낸다. 10승마다 고춧가루 0.3승, 찹쌀가루 1승을 쓴다. 이상의 3가지 재료에 좋은 간장[淸醬]을 넣고 잘 저어 걸쭉하게 만든 다음 작은 독에 넣어 볕에 말린다【혹 볶은

又方 : 大豆淘去沙石, 如法作末醬. 曬令極乾, 擣作屑, 篩過. 每一斗, 用蠻椒末三合、糯米末一升. 右三味, 用好淸醬搜打極稠, 入小甕曬之【或入芝麻炒末五

---

22 《增補山林經濟》卷9〈治膳〉上 "醬諸品"(《農書》4, 81쪽).
23 기재방(寄齋方) : 미상. 조선 중기의 문신 기재(寄齋) 박동량(朴東亮, 1569~1635)의 기록으로 추정된다.
24 출전 확인 안 됨.

참깻가루 0.5승을 넣기도 하는데, 그러면 기름지고 메말라 오래가지 않는다. 찹쌀가루를 너무 많이 넣으면 맛이 시어져 좋지 않다. 고춧가루를 지나치게 많이 넣으면 너무 매워서 좋지 않다】.

　다른 방법 : 대두 10승으로 두부를 만들고 꽉 짜서 물기를 제거한다. 고춧가루와 여러 가지 재료들을 함께 잘 섞어 항아리에 넣고 볕에 말린다.

　다른 방법 : 말린 생선은 머리와 비늘을 제거하고 편으로 썬다. 미역·다시마 같은 종류와 함께 담가 숙성되면 먹는데, 맛이 매우 뛰어나다.

　이상의 여러 방법들은 혹 소금물로 버무려도 좋지만, 아무래도 맛있는 간장을 쓰는 것만 못하다. 《증보산림경제》[25]

合, 則膩乾不耐久 ; 糯米末多入, 則味酸不佳 ; 蠻椒末過多, 則辣甚不佳】.

一方 : 大豆一斗作豆腐, 絞去水氣. 同蠻椒末及諸物料, 同打均, 貯缸曬之.

一方 : 乾魚去頭鱗, 切作片. 并昆布、海帶之屬同沈, 待熟食之, 極美.

右諸方, 或用鹽水打搜亦可, 而終不如淸醬之美矣. 《增補山林經濟》

6) 10일 내에 되는 장(순일장) 담그기(순일장방)

　장 빨리 만드는 법 : 메주를 따뜻한 물에 며칠 담가 물이 모두 스며들기를 기다린다. 독 4~5개를 땅을 파서 묻는다. 이때 독아가리를 지면과 평평하게 한다. 독의 사방 바깥쪽에 쌀겨, 보리까끄라기 따위를 메워 넣고 일반적인 방법에 따라 독 안에 장을 담근다.

　곧이어 쌀겨를 태워 불이 독 주위를 빙 둘러 두루 붙은 후에는 불에 물을 가끔씩 뿌려준다. 이렇게 하면 불이 곧장 꺼지지 않고, 쌀겨 안에서부터 계속

句日醬方

急造醬法 : 取末醬沈溫水數日, 待盡透融. 以甕四五坐, 掘地埋之, 令甕口與地平. 就甕之四面, 塡實糠粃、麥芒之屬, 依常法沈醬甕內.

卽以火燒糠, 火已徧著旋, 以水時時澆之, 則火不便滅, 自從糠內連燒不已, 十

25 《增補山林經濟》卷9〈治膳〉上 "醬諸品"《農書》4, 83쪽).

타면서 그치지 않는다. 10일이면 장이 완성될 것이
다.《증보산림경제》[26]

또 다른 법 : 대두 10승을 푹 찐다. 밀 5승을 체
로 쳐서 모래와 돌을 제거한다. 이를 누렇게 볶고 찧
어 잘게 부순다. 둘을 잘 섞은 뒤 색깔이 누렇게 될
때까지 온돌에 펼쳐서 말린다. 이를 볕에 2~3번 바
짝 말린다. 소금 6승을 끓는 물에 타서 장을 담근
다. 양지바른 곳에 두고 자주 휘저어주면 7일 만에
장이 된다.《증보산림경제》[27]

또 다른 법 : 대두 10승을 푹 삶고, 누룩 3승과
소금 0.4승을 흐물흐물하게 찧는다. 이를 섞어서 항
아리에 넣고 밀봉하여 땡볕을 쬐어 말린다.《증보산
림경제》[28]

고추장[蠻椒醬] 빨리 만들기(급조만초장방) : 대두 10
승을 누렇게 볶은 다음 비벼 껍질을 벗긴다. 이를
물에 삶아 푹 익힌 다음 건져내어 즙은 제거하고 쓰
지 않는다. 명석[藁席] 안에 단단히 싸서 온돌에 3일
간 두었다가 실처럼 끈적한 곰팡이가 피면 꺼낸다.
이를 볶은 콩가루 30승과 함께 절구 속에 넣고 흐물
흐물하도록 찧어 꺼낸다. 콩가루 10승마다 고춧가루

日, 醬已成矣.《增補山林
經濟》

又法 : 大豆一斗爛烝, 小麥
五升篩去沙石, 炒黃擣碎.
交合, 溫堗鋪乾, 色黃爲
度, 曝曬再三, 令極燥. 以
鹽六升, 湯水和合, 沈之.
置向陽處, 頻頻攪之, 七日
成醬. 同上

又法 : 大豆一斗爛烹, 麴子
三升、鹽四合, 擣爛, 入缸
密封, 烈日曬之. 同上

急造蠻椒醬方 : 大豆一斗炒
黃, 挼去皮, 水煎令爛熟,
漉出, 去汁不用. 密包於藁
席中, 置溫堗三日, 待生絲,
取出. 與炒豆末三斗[7], 同
入臼中, 爛擣取出. 每一
斗, 以蠻椒末三合爲率, 用

---

26 《增補山林經濟》卷9〈治膳〉上 "醬諸品"(《農書》4, 81~82쪽).
27 《增補山林經濟》卷9〈治膳〉上 "醬諸品"(《農書》4, 82쪽).
28 《增補山林經濟》, 위와 같은 곳.
[7] 斗 :《增補山林經濟·治膳·醬諸品》에는 "升".

0.3승을 그 비율로 한다. 여기에 소금물로 간을 맞추고 고루 섞어 된 떡처럼 만든다. 이를 항아리에 넣어 볕에 말리면 7일 만에 먹을 수 있다. 보름이 지나면 더욱 좋다.《증보산림경제》[29]

鹽水適鹹淡, 打均作稠餠. 納缸曬, 七日可食, 過一望尤佳. 同上

7) 빨리 완성되는 장(준순장) 담그기(준순장방)

간장[淸醬] 빨리 만드는 법(급조청장법) : 소금 0.7승을 볶아 바싹 말리고 밀가루 0.8승에 또 소금을 섞어 색깔이 누렇게 될 때까지 볶는다. 따로 진간장[眞甘醬] 0.3승을 앞의 2가지 재료와 함께 물 6사발에 타서 4사발이 될 때까지 달이면 맛있는 장이 된다.《증보산림경제》[30]

逡巡醬方

急造淸醬法 : 鹽七合炒極燥, 糆麪八合, 又和鹽炒之, 俟色黃. 另以眞甘醬三合, 竝前二種, 和水六鉢, 煎至四鉢, 卽成美醬.《增補山林經濟》

또 다른 방법 : 해 지난 굴젓갈의 짭짤한 즙을 1승이 0.5승이 될 때까지 달이면 맛있는 간장이 되어 진짜 간장과 구별할 수 없다.《증보산림경제》[31]

又方 : 取經年鹹石花醢汁, 煎一升至半升, 卽成好淸醬, 與眞莫辨. 同上

8) 담수장(淡水醬)[32] 담그기(담수장방)

가을과 겨울 사이에 메주를 만들 때 삶은 콩을 손으로 빚어 둥근 덩어리를 만든다. 이를 짚으로 싸서 온돌에 두고 곰팡이가 피게 한다. 초봄에 덩어리를 깨뜨려 살펴보아 아직 습기를 머금은 조각은 깨뜨려 볕에 말린다. 3~4승마다 따뜻한 물에 소금을

淡水醬方

秋冬間造末醬, 手捏作團子, 藁草包裹, 置房堗內上衣. 春初, 破塊見之, 帶濕氣片, 破曬乾. 每三四升, 用溫水和鹽, 沈小缸, 置

---

29 《增補山林經濟》卷9〈治膳〉上 "醬諸品"(《農書》4, 83~84쪽).
30 《增補山林經濟》卷9〈治膳〉上 "醬諸品"(《農書》4, 82쪽).
31 《增補山林經濟》, 위와 같은 곳.
32 담수장(淡水醬) : 메주를 연한 소금물에 담가 달이지 않고 담그는 장.

타서 작은 항아리에 담근다. 이를 따뜻한 방안에 두거나 땡볕에 말리면 6~7일 만에 숙성된다. 햇채소와 함께 먹으면 맛이 좋다【혹은 먼저 메주를 따뜻한 물에 3~4일 담가두었다가 먹을 때 싱겁게 소금을 넣기도 한다】.《증보산림경제》[33]

溫房內, 或烈日中曬之, 則六七日熟. 同時新菜蔌食之, 味佳【或先以溫水沈末醬三四日, 臨食, 下[8]淡鹽】.《增補山林經濟》

9) 고구마장(감저장) 담그기(감저장방)

고구마 30승을 푹 찌고 찐 황두(메주콩) 10승과 함께 합하여 찧고 둥근 덩어리를 만든 뒤, 그늘에서 말린다. 지금의 장국(醬麴, 메주) 만드는 법에 따라 장을 만들면 맛이 매우 달고 향기롭다. 다만 고구마와 황두를 한 시루에 같이 넣어 찌면 단단한 정도가 달라서 익는 속도가 제각각이므로 각각 다른 시루에 푹 찌고 익은 뒤에 합해서 찧어야 한다. 김장순(金長淳)[34]《감저신보(甘藷新譜)[35]》[36]

甘藷醬方

藷根三斗烝熟, 同烝黃豆一斗, 合擣作團, 陰乾. 如今造醬麴法, 作醬則味甚甘香. 但藷與黃豆, 同入一甑烝之, 則堅脆不同, 生熟異候, 宜各甑烝熟, 熟後合擣. 金氏《甘藷譜》[9]

10) 맛이 간 장 고치기(의장실미방)

맛이 간 장을 되돌리기 위해서는 우박 1~2승을 독에 부어넣으면 곧 본래의 장맛과 같아진다.《동의

醫醬失味方

救醬失味, 取雹一二升納甕中, 卽如本味.《東醫寶

---

33 《增補山林經濟》卷9〈治膳〉上 "醬諸品"(《農書》4, 92쪽).

34 김장순(金長淳) : ?~?. 조선 후기의 농학자. 그가 동료 선종한(宣宗漢, 1762~1843)과 함께 지은 《감저신보》에는 전라도에서 9년간 고구마를 시험 재배하여 1813년에 기호지방에 보급하면서 터득한 고구마의 재배법에 대한 설명과 함께 식품으로 활용하는 방법에 대해 소개하고 있다.

35 감저신보(甘藷新譜) : 김장순이 선종한과 함께 1813년에 편찬한, 고구마의 재배 및 이용방법에 관한 전문 농서. 주로 《김씨감저보(金氏甘藷譜)》로 소개되었으며, 내용은 크게 종시법(種蒔法)과 식품법(食品法)으로 구분하여 재배와 활용에 집중하였다. 중국 농서를 정리한 국내 최초의 고구마 농서인 강필리(姜必履, 1713~1767)의 《감저보(甘藷譜)》에 대한 변증도 수록하였다.

36 출전 확인 안 됨.

[8] 下 : 저본에는 없음. 오사카본·규장각본·《增補山林經濟·治膳·醬諸品》에 근거하여 보충.

[9] 甘藷……藷譜 : 오사카본에는 없음.

보감(東醫寶鑑)37》38   鑑》

맛이 매운 장은 떠서 널빤지 위에 두께가 몇 촌이   辛醬出布板上, 厚數寸, 用
되게 펼쳐놓는다. 그 위에 밀가루를 체로 쳐서 뿌리   小麥麪篩其上, 還入甕則
고 다시 독에 넣으면 장맛이 달아진다. 《동의보감》39   甘. 同上

밤에 독뚜껑을 열어 서리나 눈을 맞히면 장맛이   夜去甕蓋, 受霜雪則好.
좋아진다. 《산림경제보》40   《山林經濟補》

물로 독 밖을 자주 씻으면 장맛이 달아진다. 《산   以水數洗甕外則甘. 同上
림경제보》41

다시마 1가닥으로 엿 1조각을 싸서 독 안에 찔러   用海帶一立, 裹飴餹一片,
두면 장맛이 좋아진다. 《산림경제보》42   插甕中則好. 同上

맛이 매운 장맛을 고치는 또 다른 법 : 독 가득히   又醫辛醬法 : 滿甕注水,
물을 부었다가 3일이 되면 떠낸다. 이렇게 3번 하면   三日酌去之, 如是三度, 則
매운 맛이 완전히 가신다. 그런 뒤에 끓인 물에 소   辛味盡去. 然後滾湯和鹽,
금을 타서 식게 두었다가 부어준다. 《산림경제보》43   放冷注之. 同上

---

37 동의보감(東醫寶鑑) : 허준(許浚, 1539~1615)이 중국과 조선의 의서를 집대성하고 요약하여 1610년에 지
    은 종합의서. 목차 2권, 내용 23권으로 이루어져 있다. 《동의보감》에서 치료보다는 예방과 양생을 강조
    한 허준의 철학은 《임원경제지 보양지》로 독립되었고, 색인의 기능을 담당했던 목차는 《인제지》의 〈탕액
    운휘〉로 정리되었다. 뿐만 아니라 음식과 술 등의 분야에서도 많은 내용을 정리하여 《정조지》에도 영향을
    끼쳤다.
38 《東醫寶鑑》〈湯液篇〉卷1 "水部" '霜'(《原本 東醫寶鑑》, 679쪽).
39 출전 확인 안 됨.
40 출전 확인 안 됨 ; 《山林經濟》卷2〈治膳〉"造醬"(《農書》2, 317쪽).
41 출전 확인 안 됨.
42 출전 확인 안 됨.
43 출전 확인 안 됨.

11) 중국장 담그기(중국장방)

장을 담그기에는 12월과 1월이 가장 좋은 때이고, 2월은 그 다음이고, 3월은 가장 좋지 않은 때이다. 물이 새지 않는 독을【주 독에 물이 새면 망가진 것이다. 식초를 담았던 독도 쓰기에 적당하지 않다】양지바르고 높은 곳의 돌 위에 둔다【주 여름에 비가 올 때는 물이 독바닥에 잠기지 않도록 한다. 쇳돌[銈鏻](다른 판본에는 쇳돌이 생축(生縮, 쇠붙이의 녹)으로 되어 있다)이나 쇠못 하나를 놓는데, 세살(歲殺)⁴⁴ 방위를 등지고 독 밑의 돌 아래에 놓는다. 이렇게 하면 나중에 비록 임신부가 먹어도 장이 상하지 않는다】.

봄에 심은 오두(烏豆, 검정콩)를【주 봄콩은 알이 작고 고르며 가을의 늦콩은 알이 크고 크기가 들쭉날쭉이다】큰 시루에 물을 넣지 않고 찐다. 한나절 정도 뜸들이고 다시 거두어, 시루에서 꺼냈다가 다시 쟁여넣는다. 이때 위에 있던 콩을 아래에 둔다【주 이렇게 하지 않으면 대부분 고르게 익지 않는다】.

콩에 두루 고르게 뜸이 들면 재로 불을 덮어두어 밤새 불이 꺼지지 않게 한다【주 마른 소똥을 둥글게 포개고 가운데를 비워두면 태워도 연기가 나지 않으면서 화력은 좋은 숯과 비슷하다. 소똥을 많이 모을

中國醬方

十二月、正月爲上時, 二月爲中時, 三月爲下時. 用不津甕【注 甕津則壞. 植酢者亦不中用之】, 置日中高處石上.【注 夏雨, 無令水浸甕底. 以一銈鏻(一本作生縮)、銈釘子, 背[10]歲殺釘著甕底石下. 後雖有妊娠婦人食之, 醬不壞爛也】.

用春種烏豆【注 春豆粒小而均, 晚豆粒大而雜】, 於大甑中燥烝之. 氣餾半日許, 復貯, 出更裝之, 廻在上居下【注 不爾則生熟不多調均也】.

氣餾周徧, 以灰覆之, 經宿無令火絶【注 取乾牛屎, 圓累, 令中央空, 然之不煙, 勢類好炭者. 能多收,

---

44 세살(歲殺) : 삼살방(三殺方)의 하나로 해당하는 해의 간지에 따라 특정 방향에 독한 음기(陰氣)의 살(殺)이 끼는 것을 말한다. 곧 인(寅)·오(午)·술(戌)의 해는 축방(丑方)에, 사(巳)·유(酉)·축(丑)의 해는 진방(辰方)에, 신(申)·자(子)·진(辰)의 해는 미방(未方)에, 해(亥)·묘(卯)·미(未)의 해는 술방(戌方)에 살이 낀다고 한다.

[10] 背 : 저본에는 "皆".《齊民要術·作醬等法》에 근거하여 수정.

수 있으면, 음식 만드는 데 늘 쓸 수 있다. 재도 없고 또 불도 꺼지지 않으니 풀보다는 훨씬 좋다】.

깨물어봐서 두황(豆黃)[45]의 색이 검게 변하고 푹 익은 뒤라야 시루에서 꺼내고 볕에 쬐어 말린다【주 말릴 때 밤에는 콩을 걷어 모으고 그 위를 덮어두어 콩이 젖지 않게 한다】.

콩껍질을 벗기고자 하면 다시 시루에 쟁여넣고 찐다. 뜸이 들면 시루에서 내려 하루 동안 볕에 쬔다. 다음날 아침에 일어나 깨끗이 키로 까불러서 좋은 것만 가려낸다. 이런 콩은 절구에 가득 담고 찧어도 부스러지지 않는다【주 만약 여러 번 뜸들이지 않으면 부스러져 깨끗하게 만들기 힘들다】. 키로 부스러진 콩을 까불러서 버린다. 큰 동이에 물을 끓이고 여기에 두황(豆黃)을 담근다.

오래 두었다가 인 다음 비벼서 검은 껍질을 벗긴다【주 끓인 물이 적으면 물을 더 붓되, 끓인 물을 함부로 다른 끓인 물로 갈지 않는다. 물을 갈면 콩맛이 빠져서 장맛이 좋지 않게 된다】. 이어서 콩을 걸러서 찐다【주 콩 씻은 끓인 물에 부스러진 콩을 삶아 장을 만들면 금방 먹을 수 있다. 대장(大醬)[46]에는 즙을 쓰지 않는다】. 밥 1번 지을 시간 동안 찐 다

常用作食, 既無灰塵, 又不失火, 勝於草遠矣】.

齧看, 豆黃色黑極熟, 乃下, 日曝取乾【注夜則聚覆, 無令潤濕】.

臨欲[11]舂去皮, 更裝入甑中烝, 令氣餾則下, 一日曝之. 明朝起, 淨簸擇, 滿臼舂之而不碎【注若不重餾, 碎而難淨】. 簸揀去碎者, 作熱湯於大盆中浸豆黃.

良久, 淘汰, 挼去黑皮【注湯少則添, 慎勿易湯. 易湯則走失豆味, 令醬不美】, 漉而烝之【注淘豆湯汁, 即煮細豆作醬, 以供旋食. 大醬則不用汁】. 一炊頃, 下置浮[12]席上, 攤

---

45 두황(豆黃) : 콩의 알맹이. 오두(烏豆)는 껍질이 검은색이나 알맹이는 황색이다.《임원경제지 정조지》권 6〈조미료(미료지류)〉 "두시(豆豉)" '두황(豆黃) 만들기(두황방)' 참조.《제민요술》에서는 찐 콩을 가리키며 《왕정농서(王禎農書)》에서는 찐 대두를 '두황'이라 일컫는다.《농상의식촬요(農桑衣食撮要)》·《본초강목(本草綱目)》등에서는 황색의 곰팡이균이 자라서 덮인 대두황자(大豆黃子)를 '두황'이라 한다. 최덕경 역주,《제민요술역주(齊民要術譯註)》4, 세창출판사, 2018, 39쪽 참조.

46 대장(大醬) : 콩으로 만든 장의 일종.

[11] 欲 : 저본에는 "炊".《齊民要術·作醬等法》에 근거하여 수정.

[12] 浮 :《齊民要術·作醬等法》에는 "淨".

음 깨끗한 자리 위에 부어놓고 잘 펼쳐서 차갑게 식
힌다.

미리 흰소금·황증(黃烝)[47]·초굴(草蒿)[48]·맥국(麥
麴)[49]을 볕에 쬐어 바싹 말려놓는다【주 누런 소금
은 장맛을 쓰게 하고 소금에 습기가 있으면 장을 상
하게 한다. 황증은 장을 붉게 하고 맛있게 한다. 초
굴은 장을 향기롭게 한다. 초굴은 문질러 까불러서
풀과 흙을 제거한다. 누룩과 황증은 각각 따로 곱게
찧어 가루 낸 뒤, 체로 친다. 말꼬리(말총)로 짠 체가
더욱 좋다】.

대체적인 비율은 두황(豆黃) 30승, 누룩가루 10
승, 황증가루 10승, 흰소금 5승, 굴자(蒿子)[50] 세 손
가락으로 쥔 1자밤으로 준비한다【주 소금이 적으
면 장이 시큼해져서, 나중에 비록 소금을 더 넣어도
맛이 좋아지지 않는다. 그 중에 신국을 쓸 경우에는
신국 1승이 분국(笨麴)[51] 3승에 해당하는데, 이는 신
국이 많은 양을 삭이기 때문이다】. 두황은 되(승)를
잴 때 고봉으로 재고 평미레질하지 않으며, 소금과

令極冷.

豫前, 日曝白鹽、黃烝、草
蒿、麥麴, 令極乾燥【注
鹽色黃者發醬苦, 鹽若潤
濕令醬壞. 黃烝令醬赤美.
蒿令醬芬芳, 蒿挼簸去草
土. 麴及黃烝, 各別擣細
末, 篩, 馬尾羅彌好】.

大率豆黃三⑬斗、麴末一
斗、黃烝末一斗、白鹽五升、
蒿子三指一撮【注 鹽少令
醬酢, 後雖加鹽, 無復美
味. 其用神麴者, 一升當
笨麴三⑭升, 殺多故也】.
豆黃堆量不概, 鹽、麴輕量
⑮平概.

---

47 황증(黃烝) : 누룩의 일종. 밀가루나 쌀가루를 물로 반죽하여 찐 다음 이를 말리면 위에 누룩곰팡이가 생
기는 것을 가리킨다.《임원경제지 정조지》권6〈조미료(미료지류)〉"누룩과 엿기름" '황증만들기(황증방)'
참조.

48 초굴(草蒿) : 채소의 이름. 씨는 향료를 만들 수 있고, 속칭 야회향(野茴香)이라고 한다. 마근(馬芹, 커민)
을 가리킨다는 설도 있다.

49 맥국(麥麴) : 보리누룩. 문맥을 살펴보면 볶은 밀로 만든 '분국(笨麴)'을 가리키며, 아래의 '맥말(麥末)'은
'분국의 가루를 가리킨다(최덕경 역주,《제민요술역주(齊民要術譯註)》4, 세창출판사, 2018, 40쪽 참조).
보리누룩은《임원경제지 정조지》권6〈조미료(미료지류)〉"누룩과 엿기름" '보리누룩(황증방)' 참조.

50 굴자(蒿子) : 초굴의 씨.

51 분국(笨麴) : 볶은 밀을 제분하여 만든 거친 누룩(粗麴). 볶은 밀·찐 밀·날 밀을 각각 같은 양씩 혼합하여
만든 신국(神麴)보다 발효력이 1/2~1/4정도로 효율이 훨씬 떨어진다.

⑬ 三 : 저본에는 "一".《齊民要術·作醬等法》에 근거하여 수정.

⑭ 三 :《齊民要術·作醬等法》에는 "四".

⑮ 量 : 저본에는 "重".《齊民要術·作醬等法》에 근거하여 수정.

누룩은 가볍게 평미레질하여 잰다.

3가지 종류의 양을 재고 나서 독 가운데에서 태세(太歲)[52] 방향을 향하여 섞으며【주 태세 방향을 향하여 섞으면 구더기가 생기지 않는다】고르게 휘젓는다. 이를 손으로 세차게 주물러 모두 눅눅해지게 한다. 또 태세 방향을 향하여 이 3가지를 독 안에 담는데, 독에 가득찰 때까지 손으로 주무르면서 단단하게 눌러준다. 3가지를 반 정도 차게 하면 장을 숙성시키기 어렵다. 동이를 덮고 진흙으로 밀봉하여 공기가 새어 나가지 않도록 한다.

장이 숙성되면 독을 개봉한다【주 12월에 담근 장은 35일, 1월과 2월에 담근 장은 28일, 3월에 담근 장은 21일이면 숙성된다】. 열어보면 단단해진 장이 가로세로로 틈이 갈라지고 장의 가장자리가 독에서 떨어져 있어서, 밑바닥까지 곰팡이가 피어있다. 이를 모두 퍼내고 눌러서 덩어리를 깬다. 2개의 독에 담겨있던 장을 3개의 독으로 나누어 담는다.

해가 뜨기 전에 정화수(井花水)를 길어 정화수동이 속에 건조시킨 소금을 탄다. 비율은 1석의 물에 소금 30승을 타고 가라앉혀 맑은 즙을 취한다. 또 작은 동이 안에 황증을 넣고 여기에 맑은[減][53] 소금물을 넣어 담근다. 이를 주물러서 누런 찌꺼기가 나

三種量訖, 於盆中央面向太歲和之【注 向太歲則無蛆蟲也】, 攪令均調, 以手痛挼, 皆令潤徹. 亦面太歲內著甕中, 手挼令堅, 以滿爲限. 半則難熟. 盆蓋密泥, 無令漏氣.

熟便開之【注 臘月五七日, 正月、二月四七日, 三月三七日】, 當縱橫裂, 周廻離[16]甕, 徹[17]底生衣. 悉貯出, 搦破塊. 兩甕分爲三甕.

日未出前, 汲井花水, 於盆中以燥鹽和之, 率一石水, 用鹽三斗, 澄取淸汁. 又取黃烝於小盆內減鹽汁浸之, 挼[18]取黃滓, 漉去滓. 合鹽

---

52 태세(太歲) : 목성의 이칭. 세성(歲星)이라고도 한다. 목성은 해마다 간지(干支)의 방향으로 운행하여 12년을 주기로 천구를 일주한다. 목성이 있는 간지의 방향으로 길사(吉事)를 행하면 복을 받는다고 한다.

53 맑은[減] : '소량'의 의미로 볼 수도 있으나 자연스럽지 않다. '청(淸)'·'함(鹹)' 등의 오기로 보인다. 최덕경 역주,《제민요술역주(齊民要術譯註)》4, 세창출판사, 2018, 43쪽 참조.

⑯ 離 : 저본에는 "匜".《齊民要術·作醬等法》에 근거하여 수정.

⑰ 徹 : 저본에는 없음.《齊民要術·作醬等法》에 근거하여 보충.

⑱ 挼 : 저본에는 "接".《齊民要術·作醬等法》에 근거하여 수정.

오면 찌꺼기를 걸러서 제거한다. 이 즙을 소금물과 합하여 독 안에 쏟아 붓는다【주 비율은 10석의 장에 황증 30승으로 한다. 소금물의 양은 역시 정해진 양이 없지만 장이 묽은 죽처럼 되면 소금물을 그만 붓는다. 콩이 말라있어 물을 머금기 때문이다】.

독아가리를 위로 보게 하고 볕을 쬔다【주 속담에 "볕에 쪼그라든[萎蕤] 아욱, 볕에 말린 장"이라는 말은 볕에 말린 아욱과 장의 맛이 좋음을 말한 것이다】. 10일 동안에는 매일 고무래로 바닥까지 여러 번 휘저어준다. 10일 뒤에는 매일 1번만 휘저어주고 30일이 되면 그만한다.

비가 오면 독을 덮어 빗물이 들어가지 않게 한다【주 빗물이 들어가면 벌레가 생긴다】. 매번 비가 내린 후에는 바로 1번씩 휘저어주어야 한다. 장이 잘 풀어진 뒤 20일이면 먹을 수 있다. 그러나 100일이 되어야 비로소 익을 따름이다. 《제민요술》[54]

【안 서광계(徐光啟)는 "《제민요술》에 수록된 음식 요리법은 고금(古今)의 습속이 오히려 달라 실제로 응용하기에 어려움이 있다."[55]라 했다. 하물며 지금은 서광계보다 100여 년이나 후대이니, 어떻겠는가! 또 하물며 우리나라는 풍습이 오히려 중국과 현격한 차이가 있으니, 어떻겠는가!

汁瀉著甕中【注 牽十石醬, 黃烝三斗. 鹽水多少, 亦無定方, 醬如薄粥便止[19], 豆乾飮[20]水故也】.

仰甕口曝之【注 諺曰"萎蕤葵, 日乾醬", 言其美矣】. 十日內, 每日數度以杷徹底攪之. 十日後, 每日輒一攪, 三十日止.

雨卽蓋甕, 無令水入【注 水入生蟲】. 每經雨後, 輒須一攪. 解後二十日, 堪食, 然要百[21]日始熟耳. 《齊民要術》

【案 徐玄扈云:"《齊民要術》所著食物烹治[22], 古今習尙不同, 有難施用." 況今後玄扈百餘年乎! 又況我東習尙與中州懸殊也乎!

54 《齊民要術》卷8〈作醬等法〉(《齊民要術校釋》, 535~537쪽).
55 《제민요술》에……있다 : 《農政全書》卷28〈樹藝〉"蔬部"(《農政全書校注》, 719쪽).
[19] 止 : 저본에는 "是". 《齊民要術·作醬等法》에 근거하여 수정.
[20] 飮 : 저본에는 없음. 《齊民要術·作醬等法》에 근거하여 보충.
[21] 百 : 저본에는 없음. 《齊民要術·作醬等法》에 근거하여 보충.
[22] 治 : 저본에는 "始". 오사카본·규장각본에 근거하여 수정.

다만 이 방법들을 수록하는 까닭은 진실로 독을 고를 때 물이 새지 않는 것으로 하고, 독을 돌 위에 놓고, 태세 방향을 마주보면서 재료를 섞고, 독아가리를 위로 하여 볕에 말리며, 비가 오면 독을 덮어 빗물이 들어가지 않게 하는 일 및 100일이 되어야 비로소 익는 등의 법은, 모두 장을 만드는 핵심이어서 동서고금이 다르지 않기 때문이다】

特載此方者, 誠以擇甕不津, 置甕石上, 面太歲和料, 仰甕口曝之, 雨卽蓋甕無令水入及百日始熟等法, 皆爲造醬三昧, 不以古今東西異也】

12) 숙황장(熟黃醬) 담그기(숙황장방)

熟黃醬方

황두(黃豆)든 흑두(黑豆)든 관계없이 또 양에 관계없이 좋은 것으로 골라내고 깨끗하게 씻어 푹 볶는다. 이를 꺼내고 갈아서 고운 가루로 만든다. 고운 콩가루 10승마다 밀가루 10~20승【안《본초강목》에는 "콩가루 10승에 밀가루 30승을 넣는다."56라 했다】을 끓는 물에 넣어 고루 섞은 다음 편으로 썰고 푹 찐다.

不拘黃、黑豆, 亦不拘多少, 揀淨炒熟, 取出磨成細末. 每豆細末一斗, 麪一二斗【案《本草綱目》云 : "豆粉一斗, 入麪三斗"】, 入湯和均, 切片子, 烝熟.

이를 갈대자리 위에 펴고 보릿짚과 도꼬마리(창이)잎으로 덮어두었다가 누룩곰팡이가 피면 땡볕에 쬐어 바짝 말린다. 황자(黃子, 메주) 1근에 소금 4냥(1/4근)을 넣는다【안《본초강목》에 "10근마다 소금 5근을 넣는다."57라 했다】. 장독에 정화수를 메주보다 한 주먹 가량 높게 붓고 땡볕에 쬐인다.《거가필용》58

攤在蘆席上, 用麥稭、蒼耳葉盦, 待有黃衣, 烈日曬, 令極乾. 一斤23黃子, 入鹽四兩【案《本草綱目》云 : "每十斤, 入鹽五斤"】. 井花水投下, 去黃子一拳高, 烈日曬之.《居家必用》

---

56 콩가루……넣는다 :《本草綱目》卷25〈穀部〉"醬", 1552쪽.

57 10근마다……넣는다 :《本草綱目》, 위와 같은 곳.

58 《居家必用》〈己集〉"諸醬類" '熟黃醬'(《居家必用事類全集》, 246쪽).

23 斤 : 저본에는 "片".《居家必用·己集·諸醬類》에 근거하여 수정.

13) 생황장(生黃醬) 담그기(생황장방)

삼복 중에 황두든 흑두든 관계없이 좋은 것으로 골라내고 깨끗하게 씻어 물에 담가 하룻밤 묵힌 다음 건져낸다. 이를 솥에 넣고 삶아 푹 익힌 다음 꺼내고 펼쳐서 완전히 식힌다. 여기에 메밀가루[白麴]를 많이 넣고 고루 섞는다. 이어서 멍석 위에 펴고 보릿짚과 도꼬마리잎으로 덮어둔다. 1일이면 열이 나고, 2일이면 누룩곰팡이가 핀다. 3일 뒤에는 뒤집었다가 땡볕에 쪼여 말리는데, 많이 쪼일수록 더 좋다.

황자(黃子) 1근의 무게에 소금 4냥(1/4근)을 비율로 한다. 정화수를 길어다가 물을 붓는데, 메주보다 한 주먹 가량 높게 부은 뒤 볕을 쪼인다. 끓이지 않은 물이 장에 들어가지 않게 한다. 메밀가루가 많으면 메주가 좋고, 볕을 많이 쪼이면 장맛이 좋다. 《거가필용》[59]

14) 팥장(소두장) 담그기(소두장방)

팥을 양에 관계없이 좋은 것으로 골라내고 깨끗하게 씻어 간다. 키로 까불러서 껍질을 제거한 뒤 다시 곱게 간다. 물에 한나절 정도 담갔다가 널어 말린 다음 비벼서 껍질을 제거한다. 다음날 아침 일찍 물을 붓고 깨끗이 일어 건져 말린다. 이를 밀가루와 섞은 다음 주물러 둥근 덩어리를 만든 뒤 덮개로 덮어놓는다.

1개월 정도 지나서 막 곰팡이가 피어나면 꺼내어 성긴 광주리에 담고 바람이 잘 통하는 곳에 매달아

生黃醬方

三伏中, 不拘黃、黑豆, 揀淨水浸一宿, 漉出. 入鍋煮令爛熟, 取出攤令極冷. 多用白麪拌均, 攤在蘆席上, 用麥稭、蒼耳葉蓋, 一日發熱, 二日作黃衣, 三日後翻轉, 烈日曬乾, 愈曬愈好.

秤黃子一斤, 用鹽四兩爲率, 汲井花水下, 水高黃子一拳, 曬之, 不犯生水. 麪多, 好醬黃 ; 曬多, 好醬味. 《居家必用》

小豆醬方

不拘多少, 揀淨磨碎, 簸去皮, 再磨細. 浸半日, 控乾, 擦去皮. 至來早, 水淘淨, 控乾. 和麪捻作團子, 蓋盖,

候一月方發過, 用大眼籃, 懸掛透風處. 至來年二月

---

59 《居家必用》〈己集〉"諸醬類" '生黃醬'(《居家必用事類全集》, 246쪽).

사진8 팥장메주

사진9 팥장항아리

둔다. 다음해 2월 중순이 되면 이 메주를 베로 비벼서 흰 골마지를 제거하고 잘게 찧어서 다시 간다. 고운 누룩 20근마다 소금 6근 4냥을【안《본초강목》에는 "10근마다 소금 5승을 넣는다."[60]라 했다】납설수에 풀어 화일(火日)[61] 새벽에 담가둔다. 2개월이면 먹을 수 있다.《거가필용》[62]

15) 완두장(豌豆醬) 담그기(완두장방)

완두를 양에 관계없이 물에 담갔다가 부드럽게 찐 다음 볕에 말려 껍질을 벗긴다. 10승마다 밀가루 10승을 넣고 같이 갈아서 가루로 만든다. 여기에 물을 타서 단단한 반죽으로 만든 다음 이를 편으로 썬다.

이 조각을 푹 찐 다음 덮개를 덮어둔다. 누룩곰팡이가 피면 볕에 말려 밀가루장(麵醬, 면장) 만드는 법에 따라【안 밀가루장 만드는 법은 아래에 보인다】소

中旬, 用布擦去白醭, 擣碎再磨. 每細麴二十斤, 用鹽六斤四兩【案《本草綱目》云 : "每十斤, 入鹽五升."】, 以臘水化開, 遇火日侵晨下, 兩月可食.《居家必用》

豌豆醬方

不拘多少, 水浸烝軟, 曬乾去皮. 每一斗, 入小麥一斗, 同磨作麵, 水和硬劑, 切作片.

烝熟, 覆蓋盫, 黃衣上曬乾, 依造麵醬法【案 麵醬法見下】, 用鹽水下【案《本草

---

60 10근마다……넣는다 :《本草綱目》, 卷25〈穀部〉"醬", 1552쪽.
61 화일(火日) : 집을 지어 상량하거나 지붕을 이을 날을 가릴 때 꺼리는 날. 이 날에 그런 일을 하면 화재가 난다고 한다. 정월에는 자일(子日), 2월에는 묘일(卯日), 3월에는 오일(午日), 4월에는 유일(酉日)이며, 5월부터는 다시 자일부터 이 차례로 내려간다.
62《居家必用》〈己集〉"諸醬類"'小豆醬'(《居家必用事類全集》, 246쪽).

금물을 붓는다【안《본초강목》에 "10근마다 소금 5
근, 물 20근을 넣는다."⁶³라 했다】.《거가필용》⁶⁴

16) 두유(豆油) 만들기(두유방)

대두 30승을 흐물흐물해지도록 물로 푹 삶아 밀
가루 24근과 섞어 덮어두면 누렇게 곰팡이가 핀다.
밀가루 10근마다 소금 8근, 우물물 40근을 넣고 휘
저어 볕에 말렸다가 두유(豆油)가 완성되면 거두어들
인다.《본초강목》⁶⁵

17) 밀가루장(소맥면장) 담그기(소맥면장방)

생밀가루를 물에 갠 뒤 베로 싸고 밟아 떡처럼 만
든다. 이를 덮어두었다가 누렇게 곰팡이가 피면 볕에
푸석푸석하게 말린다. 10근마다 소금 5근, 물 20근
을 넣고 볕에 말렸다가 거두어들인다.《본초강목》⁶⁶

흰밀가루를 양에 관계없이 찬물에 개어 단단한
반죽을 만든 다음 손가락 하나 두께의 편으로 썬
다. 이를 대바구니 안에 놓고 푹 찐 다음 6시간 정
도 반죽편을 펼쳐둔다. 반죽편의 껍질이 마르면 닥
나무잎과 도꼬마리잎, 보릿짚으로 덮어둔다. 누룩
곰팡이가 반죽편 위에 골고루 피면 덮개를 제거하고

綱目》云："每十斤, 入鹽五
斤, 水二十斤."】.《居家必用》

豆油方

用大豆三斗, 水煮糜, 以麪
二十四斤24, 拌罨成黃. 每
十斤, 入鹽八斤, 井水四十
斤, 攪曬成油, 收取之.
《本草綱目》

小麥麪醬方

用生麪水和, 布包踏餠,
罨黃, 曬鬆. 每十斤, 入鹽
五斤, 水二十斤, 曬成收之.
《本草綱目》

白麪不拘多少, 冷水和, 作
硬劑, 切作一指厚片子. 籠
內烝熟, 攤眼三時許, 待片
子皮乾, 以楮葉、蒼耳、麥
稭罿蓋, 至黃衣上均爲度,
去蓋物翻轉.

---

63 10근마다……넣는다：《本草綱目》卷25〈穀部〉"醬", 1552쪽.
64 《居家必用》"諸醬類" '菀豆醬'(《居家必用事類全集》, 246쪽).
65 《本草綱目》卷25〈穀部〉"醬", 1552쪽.
66 《本草綱目》卷25〈穀部〉"醬", 1552쪽.
24 斤：저본에는 "升".《本草綱目·穀部·醬》에 근거하여 수정.

뒤집어준다.

다음날이 되면 볕에 말려 누룩곰팡이를 쓸어내고 찧어 부순다. 1근마다 소금 4냥의 비율로 물을 팔팔 끓이고 소금물을 만들어 넣는다. 《거가필용》[67]

【안 《본초강목》에서 말한 내용은 곧 생밀가루로 장을 만드는 법이다. 《거가필용》에서 말한 내용은 곧 익힌 밀가루로 장을 만드는 법으로, 일명 '첨면장 (甜麵醬)'이다】

至次日, 曬乾, 刷去黃衣, 擣碎. 每斤, 鹽四兩, 煎湯 泡鹽作水下之. 《居家必用》

【案 《本草綱目》所言, 卽 生麵醬法. 《居家必用》所 言, 卽熟麵醬法, 一名"甜 麵醬"】

18) 보리장(대맥장) 담그기(대맥장방)

흑두(黑豆) 50승을 좋은 것으로 골라내고 깨끗하게 씻는다. 이를 푹 볶아 물에 한나절 담가둔다. 다시 솥에 넣은 뒤 콩을 담가두었던 물에 푹 삶는다. 이를 꺼내어 식으면 보릿가루 100근을 고루 섞은 다음 체로 쳐서 가루를 내린다. 보릿가루와 섞은 흑두를 콩 삶은 물과 섞어 반죽을 만든 뒤 큰 편으로 썬다.

이를 시루에 얹어 푹 찐 다음 꺼내어 펼치고 식힌다. 닥나무잎으로 덮었다가 위에 누룩곰팡이가 피면 물기를 말려 다시 볕에 쪼인다. 이를 잘게 찧어 정일(丁日)[68]이나 화일(火日)을 골라 독에 넣는다. 황자 (黃子) 10승마다 소금 2근, 정화수 8근을 섞어 항아리에 넣은 뒤 볕에 쪼인다. 《거가필용》[69]

大麥醬方

黑豆揀淨五斗, 炒熟, 水浸 半日. 再入鍋, 用浸豆水煮 令爛. 傾出伺冷, 以大麥麵 百斤拌令均, 以篩篩下麵. 用煮豆汁和, 搜作劑, 切作 大片.

上甑烝熟, 傾出攤冷, 以楮 葉罨蓋, 候黃衣上, 汗乾 再曬, 擣碎, 揀丁日或火日 下之. 每黃子一斗, 用鹽二 斤, 井花水八斤[25], 和鹽入 缸, 曬之. 《居家必用》

---

67 《居家必用》〈己集〉 "諸醬類" '造麵醬'(《居家必用事類全集》, 246쪽).
68 정일(丁日) : 간지에 정(丁)이 들어있는 날.
69 《居家必用》〈己集〉 "諸醬類" '大麥醬'(《居家必用事類全集》, 247쪽).
25 斤 : 《居家必用·己集·諸醬類》에는 "升".

19) 밀기울장(부장) 담그기(부장방)

밀기울을 푹 쪄서 덮어두었다가 누룩곰팡이가 피면 볕에 말린 다음 갈아 부순다. 10근마다 소금 3근, 끓인 물 20근을 넣고 볕에 말렸다가 거두어들인다.《본초강목》[70]

麩醬方

用小麥麩烝熟, 罨黃, 曬乾磨碎. 每十斤, 入鹽三斤, 熟湯二十斤, 曬成收之.《本草綱目》

20) 참깨장(지마장) 담그기(지마장방)

익힌 참깨 10승을 흐물흐물하게 찧어 6월 6일에 물에 달여 끓인 다음 볕에 쬐며 식힌다. 술단지에 고루 담아 물이 손가락 하나 두께만큼 더 올라오게 담근 뒤 주둥이를 막고 볕에 쬔다. 5~7일 뒤에 술단지를 열고 참깨의 검은 껍질을 제거한 뒤에 좋은 술의 누당(醲糖)[71]【안 누(醲)는 배(醅)나 초(醋)의 오기일 것이다】 3사발, 좋은 장유(醬油, 간장) 3사발, 좋은 술 2사발, 홍국(紅麴)[72]가루 1승, 볶은 녹두 1승, 볶은 쌀 1승, 소회향가루 1냥을 고루 섞는다. 14일 뒤에 먹으면 매우 맛이 좋다.《증보도주공서(增補陶朱公書)》[73][74]

芝麻醬方

熟芝麻一斗擣爛, 用六月六日水煎滾, 睸[26]冷. 用罈調均, 水淹一手指, 封口曬. 五七日後, 開罈, 將黑皮去後, 加好酒醲糖【案 醲疑醅或醋之誤】三碗、好醬油三碗、好酒二碗、紅麴末一升、炒綠豆一升、炒米一升、小茴香末一兩, 和均, 過二七日[27]後食之甚佳.《增補陶朱公書》

---

70 《本草綱目》卷25〈穀部〉"醬", 1552쪽.

71 누당(醲糖) : 좋은 술을 빚고 남은 술지게미.

72 홍국(紅麴) :《임원경제지 정조지》권6〈조미료(미료지류)〉"누룩과 엿기름"'홍국(紅麴) 만들기(홍국방)' 참조.

73 증보도주공서(增補陶朱公書) : 저자 미상. 도주공(陶朱公)은 중국 춘추 시대 월(越)나라 왕 구천(句踐)의 신하인 범려(范蠡)이다. 범려는 재물을 늘리는 데[貨殖] 뛰어났기에 상왕(商王)으로 불렸으며 그런 그의 이름에 가탁하여 쓴 책으로 추정된다.

74 출전 확인 안 됨 ;《遵生八牋》卷12〈飮饌服食牋〉"家蔬類"《遵生八牋校注》, 436쪽).

26 睸 : 저본에는 "眼". 오사카본·규장각본에 근거하여 수정.

27 日 : 저본에는 없음. 규장각본·《遵生八牋·飮饌服食牋·家蔬類》에 근거하여 수정.

21) 깻묵장(마재장) 담그기(마재장방)

깻묵[麻枯餅, 마고병]을 찧어서 찐 다음 보리와 고루 섞는다. 일반적인 방법대로 덮개로 덮어 누룩곰팡이가 피면 소금물에 담갔다가 볕에 말려 완성한다. 깻묵장은 색과 맛이 달고 뛰어나다. 《본초강목》[75]

麻滓醬方

用麻枯餅擣烝, 以麥和均, 罨黃如常法, 用鹽水, 曬成. 色味甘美.《本草綱目》

22) 느릅나무열매장(유인장) 담그기(유인장방)

느릅나무열매를 깨끗이 일어 24시간 동안 물에 담갔다가 비벼서 뜨는 껍질을 제거한다. 이를 다시 베주머니에 담고 넉넉한 물속에서 주물러 점액을 씻어낸 다음 널어 말린다. 여뀟즙을 넣고 촉촉하게 고루 섞어 볕에 말린다. 이 과정을 7차례 반복한다.

발효된 밀가루누룩[麪麴][76]과 함께 섞은 뒤 밀가루장[麪醬] 만드는 법에 따라 소금을 넣는다. 느릅나무열매 1승마다 발효된 밀가루누룩 4근, 소금 1근을 넣고【안 《본초강목》에 "물은 5근을 쓴다."[77]라 했다】일반적인 방법대로 장을 만든다.《거가필용》[78]

楡仁醬方

楡仁淘淨, 浸一伏時, 搓洗去浮皮. 再以布袋盛, 於寬水中揉洗去涎, 控乾. 以蓼汁拌濕同曬乾, 如此七次.

同發過麪麴, 依造麪醬法, 用鹽下之. 每用楡仁一升, 發過麪麴四斤、鹽一斤【案《本草綱目》云:"用水五斤"】如法製之.《居家必用》

최식(崔寔)[79]의 《사민월령(四民月令)》[80]에서 말하는

崔寔《月令》所謂"醬酺", 卽

75 《本草綱目》, 卷25〈穀部〉"醬", 1552쪽.

76 밀가루누룩[麪麴] : 밀가루에 녹두·여뀟가루·행인니(杏仁泥, 으깬 살구속씨)를 섞어 만든 누룩.

77 물은……쓴다 :《本草綱目》卷25〈穀部〉"楡仁醬", 1553쪽.

78 《居家必用》〈己集〉"諸醬類"'楡仁醬'(《居家必用事類全集》, 247쪽).

79 최식(崔寔) : ?~170?. 중국 후한(後漢)의 관리. 자는 자진(子眞). 환제(桓帝) 때 의랑(議郞)에 오르고, 변소(邊韶) 등과 동관(東觀)에서 활동했다. 《사민월령(四民月令)》을 지었다.

80 사민월령(四民月令) : 중국 후한(後漢)의 관리 최식(崔寔, ?~170?)이 지은 농서. 낙양 지역을 중심으로 여러 작물의 파종시기와 가축의 사육, 양잠, 방직, 약 제조 등 매월 농가에서 해야 할 일을 정리해놓았다.

'모투(醦酺)'는 이 유인장을 가리킨다. 이 글자의 음은 모투(牟偸)이다.《본초강목》[81]

指此. 音牟偸.《本草綱目》

대소변이 잘 나오게 하고, 가슴과 배에 나쁜 기운이 생긴 증상을 치료하며, 여러 가지 벌레들을 죽이지만, 많이 먹어서는 안 된다.《식료본초(食療本草)[82]》[83]

利大小便, 心腹惡氣, 殺諸蟲, 不宜多食.《食療本草》

23) 무이장(蕪黃醬)[84] 담그기(무이장방)
만드는 법은 유인장과 같다.《본초강목》[85]

蕪黃醬方
造法, 與榆仁醬同.《本草綱目》

삼시충(三尸蟲)[86]을 죽인다. 효능은 유인장보다 강하나 많이 먹으면 머리카락이 빠진다.《식료본초》[87]

殺三蟲, 功力强於榆仁醬, 多食落髮.《食療本草》

24) 장 담글 때 소금 다루는 법(조장치염법)
일반적으로 장을 담글 때는 먼저 소금을 깨끗이 일어 소금물 속의 흙찌꺼기를 제거하면 장맛이 저절로 좋아진다. 먼저 항아리에 물을 담고 다음은 초기(梢箕)[88]에 소금을 담아 물속에서 휘저으면서 거르면

造醬治鹽法
凡造醬, 先以鹽淘淨, 去泥滓, 垃圾, 醬自佳. 先以缸盛水, 次以梢[28]箕盛鹽, 於水中攪漉, 好鹽自隔箕中

---

81 《本草綱目》, 卷25〈穀部〉"醬", 1552쪽.
82 식료본초(食療本草) : 중국 당(唐)나라 맹선(孟詵, 621~713)이 지은 식치서(食治書).
83 《食療本草》卷下〈醬〉, 126쪽.
84 무이장(蕪黃醬) : 느릅나무열매를 발효시켜 만든 무이(蕪黃)를 밀가루와 누룩에 섞어 담근 장.
85 《本草綱目》卷25〈穀部〉"蕪黃醬", 1553쪽.
86 삼시충(三尸蟲) : 사람의 몸에 깃들어 있으면서 질병이나 욕망을 일으킨다고 하는 3가지 벌레. 삼시(三屍) 또는 삼충(三蟲)이라고도 한다. 도교에서는 이 상시(上尸)·중시(中尸)·하시(下尸)가 사람이 먹는 오곡(五穀)의 자양분에 의지하여 기생하면서 심신(心身)에 개입한다고 여겼다.
87 《食療本草》, 卷下〈醬〉, 126쪽.
88 초기(梢箕) : 쌀이나 밥을 담거나 씻은 쌀을 담아서 물기를 빼는 용도로 쓰는 대그릇. 소기(筲箕)와 같다.
28 梢 : 저본에는 "稍".《居家必用·己集·諸醬類》에 근거하여 수정.

좋은 소금은 저절로 초기 아래로 떨어지고 찌꺼기와 돌, 풀 따위는 모두 초기 가운데 남는다.

잠시 후에 항아리 수면에 또 한 층의 검은 진흙가루가 뜨면 뜰채로 떠서 완전히 제거한다. 이렇게 하면 항아리 안에 있는 것은 모두 깨끗한 짠 소금물이다. 흰 눈과 같은 소금이 항아리바닥에 가라앉으면 그 소금은 따로 그릇에 담는다. 그런 뒤에 장을 넣는다.

먼저 물에 타서 서서히 깨끗한 소금을 장에 넣는다. 그러면 장 표면에 소금기가 많이 남아 있는데, 이것이 모두 녹아서 섞이면 시라를 장 표면 위에 뿌린다. 다시 깃털을 좋은 참기름에 담갔다가 장 표면과 항아리 내부에 바른다. 《거가필용》[89]

下, 垃圾、石土、糞草之類皆留箕中.

須臾缸面, 又有一層黑泥末, 以搭羅掠去之盡. 缸中皆淨鹹水, 鹽如雪白, 澄於缸底, 別以器盛, 然後下醬.

先用水逐旋入白鹽, 多留些蓋面上, 和訖, 以蒔蘿撒醬面上, 復以翎蘸好香油, 持抹醬面及缸. 《居家必用》

25) 장 담글 때 벌레 막기(조장금충방)

삼복 기간 중의 황도일(黃道日)[90]에 콩을 물에 담갔다가 쪄서 반죽한다. 부녀자가 이 모습을 보지 못하게 하면 장에 벌레가 없다. 《구선신은서》[91]

그믐날 장을 만들 때 담장 아래에서 북쪽을 향한 뒤 작대기를 물고서 말을 하지 않는 채로 장을 합하

造醬禁蟲方

三伏內黃道日, 浸豆烝拌, 忌婦人見則無蟲. 《臞仙神隱書》

晦日造, 墙下面北, 御枚不語, 合醬則蟲不生. 《四時

---

89 《居家必用》〈己集〉"諸醬類"'造醬法'(《居家必用事類全集》, 247~248쪽).
90 황도일(黃道日) : 청룡(靑龍)·명당(明堂)·금궤(金匱)·천덕(天德)·옥당(玉堂)·사명(司命) 등 6개의 별자리에 태양이 위치하는 때. 예를 들면 청룡황도는 1월·7월의 인일(寅日)·신일(申日)의 자시(子時), 묘일(卯日)·유일(酉日)의 인시(寅時), 사일(巳日)·해일(亥日)의 오시(午時), 오일(午日)·자일(子日)의 신시(申時), 미일(未日)·축일(丑日)의 술시(戌時)이다. 그뿐 아니라 각 황도별로 2월·8월, 3월·9월, 4월·10월, 5월·11월, 6월·12월로 짝이 되어 해당 일자별로 시간이 각기 다르다.
91 출전 확인 안 됨.

면 벌레가 생기지 않는다.《사시찬요》[92]

소식(蘇軾)[93]은 "삼복 중에 장을 합하면 벌레가 생기지 않는다."라 했다. 또 "해가 뜨기 전이나 해가 진 후에 장을 담으면 구더기가 꼬이지 않는다."라 했다.《사시찬요보(四時纂要補)[94]》[95]

태세쪽을 마주보고 장을 만들면 벌레가 없다.《제민요술》주(註)[96]

장독에 구더기가 생겼을 때 고치는 법 : 초오두[草烏][97] 5~7개를 각각 4조각으로 잘라 장에 뿌려넣으면 구더기가 저절로 죽는다【어떤 판본에는 "백부근(百部根)[98]을 더하면 효과가 더욱 빼어나다."라 했다】.《거가필용》[99]

12월 중 아주 추운 날을 골라 물을 끓인 다음 우물의 빈 곳에 내놓고 냉기가 충분히 스며들었다 싶으면 거두어둔다. 이 물로 여름에 장을 만들면 구더

纂要》

東坡云 : "三伏中合醬, 不生蟲." 又曰 : "日未出及日已沒下醬, 則不引蠅子." 《纂要補》

面太歲造醬, 無蟲.《齊民要術》註

治醬甕生蛆法 : 用草烏五七箇, 切作四片撒入, 其蛆自死【一本云 : "加百部根, 尤妙."】.《居家必用》

臘月內揀極凍日, 煮滾水, 放天井空處, 冷透收存, 待夏月, 造醬不生蛆.《多能

---

92 출전 확인 안 됨 ;《增補山林經濟》卷9〈治膳〉上 "醬諸品"《農書》4, 70쪽).

93 소식(蘇軾) : 1037~1101. 중국 송(宋)나라의 문인. 자는 동파(東坡). 당송팔대가(唐宋八大家) 중 한 명으로,《적벽부(赤壁賦)》등 다양한 작품을 남겼다. 저서로《동파전집(東坡全集)》이 있다.

94 사시찬요보(四時纂要補) : 중국 당나라 한악(韓鄂)의《사시찬요(四時纂要)》를 보완한 시대·작자 미상의 농서. 책은 남아 있지 않고, 우리나라의《산림경제(山林經濟)》·《증보산림경제》에 그 내용의 일부가 기록되어 있다.

95 출전 확인 안 됨 ;《增補山林經濟》, 위와 같은 곳.

96 《齊民要術》卷8〈作醬等法〉(《齊民要術校釋》, 536쪽).

97 초오두[草烏] : 바꽃의 덩이뿌리. 독성이 많은 열성(熱性) 약재이므로 사용에 주의를 요한다.

98 백부근(百部根) : 파부초(婆婦草)의 뿌리. 항균·살충작용을 한다.

99 《居家必用》〈己集〉 "諸醬類" '治醬甕生蛆法'(《居家必用事類全集》, 248쪽).

기가 생기지 않는다.《다능집(多能集)[100]》[101]

장을 다 만들고 난 뒤에 시라를 장 위에 뿌리고 닭털로 참기름을 적셔 항아리주둥이 가에 바르면 파리를 피할 수 있다.《다능집》[102]

26) 장 담글 때 금기사항(조장의기)

메주를 만들 때 더러운 것은 철저히 금해야 하고, 시체의 기운은 더욱 금해야 한다. 장을 담글 때는 외부 사람을 금하고 시체 곁을 왕래한 사람이 보는 것은 더욱 금한다. 그러므로 민가에서는 장독대를 모두 집 뒤편 깨끗하고 구석진 곳에 두어서 담을 두르고 문을 만들어 잠가둔다.《증보산림경제》[103]

[29]集》

造醬已成, 用蒔蘿撒面上, 以鷄羽蘸香油, 抹缸口上, 辟蠅蚋. 同上

造醬宜忌

造末醬時, 極忌穢惡, 尤忌尸氣. 沈醬時, 忌外人, 尤忌往來尸側人見之. 故人家醬圈, 皆於屋後淨僻處, 圍墻設門, 封鎖之.《增補山林經濟》

---

100 다능집(多能集) : 중국 청나라의 문인 석성금(石成金, ?~?)의 저서.《전가보(傳家寶)》에 수록되어 있다.
101 《傳家寶》卷8〈多能集〉"制醬水法", 276쪽.
102 《傳家寶》卷8〈多能集〉"造醬辟蠅蚋法", 276쪽.
103 《增補山林經濟》卷9〈治膳〉上 "醬諸品"(《農書》4, 75~76쪽).
[29] 能 : 저본에는 "食". 규장각본에 근거하여 수정.

3. 두시(豆豉)[1]

豉

1) 총론

시(豉)는 《석명(釋名)》에 "즐긴다[嗜]는 말이다. 5가지 맛이 조화되어 있으니, 이를 사용해서 음식을 만들면 좋아하며 즐길 만하다."[2]라 했다. 대개 중국 사람들은 두시로 반찬을 만드는데, 이로 인해 두시는 요리를 만들 때 빠져서는 안 되는 조미료임을 알 수 있다.

우리나라 사람들은 다만 두시를 약에 넣어 먹을 줄만 알 따름이다. 짠 정도에 따라 여러 종류가 있는데, 그 중에 짠 것을 《설문해자》에서는 '배염유숙(配鹽幽菽, 소금 섞어 콩 띄운다)'[3]이라 했다. 《옹치잡지》[4]

2) 싱거운 두시(담두시) 만들기(담시방)

흑대두 20~30승을 6월 이내에 깨끗이 인 다음 물에 담그고 하룻밤 묵혔다가 물을 빼서 말린다. 이를 푹 찌고 꺼내어 돗자리 위에 편 다음 온기가 약간 남아 있으면 쑥으로 덮어놓는다.

總論

豉, 《釋名》云："嗜也, 五味調和, 須之而成, 可甘嗜也." 蓋華人用以治饍, 視作食料之不可闕者.

東人但知入藥而已. 有淡鹹數種, 其鹹者《說文》謂之"配鹽幽菽". 《饔饎雜志》

淡豉方

用黑大豆二三斗, 六月內淘淨, 水浸一宿瀝乾. 烝熟, 取出攤席上, 候微溫, 蒿覆.

---

1 두시(豆豉) : 대두나 흑두를 삶은 뒤에 발효시켜 만든, 청국장과 비슷한 식품. 약재로도 쓰였다.
2 즐긴다[嗜]는……만하다 : 《釋名》卷4〈釋言語〉《文淵閣四庫全書》221, 402~403쪽).
3 배염유숙(配鹽幽菽, 소금 섞어 콩 띄운다) : 《說文解字》卷7下〈未部〉"豉"《文淵閣四庫全書》223, 213쪽).
4 출전 확인 안 됨.

3일마다 1번씩 열어보고 누룩곰팡이[黃衣]가 흑대두 위에 골고루 피었으면 너무 띄우지 말고, 꺼내어 볕에 말렸다가 키질로 깨끗이 까부른다. 이를 물로 반죽하되, 물의 양을 알맞게 조절하여 손가락 사이로 즙이 나오는 정도가 되도록 한다.

이를 독 안에 다져서 채워넣고, 뽕나무잎을 0.3척 두께로 덮은 뒤 진흙으로 밀봉한 채로 볕에 말린다. 그렇게 7일이 되면 꺼내어 2시간을 볕에 말린 뒤 이를 다시 물로 반죽하여 독에 넣는다.

이와 같이 7번을 반복한 뒤 다시 쪄낸다. 이를 펼쳐서 불기운을 제거하고 독에 거두어 다져넣고 봉하면 곧 완성될 것이다.《본초강목》[5]

흑대두를 양에 관계없이 시루에 쪄서 향내가 날 때까지 익힌다. 이를 꺼내어 촘촘한 대소쿠리에 펼쳐둔다. 아직 온기가 남아 있는 채로 시렁 한 층마다 삶은 흑대두를 담은 촘촘한 대소쿠리 1개를 놓는다.

이를 바람이 통하지 않는 곳에 두고 사방과 위아래를 푸른 풀이나 볏짚으로 단단히 싸서 보호한다. 이와 같이 해서 며칠간 두었다가 열어봐서 흑대두 위에 누룩곰팡이가 골고루 핀 연후에야 꺼내어 볕

每三日一看, 候黃衣上遍, 不可太過, 取曬簸淨. 以水拌, 乾濕得所, 以汁出指間爲準.

安甕中築實, 桑葉蓋厚三寸, 密封泥, 於日中曬, 七日, 取出曝一時, 又以水拌入甕.

如此七次, 再烝過, 攤去火氣, 甕收築封卽成矣.《本草綱目》

大黑豆不拘多少, 甑烝, 香熟爲度, 取出, 攤置罘[1]籮內. 乘溫熱, 以架[2]子每一層盛一[3]罘[4]籮.

頓在不見風處, 四圍上下, 用靑草、穰緊護之. 如是數日, 取開, 見豆子上生黃衣已遍, 然後取出, 曬一日,

---

5 《本草綱目》卷25〈穀部〉"大豆豉", 1527쪽.
[1] 罘 : 저본에는 "笨".《居家必用·諸豉類·淡豆豉法》에 근거하여 수정.
[2] 架 : 저본에는 "茄".《居家必用·諸豉類·淡豆豉法》에 근거하여 수정.
[3] 一 : 저본에는 없음.《居家必用·諸豉類·淡豆豉法》에 근거하여 보충.
[4] 罘 : 저본에는 "笨".《居家必用·諸豉類·淡豆豉法》에 근거하여 수정.

에 하루 말린다. 다음날 온수로 씻어 건진다. 이어서 차조기잎을 잘게 썰어 함께 섞고 땡볕에 쬔다. 이를 충분히 말린 뒤에 자기항아리에 거두어 저장하고 단단히 밀봉한다. 《거가필용》[6]

次日溫湯瀝洗. 以紫蘇葉切碎, 拌和之, 烈日中曝. 至十分乾, 然後用磁罐收貯, 密封固.《居家必用》

3) 짠 두시(함시) 만들기(함시방)

대두 10승을 3일간 물에 담근 뒤 일어 찌고 삿자리에 펼쳐둔다. 위에 누룩곰팡이가 피었으면 이를 꺼내어 키질로 깨끗이 까부른 다음 물에 일고 걸러내 말린다. 4근마다 소금 1근, 생강채 0.5근, 산초·귤피·소회향·살구씨를 넣고 고루 섞어 독에 넣는다. 윗면에 물을 두시반죽보다 0.1척 정도 높게 부은 뒤 잎으로 덮고 주둥이를 봉한다. 이를 볕에 1개월 동안 쬐어야 완성된다. 《본초강목》[7]

鹹豉方

用大豆一斗水浸三日, 淘烝攤署, 候上黃, 取出簸淨, 水淘瀝乾. 每四斤, 入鹽一斤, 薑絲半斤, 椒、橘、蘇茴、杏仁, 拌均, 入甕. 上面水浸過一寸, 以葉蓋封口, 曬一月乃成.《本草綱目》

흑두 10승을 쪄서 약간 익힌 다음 꺼내어 볕에 1일 동안 말린다. 오이 20개, 가지 40개【먼저 작게 자르고 말려서 쓴다】, 차조기와 진피(각각 잘게 썬 것)를 섞는다. 여기에 회향 0.4냥 분량, 볶은 소금 4냥을 알맞은 농도로 섞은 다음 3일간 덮어둔다. 그런 뒤에 좋은 술을 고루 뿌리고 다시 약간 찐 다음 다시 소금 4냥을 섞는다.

黑豆一斗烝略熟, 取出曬一日. 用瓜二十條、茄四十箇【先切小, 乾下用】、紫蘇·陳皮(各切細), 拌和. 用茴香四錢重、炒鹽四兩, 拌和得所, 罨之三日, 然後用好酒遍灑令均, 再略烝過, 再用鹽四兩拌之.

또 좋은 술을 조금 뿌리고, 볕에 펼쳐서 1일간 말

又用好酒微灑之, 日中攤,

---

6 《居家必用》己集〈諸豉類〉"淡豆豉法"(《居家必用事類全集》, 248~249쪽).
7 《本草綱目》, 卷25〈穀部〉"大豆豉", 1527쪽.

린다. 이어서 이를 작은 자기항아리에 꼭꼭 다져 넣는다. 여러 겹의 종이로 봉하거나 진흙으로 봉하여 삼복 중에 놓고 볕을 쬐면 좋다. 《거가필용》[8]

대두로 황증(黃烝)을 만들 때는[9], 대두 10승마다 소금 4근, 천초 4냥을 넣고 함께 절인다. 봄과 가을에는 3일, 여름에는 2일, 겨울에는 5일이면 곧 절반 정도 숙성된다. 여기에 가늘게 썬 생강 5냥을 더하고 고루 섞어 그릇에 넣은 다음 주둥이를 봉한다. 이를 쑥이나 건초 더미 속에 묻고 두껍게 덮는다. 혹은 말똥 속에 묻기도 한다. 7~14일이 되어야 비로소 꺼내어 쓴다. 《동의보감》[10]

4) 금산사(金山寺)[11]두시(금산사시) 만들기(금산사시방)
황두(대두)를 양에 관계없이 물에 담가 하룻밤 묵힌 다음 푹 찐다. 식으면 약간의 밀가루를 콩 위에 뿌려 고루 섞는다. 여기에 밀기울을 넣고 다시 섞는다.

방을 깨끗하게 쓸고 돗자리를 펴서 앞서 섞은 콩을 고르게 펴는데, 두께는 대략 0.2척 정도 되게 한다. 볏짚·보릿짚이나 개똥쑥(청호)·도꼬마리잎으로 그 위를 덮는다. 5~7일이 지나 누룩곰팡이가 피면

曬一日, 却入磁小缸內緊築. 數重紙封之, 或用泥封, 置三伏日, 曬好.《居家必用》

以大豆爲黃烝, 每一斗, 鹽四斤、川椒四兩, 同醃. 春秋三日, 夏二日, 冬五日卽成半熟. 加生薑細切五兩, 拌均入器, 封口, 埋蓬艾、積草中, 厚覆之, 或馬糞中. 過七日或二七日, 乃取用之.《東醫寶鑑》

金山寺豉方
黃豆不拘多少, 水浸一宿, 烝爛, 候冷, 以少麪糁豆上拌均, 用麩再拌.
掃淨室, 鋪席均攤, 約厚二寸許. 將穰草、麥稈或靑蒿、蒼耳葉, 蓋覆其上, 待五七日, 候黃衣上, 搓揉令

---

8 《居家必用》己集〈諸豉類〉 "鹹豆豉法"《居家必用事類全集》, 248쪽).
9 대두로……때는 : 황증은 보통 쌀이나 밀로 만들지만 여기서는 대두로 만드는 점이 다르다.
10 《東醫寶鑑》〈雜病篇〉卷9 "雜方" '香譜'《原本 東醫寶鑑》, 599쪽).
11 금산사(金山寺) : 중국 강소성(江蘇省) 진강시(鎭江市)에 있는 절. 송(宋)나라 매요신(梅堯臣, 1002~1060)의 시집 《완릉집(宛陵集)》 권16〈배직강득윤주통판주중장함시유일소병(裴直講得潤州通判周仲章鹹豉遺一小缾)〉 시의 내용에 금산사의 승려가 함시(鹹豉)를 잘 담았다는 구절이 있다. 이를 미루어볼 때 짠 두시 맛으로 유명한 중국 사찰이었던 것으로 추정된다. 나중에는 이런 방식으로 만든 두시의 대명사가 된 듯하다.

비비고 주물러 깨끗하게 씻고 체로 밀기울껍질을 제거한다. 이를 흐르는 물에 일고 씻어 볕에 말린다.

매번 두황 10승, 아래에서 소개한 물료(物料) 10승을 쓰되, 미리 솔로 독을 깨끗이 씻고 안을 살핀 뒤 재료들을 넣는다.

그 물료로는 신선한 채과(菜瓜)[12]【잘라서 0.2척 정도의 큰 덩어리로 만든 것】·신선한 가지【칼로 쪼개어 4덩어리로 만든 것】·귤껍질【깨끗이 벗긴 것】·연자육【물에 담가서 연하게 하고 썰어서 2조각으로 만든 것】·생강【썰어서 두껍고 큰 조각으로 만든 것】·천초【씨의 알맹이를 제거한 것】·회향【약간 볶은 것】·감초【쪼갠 것】·차조기잎·마늘쪽【껍질을 그대로 둔 것】을 쓴다.

이상의 물료들을 고루 섞고, 먼저 두황을 한 층 깐 다음 물료를 한 층 깔고 그 위에 소금을 한 층 뿌린다. 다시 두황·물료·소금을 각각 한 층씩 깐다. 이와 같이 층층이 쌓아서 독이 가득 찰 때까지 채운다.

독이 꽉 차면 대껍질로 주둥이를 막고 진흙으로 단단히 봉한 다음 땡볕에 쪼인다. 15일이 되면 꺼내어 아래쪽의 두시가 위쪽으로 올라오게끔 뒤집어 고루 섞이게 한다. 다시 독에 넣은 뒤 주둥이를 막고 진흙으로 봉한 다음 49일이 될 때까지 볕을 쪼인다.

이때 물을 넣으면 안 된다. 이는 가지와 채과에서 저절로 소금물이 나오기 때문이다. 그러므로 소금

淨, 篩去麩皮, 走水淘洗, 曝乾.

每用豆黃一斗、物料一斗, 豫刷洗淨甕候下.

其物料, 用鮮菜瓜【切作二寸大塊】、鮮茄子【刀劃作四塊】、橘皮【刮淨】、蓮肉【水浸軟, 切作兩片】、生薑【切作厚大片】、川椒【去目】、茴香【微炒】、甘草【剉】、紫蘇葉、蒜瓣【帶皮】.

右件物料拌均, 先鋪下豆黃一層, 下物料一層, 糝鹽一層. 再下豆黃、物料、鹽各一層, 如此層層相間, 以滿爲度.

納實, 箬密口, 泥封固, 烈日曬之, 候半月, 取出, 倒一遍拌令均, 再入甕, 密口封泥. 曬七七日爲度.

却不可入水, 茄、瓜中, 自然鹽水出也. 用鹽相度, 斟

---

12 채과(菜瓜):박과의 1년생 덩굴식물의 열매.

을 쓸 때 적당량을 잘 헤아려 쓴다. 《거가필용》[13]

量多少用之.《居家必用》

5) 술 섞은 두시(주두시) 만들기(주두시방)

황자(黃子) 15승을 체로 쳐서 가루를 제거하고 깨끗하게 한다. 가지 5근, 오이 12근, 생강 1근 14냥, 귤피채 되는 대로, 소회향 1승, 소금 4근 6냥, 청초(靑椒, 산초나무 과피) 1근을 한곳에다 섞어 독 안에 넣고 꾹꾹 눌러 채운다.

여기에 금화주(金花酒)[14]나 주랑(酒娘, 술밑)을 붓되 각 재료보다 0.2척 정도 올라오도록 부어 절인다. 이를 종이와 대껍질로 묶은 다음 진흙으로 봉한다. 49일간 밖에 내놓은 뒤 술독 위에 동서(東西)라는 글자로 기호를 쓴다. 방향을 돌려가며 하루 종일 해쪽으로 볕을 쪼인다. 이를 큰 동이 안에 붓고 마를 때까지 볕을 쪼인다. 다 마르면 황초포(黃草布)[15]로 덮어 둔다. 《중궤록》[16]

酒豆豉方

黃子一斗五升, 篩去麪令淨. 茄五斤、瓜十二斤、薑觔十四兩、橘絲隨放, 少茴香一升⑤、鹽四斤六兩、靑椒一斤, 一處拌, 入甕中, 捺實.

傾金花酒或酒娘, 醃過各物兩寸許, 紙箬札縛, 泥封. 露四十九日, 罈上寫東西字記號, 輪曬日滿, 傾大盆內, 曬乾爲度, 以黃草布罩蓋.《中饋錄》

6) 소금물 섞은 두시(수두시) 만들기(수두시방)

좋은 황자 10근, 좋은 소금 40냥, 금화첨주(金華甜酒, 금화주) 10사발을 준비한다. 두시를 만들기 전날 끓인 물 20사발에 소금을 섞어 소금물을 만든다. 가만히 두고 식혀 맑게 가라앉으면 웃물을 취하여

水豆豉方

好黃子十斤、好鹽四十兩、金華甜酒十碗. 先日用滾湯二十碗, 充調鹽作滷, 留冷淀淸, 聽用. 將黃子下

---

13 《居家必用》己集〈諸豉類〉"金山寺豆豉法"(《居家必用事類全集》, 248쪽).
14 금화주(金花酒) : 중국 산동성의 옛 난릉(蘭陵) 지역에서 생산된 술로, 약주의 일종. 황백(黃柏)·황련(黃連)·치자(梔子)·강미주(江米酒) 등으로 빚는다. 맛이 매우 단 술이다.
15 황초포(黃草布) : 황초(黃草, 쑥의 일종)의 심으로 짠 베.
16 《說郛》卷95上〈中饋錄〉"製蔬"(《文淵閣四庫全書》881, 412쪽).
⑤ 升 : 저본에는 "斤". 오사카본·《說郛·中饋錄·製蔬》에 근거하여 수정.

I. 조미료(미료지류)   189

필요할 때 쓴다. 황자를 항아리에 넣고 술과 소금물을 붓는다. 49일간 꼬박 볕을 쬔다.

그런 다음에야 비로소 대회향(大茴香)[17]·소회향(小茴香)【각 1냥】·초과(草果, 초두구)【0.5냥】·관계(官桂)[18]【0.5냥】·목향(木香)【0.3냥】·진피채【1냥】·화초(花椒, 천초)【1냥】·말린 생강채【0.5근】·살구속씨【1근】각 재료를 섞어 항아리 안에 넣는다. 또 볕에 말렸다가 버무리기를 2일 동안 한 뒤 술단지에 쟁여넣는다. 한 해를 넘겨 먹어야 맛이 좋다. 여기에 고기를 찍어 먹으면 그 맛이 더욱 빼어나다. 《중궤록》[19]

7) 10가지 향료 넣은 두시(십향두시) 만들기(십향두시방)

생오이를 생가지와 함께 반반씩 섞는다. 10근을 기준으로 할 때 10근마다 소금 12냥에서 먼저 4냥을 넣어 하룻밤을 절인 다음 건져서 물기를 말려둔다. 생강채 0.5근, 싱싱한 차조기(줄기가 붙은 채로 자른 것) 0.5근, 감촛가루 0.5냥, 화초 2냥(줄기와 씨를 제거한 것), 회향 1냥, 시라 1냥, 사인(砂仁) 2냥, 곽향(藿香) 0.5냥(없으면 넣지 않는다)을 준비한다.

缸, 入酒入鹽水, 曬四十九日完.

方下大·小茴香【各一兩】、草果【五錢】、官桂【五錢】、木香【三錢】、陳皮絲【一兩】、花椒【一兩】、乾薑絲【半斤】、杏仁【一斤】各料和, 入缸內. 又曬又打二日, 將罈裝起. 隔年吃方好, 蘸肉吃更妙.《中饋錄》

十香豆豉方

生瓜併茄子相半, 每十斤爲率, 用鹽十二兩, 先將內四兩醃一宿, 瀝乾. 生薑絲半斤、活紫蘇(連梗切斷)半斤、甘草末半兩、花椒二兩(揀去梗、核)、茴香一兩、蒔蘿一兩、砂仁二兩、藿香[6]半兩(如無[7]亦罷).

---

17 대회향(大茴香) : 목란과(木蘭科)에 딸린 큰키나무 또는 떨기나무의 열매. 흥분(興奮)·구풍제(驅風劑)로서 산증(疝症)과 각기증(脚氣症)에 효능이 있다. 팔각(八角)·팔각주(八月珠)·박회향(舶茴香)이라고도 한다.

18 관계(官桂) : 육계(녹나무과)의 외피를 약간 제거한 것. 육계는 기변계(企邊桂)·관계(官桂)·판계(板桂)·계심(桂心)·계쇄(桂碎) 등 종류가 매우 많다.

19 《說郛》, 위와 같은 곳.

[6] 香 : 오사카본·규장각본·《遵生八牋·飮饌服食牋·家蔬類》에는 "葉".

[7] 無 : 저본에는 "用". 오사카본·규장각본·《遵生八牋·飮饌服食牋·家蔬類》에 근거하여 수정.

두시를 만들기 5일 전에 황대두 1승을 흐물흐물하게 삶고 볶은 밀기울껍질 1승으로 섞은 다음 덮어서 황자를 만든다. 숙성되면 바로 밀기울껍질을 제거하고 두시만 쓴다.

술 1병, 식초지게미 0.5큰사발을 앞의 재료들과 함께 섞어 반죽한다. 이를 깨끗하게 씻어 말린 독에 넣고 꾹꾹 눌러 채운다.

여기에 댓잎 4~5겹을 덮고 댓조각 20쪽을 꽂아 고정시킨다. 다시 댓잎으로 독아가리를 묶고 진흙으로 봉하여 볕에 쪼인다. 40일이 되면 꺼내어 볕에 대략 쪼여 말린 다음 독에 거두어들인다. 볕을 쪼일 때는 20일 동안 쪼이되, 독을 돌려가며 볕이 두루 미치게 한다.《증보도주공서》[20]

8) 성도부(成都府)[21]시즙(豉汁, 두시즙) 만들기(성도부시즙방)

9월 이후, 2월 이전에 만들 수 있다. 좋은 두시 30승을 청마유(清麻油, 참기름) 3승으로 향이 나며 익을 때까지 연기가 나지 않게 볶는다. 또 숙유(熟油, 볶아 짠 기름) 1승을 앞의 두시와 섞는다. 이를 시루에 얹어 푹 찌고 펼쳐서 식힌 다음 볕에 말린다. 다시

先五日, 將大黃豆一升[8]煮爛, 用炒麩皮一升拌, 罨做黃子, 待熟過, 卽去麩皮, 止用豆豉.

用酒一瓶、醋糟大半碗, 與前物共和打拌. 泡乾淨甕入之, 捺實.

用箬四五重蓋之, 竹片二十字抨[9]定, 再將箬扎甕口, 泥封, 曬日中. 至四十日, 取出, 略晾乾, 入甕收之. 如曬可二十日, 轉過甕, 使日色週遍.《補增陶朱公書》

成都府豉汁方

九月後、二月前可造. 好豉三斗, 用清麻油三升[10], 熬令煙斷, 香熟爲度. 又取一升[11]熟油拌豉, 上甑熟烝攤冷, 曬乾. 再用一升[12]熟

<hr>

20 출전 확인 안 됨 ;《遵生八牋》卷12〈飮饌服食牋〉"家蔬類"(《遵生八牋校注》, 436쪽).
21 성도부(成都府) : 지금의 중국 사천성(四川省) 일대. 중국 당(唐)나라 숙종(肅宗) 지덕(至德) 2년(757)에 처음 건설되었다. 원(元)나라 때 성도로(成都路)로 개칭되었고, 명나라 때 다시 성도부로 고쳐졌다.
[8] 升 : 저본에는 "斤". 오사카본·규장각본·《遵生八牋·飮饌服食·家蔬類》에 근거하여 수정.
[9] 抨 : 저본에는 "折". 오사카본·규장각본·《遵生八牋·飮饌服食·家蔬類》에 근거하여 수정.
[10] 升 : 저본에는 "斤". 오사카본·규장각본·《居家必用·諸豉類·造成都府豉汁法》에 근거하여 수정.
[11] 升 : 저본에는 "斤". 오사카본·규장각본·《居家必用·諸豉類·造成都府豉汁法》에 근거하여 수정.
[12] 升 : 저본에는 "斤". 오사카본·규장각본·《居家必用·諸豉類·造成都府豉汁法》에 근거하여 수정.

숙유 1승을 두시와 섞고, 이를 다시 찌고 펼쳐서 식힌 다음 볕에 말린다.

다시 앞의 방법에 따라 숙유 1승을 두시와 섞고 기름이 스며들면 쪄서 볕에 말린다. 그런 다음에야 비로소 10승의 흰소금을 고루 섞어 찧고 부순다. 여기에 솥에 끓인 물을 뿌려 30~40승의 즙을 취하고, 이를 깨끗한 솥에 넣고 달인다.

여기에 천촛가루·후춧가루·말린 생강가루·귤껍질 각 1냥, 총백 5근을 함께 잘게 찧고 섞어서 1/3이 줄어들 때까지 달인다. 이를 진액이 스며들지 않는 자기그릇 안에 담는다.

청향유(淸香油, 참기름)를 쓰고 습한 것을 가까이 하지 않아야 향과 맛이 더할 나위 없이 좋다. 《거가필용》[22]

油拌豉, 再烝攤冷, 曬乾.

更依前一升[13]熟油拌豉, 透烝曝乾, 方取一斗白鹽均和, 擣令碎, 以釜湯淋, 取三四斗汁, 淨釜中煎之.

川椒末、胡椒末、乾薑末、橘皮各一兩, 蔥白五斤, 竝擣細和, 煎之, 三分減一, 取不津磁器中貯之.

須用淸香油, 不得濕物近之, 香美絕勝.《居家必用》

9) 밀기울두시 만들기(부시방)

7~8월 중에 만들어야 하고, 나머지 달은 좋지 않다. 봄에 밀을 손질하고 곱게 갈아 가루를 낸다. 이를 물로 촉촉하게 반죽하여 시루에 넣고 찐다. 불꽃을 살펴 잘 익은 다음에야 시루를 내리고 익은 반죽을 펼쳐 차게 식힌다. 다 식으면 이를 손으로 주물러 부순 뒤 베로 덮어둔다. 7일이 지나 누룩곰팡이가 위에 피었으면 비로소 펼쳐서 열기를 제거한다.

이어서 이를 자기(磁器)항아리에 쟁여넣고, 이 항

麩豉方

七八月中造之, 餘月則不佳. 春治小麥, 細磨爲麪. 以水拌溲溲, 入甑烝之, 候氣焰好熟, 乃下攤之, 令極冷. 手挼令碎, 布覆蓋, 待七日黃衣上, 乃攤去熱氣.

却裝入磁甕中, 盆蓋, 於穰

---

22 《居家必用》己集〈諸豉類〉"造成都府豉汁法"(《居家必用事類全集》, 249쪽).

[13] 升 : 저본에는 "斤". 오사카본·규장각본·《居家必用·諸豉類·造成都府豉汁法》에 근거하여 수정.

아리를 동이로 덮어 볏짚이나 두엄 속에 두고 따뜻하게 해주기를 14일 동안 하면 부시(麩豉)가 검은색이 돌고 향기로우며 맛이 좋다.

그러면 이 부시를 따뜻한 채로 뭉쳐서 신국모양과 같은 떡을 만들고, 새끼로 가운데를 뚫어 방안에 걸어둔다. 겸하여 이 떡을 종이자루에 담아두면 또 금파리나 먼지 같은 오염원을 막을 수 있다.

쓸 때는 이 두시떡을 통째로 끓는 물에 넣고 삶아 색이 충분히 돌면 건져내서 불어난 겉부분을 깎아 쓴다. 떡 하나로 여러 번 쓸 수 있으며 향과 맛이 다른 두시보다 월등히 낫다. 다만 두시를 두드려 깨거나, 끓는 물에 담그거나, 갈아서 써도 되지만, 이렇게 하면 즙이 탁하여 통째로 삶아 쓸 때의 맑은 즙만 못하다. 《거가필용》23

10) 채과두시(과시) 만들기(과시방)

큰 채과 20개는 박 속을 제거하고 물이 닿게 해서는 안 된다. 두께는 0.2척으로 넓고 길게 썬 뒤, 가락 너비가 0.1척 정도가 되도록 썬다. 소금 8냥으로 이틀밤을 절이고 건져내어 볕에 말린다.

다음으로는 두초(頭醋)24 5승, 염두시(鹽豆豉)25 1승을 함께 달여 4~5번 끓으면 두시를 제거한다. 다만 달인 식초는 식게 두고 여기에 엿 4냥을 넣는다.

糞中煨之二七日, 黑色氣香味美.

便乘熱搏作餅子如神麴樣, 繩穿貫心, 屋內懸之. 兼以紙袋盛之, 又可防靑蠅、塵垢之汚.
用時, 全餅著湯中煮之, 色足, 漉出削去皮. 一餅可數用, 香美全勝豆豉. 只打破、湯浸、研用亦得, 然汁濁, 不如全煮汁淸也.《居家必用》

瓜豉方

茱瓜大者二十條去瓢, 不可經水. 切作厚二寸闊長, 條闊一寸許. 用鹽八兩淹二宿, 漉出曬乾.
次用頭醋五升⑭、鹽豆豉一升, 同煎四五沸, 去豆豉. 只用所煎之醋放冷, 入

---

23 《居家必用》〈己集〉 "諸豉類" '造麩豉法'(《居家必用事類全集》, 249쪽).

24 두초(頭醋) : 처음 만들어 물을 섞지 않은, 맛이 뛰어난 식초.

25 염두시(鹽豆豉) : 소금을 넣어 만든 두시. 함두시와 같고, 소금을 넣지 않은 담두시와 반대가 된다.

⑭ 升 : 저본에는 "斤". 오사카본·규장각본·《居家必用·諸豉類·造瓜豉法》에 근거하여 수정.

시라·회향·천초·차조기·귤피채를 채과와 함께 식초 안에 모두 넣고 하룻밤 담갔다가 건져내서 볕을 쪼인다. 마르면 다시 담갔다가 또 볕에 쪼이는데, 물기가 다 마르고 엿과 식초도 볕에 마를 때까지 쪼인다.

여기에 시라·회향·천초·차조기·귤피채를 더한다. 이에 앞서 이를 약간의 소금에 하룻밤 담갔다가 주물러 말린다. 그런 뒤에 채과 안에 넣는데, 먼저 물기를 제거하여 흰 골마지가 피는 것을 방지한다. 만드는 때는 삼복(三伏, 초복·중복·말복) 중으로 모두 가을 이전이 좋다. 《거가필용》26

11) 두황(豆黃) 만들기(두황방)

【안 중국 사람들은 이것으로 장과 젓갈을 담지만 이 역시 두시 종류이므로 여기에 붙인다】

흑두 10승을 푹 쪄서 돗자리에 편다. 메주 띄우는 법과 같이 쑥으로 덮고 누룩곰팡이가 피면 꺼내어 볕에 말린다. 이를 찧어 가루 낸 뒤 거두어 쓴다. 《본초강목》27

12) 홍염두(紅鹽豆) 만들기(홍염두방)

【안 이는 비록 두시 종류처럼 쪄서 덮어놓고 위에 곰팡이가 피게 하는 방식은 아니지만, 중국 사람들은 홍염두를 술 및 식초·젓갈에 넣어서 색을 맞춘

糖四兩. 蒔蘿、茴香、川椒、紫蘇、橘皮絲, 同瓜兒竝入於醋內, 浸一宿, 漉出曬, 待乾, 又浸又曬, 以泡盡糖、醋曬[15]乾爲度.

加蒔蘿、茴香、川椒、紫蘇、橘皮絲, 先用鹽少許浸一宿, 揉乾. 然後入瓜兒內, 先去其水氣, 防瓬白醭. 造時, 三伏中竝秋前可也. 《居家必用》

豆黃方

【案 華人用此釀醬醯, 亦豉之類也, 故附于此】

用黑豆一斗烝熟, 鋪席上, 以蒿覆之如盦醬法, 待上黃, 取出曬乾, 擣末, 收用. 《本草綱目》

紅鹽豆方

【案 此雖非罨烝上衣如豉之類, 而華人用以入酒及酢、醢中設色. 視作食料之

---

26 《居家必用》己集〈諸豉類〉"造瓜豉法"(《居家必用事類全集》, 249~250쪽).
27 《本草綱目》卷25〈穀部〉"豆黃", 1531쪽.
[15] 曬 : 저본에는 "灑". 오사카본·규장각본·《居家必用·諸豉類·造瓜豉法》에 근거하여 수정.

다. 이렇듯 음식을 만드는 데 빠트릴 수 없는 재료로, 소금을 섞어 색을 내는 콩이므로 두시 아래에 붙인다】

먼저 염상매(鹽霜梅, 소금에 절인 매실) 1개를 솥바닥에 두고, 알이 굵은 청대두(靑大豆)를 깨끗하게 씻고 일어 염상매 위를 덮도록 담는다. 또 콩무더기 안에 구덩이를 하나 만들고 소금을 그 안에 넣는다. 소목(蘇木)[28]을 물에 달인 뒤 여기에 백반(白礬)을 조금 넣는다. 이를 솥의 사방 가장자리를 따라 부어 콩높이만큼 차도록 한다. 여기에 불을 지펴 졸이면 콩은 익고, 소금은 또 뜨지 않으면서 콩색이 붉어진다. 《중궤록》[29]

不可闕者, 爲其配鹽之菽, 故附于豉下】

先將鹽霜梅一個安在鍋底下, 淘淨大粒靑豆, 蓋梅. 又將豆中作一窩, 下鹽在內. 用蘇木煎水, 入白礬些少, 沿鍋四邊澆下平豆爲度. 用火燒乾, 豆熟, 鹽又不泛而紅. 《中饋錄》

---

28 소목(蘇木) : 콩과에 속하는 다목(茶木)의 줄기. 줄기 속이 붉기 때문에 물에 달여 붉은색을 내는 염료로 이용한다. 또한 어혈을 뚫어주는 효능이 있어 약재로도 쓰인다.

29 《說郛》 卷95上 〈中饋錄〉 “製蔬”(《文淵閣四庫全書》 881, 412쪽).

4. 식초

醋

1) 총론

식초[醋]는 소금기가 있고, 맛은 시다. 옛날에는 '초(酢)'라 했고, 지금은 '초(醋)'라 한다. 민간에서는 '고주(苦酒)'라 하고, 단가(丹家, 선가)에서는 '화지(華池)'라 한다. 맛을 돋우는 같은 사물이지만 이름은 여럿이다. 옛사람들은 매실식초만을 먹었는데, 후세에 와서 쌀·보리·쌀겨·술지게미·과일·라류(蓏類)[1]를 써서 빚는다. 음식의 독을 조치(措置)하는 효능이 있기 때문에 '초(醋)'라 한다. 《옹치잡지》[2]

總論

醋, 鹹也, 酸也. 古謂之"酢", 今謂之"醋", 俗謂之"苦酒", 丹家謂之"華池", 左味一物而數名也. 古人但食梅酢, 後世用米麥、糠糟、菓蓏[1]釀成之. 爲其有措置食毒之功, 故謂之"醋". 《饔饎雜志》

2) 대초(大酢) 빚기(대초방)

【주 초(酢)는 지금의 초(醋)이다. 일반적으로 식초 독 아래에는 모두 벽돌을 놓아서 습기로부터 떨어뜨려야 한다】

대초(大酢) 만드는 법 : 7월 7일에 물을 떠서 만든다. 대체적인 비율은 맥혼(麥䴷)[3] 20승(까부르지 말

大酢方

【注 酢, 今醋也. 凡酢甕下, 皆須安磚石以離濕潤】

作大酢法 : 七月七日, 取水作之. 大率麥䴷二斗(勿揚

---

1 라류(蓏類) : 참외·수박 등 덩굴식물류, 포도·다래·오미자 등의 나무열매류, 마·고구마 등 뿌리식물류 등을 말한다. 이에 대해 보다 자세한 내용은 《임원경제지 만학지》 권3 〈라류(蓏類)〉를 참조.

2 출전 확인 안 됨.

3 맥혼(麥䴷) : 밀누룩. 《임원경제지 정조지》 권6 〈조미료(미료지류)〉 "누룩과 엿기름" '맥혼(밀누룩) 만들기(맥혼방)' 참조.

[1] 蓏 : 저본에는 "苽". 문맥에 근거하여 수정.

것), 물 30승, 좁쌀 찐 밥 30승으로 한다. 펼쳐서 식힌 다음 독의 크기에 따라 정해진 비율로 가득 채울 때까지 더한다.

먼저 맥혼을 넣고 다음은 물을 넣고, 다음은 밥을 넣는데, 바로 그대로 놓아두고 휘젓지 않는다. 면으로 독아가리를 막고 칼을 뽑아 독 위에 가로질러둔다. 7일 뒤 아침에 정화수 1사발을 더하고, 21일 뒤 아침에 또 1사발을 더하면 식초가 곧 익는다. 항상 표주박 1개를 두고 초를 뜬다. 만약 물기가 있는 그릇을 독 안에 넣으면 초맛이 상한다. 《제민요술》⁴

籭)、水三斗、粟米熟飯三斗, 攤令冷, 任甕大小, 依法加之, 以滿爲限.

先下麥㷋, 次下水, 次下飯, 直置勿[2]攪之. 以綿幕甕口, 拔刀橫甕上. 一七朝, 著井花水一碗, 三七日朝, 又著一碗, 便熟. 常置一瓠瓢以挹酢. 若用濕器內甕中, 則壞酢味也. 《齊民要術》

3) 차좁쌀신초(출미신초) 빚기(출미신초방)

7월 7일에 만들어 독을 방 안에 둔다. 대체적인 비율은 맥혼 10승, 물 1석, 차좁쌀 30승이다. 차좁쌀이 없으면 찰기장도 쓸 수 있다. 독의 크기에 따라 거의 가득 채울 때까지 넣는다.

먼저 물을 헤아리고 맥혼을 다 가라앉힌 다음 쌀을 깨끗이 인다. 밥을 짓고 뜸을 2번 들인 다음 펼쳐서 식힌다. 식힌 밥을 잘게 나누고 부수어 덩어리가 지지 않게 한다. 한꺼번에 넣어 빚고 다시 거듭 넣지 않는다. 또 손을 독 안에 넣어 작은 밥덩어리를 쥐어 부수고, 거세게 휘저어 섞는다. 죽처럼 되어야 멈추고, 면으로 독아가리를 막는다.

秫米神酢方

七月七日作, 置甕於屋下. 大率麥㷋一斗、水一石、秫米三斗, 無秫者, 粘黍米亦中用. 隨甕大小, 以向滿爲限. 先量水, 浸麥㷋訖, 然後淨淘米, 炊而再餾, 攤令冷. 細擘面破, 勿令有塊子. 一[3]頓下釀, 更不重投. 又以手[4]就甕裏, 搦破小塊, 痛攪令和, 如粥乃止, 以綿幕口.

---

4 《齊民要術》卷8〈作酢法〉(《齊民要術校釋》, 547쪽).
[2] 勿 : 저본에는 "物". 《齊民要術·作酢法》에 근거하여 수정.
[3] 一 : 저본에는 "二". 《齊民要術·作酢法》에 근거하여 수정.
[4] 手 : 저본에는 "水". 《齊民要術·作酢法》에 근거하여 수정.

사진10 차좁쌀신초 빚기

7일 뒤에 1번 휘젓고, 14일 뒤에 1번 휘젓고, 21일 뒤에도 1번 휘젓는다. 1개월 뒤에는 다 익는다. 10석들이 독이라면 앙금이 50승을 넘지 않아야 한다. 이 차좁쌀신초를 여러 해 동안 두어 오래되면 효험이 있다. 그 쌀뜨물은 곧 쏟아버려서 개나 쥐가 먹지 못하게 하고, 찐밥도 사람이 먹지 못하게 한다. 《제민요술》5

또 다른 법 : 또한 7월 7일에 물을 뜬다. 대체적인 비율은 맥혼 10승, 물 30승, 좁쌀밥 20승이다. 독의 크기에 따라 가득 채울 때까지 이 비율로 넣는다. 물과 누룩곰팡이[黃衣]는 당일에 모두 넣는다.

一七日, 一攪 ; 二七日, 一攪 ; 三七日, 亦一⑤攪. 一月日, 極熟. 十石甕, 不過五斗澱. 得數年停, 久爲驗. 其淘米泔卽瀉去, 勿令狗鼠啖得食, 饋黍⑥亦不得人啖.《齊民要術》

又法 : 亦以七月七日取水. 大率麥䴷一斗、水三斗、粟米熟飯二斗. 隨甕⑦大小, 以向滿爲度. 水及黃衣當日頓下之.

---

5 《齊民要術》卷8〈作酢法〉(《齊民要術校釋》, 548쪽).
⑤ 一 : 저본에는 "二". 《齊民要術·作酢法》에 근거하여 수정.
⑥ 饋黍 : 저본에는 "貴添". 《齊民要術·作酢法》에 근거하여 수정.
⑦ 甕 : 저본에는 "飯". 규장각본·《齊民要術·作酢法》에 근거하여 수정.

사진11 독 위에 시루 얹은 모양 개념도

밥은 3등분으로 나눈다. 7월 7일 처음 만들 때 밥의 1/3을 넣으면 그날 저녁에 곧 거품이 난다. 또 21일 뒤에 다시 밥을 지어 1/3을 넣고, 또 3일 뒤에 다시 1/3을 넣는다. 면으로만 독아가리를 막고 칼을 가로질러두거나 물을 더하는 일이 없게 한다. 독이 넘치려 하면 곧 시루를 독에 얹어 넘침을 막아준다.6 《제민요술》7

其飯分爲三分. 七日初作時下一分, 當夜卽沸;又三七日, 更炊一分投之;又三日, 復投一分. 但綿幕甕口, 無橫⑧刀、益水之事. 溢卽加甑也. 同上

4) 쌀식초(미초) 빚기(미초방)

삼복 때 묵은쌀 10승을 깨끗이 일어 밥을 찐다. 이 밥을 펼쳐서 식히고 누룩곰팡이가 피도록 뚜껑을 덮어두었다가 햇볕에 말려 까부르고 물을 뿌려

米醋方

三伏時, 用倉米一斗淘淨, 蒸飯, 攤冷盦黃, 曬簸, 水淋淨. 別以倉米二斗烝飯,

6 독이……막아준다 : 독에 물이 넘치려고 할 때, 독뚜껑을 열고 그 자리에 시루를 얹어준다. 독 높이를 임시로 높여서 넘침을 막아주는 방법이다.

7 《齊民要術》卷8〈作酢法〉(《齊民要術校釋》, 547쪽).

⑧ 橫 : 저본에는 "機". 《齊民要術·作酢法》에 근거하여 수정.

사진12 쌀식초 발효되는 모습

깨끗이 한다. 따로 묵은쌀 20승으로 밥을 찌고 앞의 밥과 고루 섞어 독에 넣는다. 밥이 완전히 잠기도록 독에 물을 붓고 밀봉하여 따뜻한 곳에 둔다. 21일이면 완성된다. 《본초강목》[8]

또 다른 법 : 멥쌀 10승을 물에 담가 하룻밤을 두었다가 꺼내고 푹 쪄서 밥을 짓는다. 식으면 단지 안에 넣고 3일간 꼬챙이를 꽂아놓는다. 여기에 찬물 30근을 넣고 버드나무가지로 매일 여러 차례 휘젓는다. 7일 뒤부터는 휘젓지 않고 1개월이 지나도록 움직이게 하지 않는다. 식초가 완성되면 지게미[糟粕]를 걸러내고 화초(花椒)와 황백을 조금씩 넣는다. 이를 2~3번 끓어오르도록 달인 다음 단지 안에 거두어 넣고 필요할 때 쓴다. 《다능집》[9]

5) 찹쌀식초(나미초) 빚기(나미초방)

추사일(秋社日)[10]에 찹쌀 10승을 일어 찌고 6월 6일에 밀로 만든 대국(大麴)[11]을 밥과 고루 섞는다. 물 20승을 독에 넣고 봉하여 식초를 빚는다. 21일이면 완성된다. 《본초강목》[12]

和均入甕, 以水淹過, 密封暖處, 三七日成. 《本草綱目》

又法 : 秈米一斗浸過夜, 取出, 烝熟成飯, 待冷, 透入罈內, 三日串透, 入冷水三十觔, 以柳條每日攪數次, 七日後不須攪, 過一月不動, 俟其成醋, 濾去糟粕, 入花椒、黃柏少許, 煎數滾, 收入罈內, 聽用. 《多能集》

糯米醋方

秋社日, 用糯米一斗淘烝, 用六月六日造成小麥大麴和均, 用水二斗入甕, 封釀, 三七日成. 《本草綱目》

---

8 《本草綱目》卷25〈穀部〉"醋", 1554쪽.
9 《多能集》〈造米醋法〉(《傳家寶》1, 276쪽).
10 추사일(秋社日) : 입추 뒤 5번째 무일(戊日).
11 대국(大麴) : 누룩은 만드는 재료에 따라 대국(大麴)·소국(小麴)·부국(麩麴)으로 분류한다. 대국은 일반적으로 보리·밀·완두 등을 재료로 만들며 벽돌만 한 크기로 만든다.
12 《本草綱目》卷25〈穀部〉"醋", 1554쪽.

6) 민간의 식초(속초) 빚기(속초방)[13]

차좁쌀 혹은 청량미(靑粱米)[14] 2승과 흰쌀 1승은 100번 씻어 밥을 짓고 누룩 1승을 가루 낸다. 이를 끓는 물과 섞어 미지근해지면 자기항아리 안에 담는다. 진하게 익으면 따로 어린아이의 주먹만 한 누룩 덩이 3개를 불에 묻어 겉이 검게 타게 한다. 여기서 재를 털어내고 항아리 깊숙이 넣어두었다가 맛이 시큼해져야 쓴다.

쓰다가 식초가 다 떨어지려 하면 좋은 술이나 소주【후주(後酒)[15]도 괜찮다】적당량을 붓는다. 식초가 떨어지려 할 때마다 부어주면 항상 모자라지 않게 쓸 수 있다. 만약 오래되어 시어지지 않고 오히려 술맛이 나면 밀 조금을 누렇게 그을리도록 볶아 뜨거울 때 항아리 속에 넣어준다.《증보산림경제》[16]

7) 7초(七醋) 빚기(칠초방)

7초 만드는 법 : 묵은쌀 50승을 깨끗이 일지 않고 물에 담가 7일을 묵힌다. 매일 물을 1번 갈아준다. 7일이 되면 밥을 지어 뜨거운 채로 바로 독에 넣은 뒤 평평하게 누르고 밀봉하여 공기가 빠져나오지 않게 한다. 3일째에는 뒤적거려 섞고 7일째가 되면

俗醋方

粘粟米或靑粱米二升、白米一升, 百洗作飯, 麴一升作末, 沸湯調和, 俟微溫, 納磁缸內, 待釀熟, 另用麴塊大如小兒拳者三箇, 埋火中, 令皮焦黑, 拭去灰, 深內缸中, 味酸乃用.

用將盡, 以好酒或燒酒【後酒亦可】量宜灌之. 隨盡隨灌, 可常用不匱. 若經久不酸, 尚有酒味, 將小麥少許炒令焦黃, 乘熱投缸中.《增補山林經濟》

七醋方

造七醋法 : 陳倉米五斗不淘淨, 浸七宿, 每日換水一次, 至七日, 做熟飯, 乘熱便入甕, 按平封閉, 勿令氣出. 第三⑨日, 飜轉動, 至第七

---

13 민간의 식초(속초) 빚기(속초방) : 오사카본에는 이 기사가 '쌀겨식초(강초) 빚기(강초방)' 아래에 있고, 두 주에는 "'쌀식초(미초) 빚기(미초방)' 아래로 옮겨 붙여라(移付米醋下)."라 되어 있다. 하지만 실제로 이 기사는 저본과 오사카본에 '찹쌀식초(나미초) 빚기(나미초방)' 아래에 위치하고 있다.

14 청량미(靑粱米) : 차조의 일종으로 '생동쌀'이라고도 한다.

15 후주(後酒) : 술을 떠내고 술지게미에 물을 부어 다시 떠낸 술. 막걸리.

16 《增補山林經濟》卷8〈造醋法〉(《農書》4, 97~98쪽).

⑨ 三 : 《便民圖纂·製造類·造七醋》에는 "二".

사진13 7초

사진14 도꼬마리

독을 열고 다시 휘저어 섞은 다음 정화수 3담(擔)[17]
을 붓고 다시 밀봉한다. 7일이 되면 1번 휘저어 다시
봉했다가, 14일이 되면 다시 휘저어주고, 21일이 되
면 좋은 식초가 될 것이다. 이 방법은 매우 간편하고
쉽다. 《편민도찬(便民圖纂)[18]》[19]

8) 삼황초(三黃醋) 빚기(삼황초방)

삼복 중에 묵은쌀 10승을 깨끗이 일고 고두밥을
짓는다. 이를 고르게 펼쳐서 식으면 밥 위에 닥나무
잎을 덮는다. 또는 도꼬마리나 개똥쑥(청호)으로 덮
어도 모두 좋다. 덮은 밥에 누룩곰팡이[黃衣]가 피면
밥 위에 덮은 것을 제거하고 뒤집어준다. 다음날이
되면 햇볕에 말리고 까불러서 누룩곰팡이를 제거하
고 깨끗한 그릇에 거두어둔다. 다시 묵은쌀 10승으
로 고두밥을 지어 햇볕에 말리고 또한 앞의 깨끗한

日, 開再翻轉, 傾入井花水
三擔, 又封閉. 一七日, 攪
一遍, 再封 ; 二七日, 再
攪 ; 至三七日, 卽成好醋矣.
此法甚簡易.《便民圖纂》

三黃醋方

於三伏中, 將陳倉米一斗
淘淨, 做熟硬飯, 攤令均,
候冷定, 飯面上以楮葉蓋,
或蒼耳、青蒿皆可. 罨作黃
衣, 上去罨蓋之物, 翻轉
過. 至次日, 曬籭去黃衣,
淨器收貯. 再用陳米一斗
做熟硬飯, 曬乾, 亦用淨

---

17 담(擔) : 1석(石)과 같은 단위.
18 편민도찬(便民圖纂) : 중국 명나라 광번(鄺璠, 1465~1505)이 지은 유서(類書)로, 농사를 비롯한 일반 백성
   들의 생업과 관련한 다양한 정보를 그림과 함께 제시하였다.
19 《便民圖纂》卷15〈製造類〉上 "造七醋", 226쪽.

그릇에 거두어둔다.

추사일(秋社日)이 되면 다시 묵은쌀 10승으로 고두밥을 지어 위에서 누렇게 된 말린 밥과 고루 뒤섞어 물을 넣는다. 이때 밥 위로 손가락 4개 두께 정도의 높이로 물이 더 차도록 붓고 사백(紗帛, 명주천)으로 위를 덮는다. 49일이 지나야 식초가 익는다. 독을 움직이거나 독에 물을 더 넣지 말고 저절로 익기를 기다린다. 이 방법은 매우 빼어나다.《거가필용》[20]

器收貯.

至秋社日, 再用陳米一斗做熟飯, 與上件黃子乾飯, 拌和均下水, 飯面上約有四指高水, 紗帛幪頭. 至四十九日方熟, 愼勿動著, 待其自然成熟. 此法極妙.《居家必用》

9) 쌀보리식초(미맥초) 빚기(미맥초방)

묵은쌀 10승(묵은찹쌀도 괜찮다)을 물에 하룻밤 담갔다가 불을 지펴 밥을 짓고 펼쳐서 식힌다. 거친 누룩 20냥을 곱게 찧어 불에 말리고, 종이를 땅에 깔아 여기에 누룩을 놓고서 화기를 내보낸다. 이 누룩을 밥과 고루 섞어 깨끗한 독 안에 넣고 새로 길어 온 물 30승을 넣는다. 또 이를 고루 섞고 평평하게 누른 다음 종이를 2~3겹으로 덮어 독아가리를 밀봉한다. 이때 바람이 들지 못하게 하고, 남쪽을 향하여 둔다.

49일을 기다렸다가 열고 밀 2승을 검게 그을리도록 볶아 독 안에 넣는다. 조금 뒤에 이렇게 만든 식초를 솥 안에 넣고 끓도록 달여 병에 넣는다. 여기에 볶은 밀 1줌을 띄우면 식초가 오래되어도 상하지 않는다.

米麥醋方

陳倉米一斗(或糯米亦可), 用水浸一宿, 炊作飯, 攤溫冷. 麤麴二十兩擣細, 火焙乾, 以紙襯地上出火氣. 拌飯均, 放淨甕內, 入新汲水三斗. 又拌均, 摺捺平, 用紙兩三層, 密封甕口, 勿見風, 向南方安.

候四十九日開, 用小麥二升炒燋, 投入甕內. 少頃, 取醋於鍋內, 煎沸入瓶了. 上用炒麥一撮, 醋久不壞.

---

20 《居家必用》己集〈造諸醋法〉"造三黃醋法"(《居家必用事類全集》, 243쪽).

두초(頭醋)[21]에 다시 물 15승으로 2번째 식초[第二醋]를 빚으면 10일 만에 꺼내 먹을 수 있다. 2번째 식초에 또 물 7.5승으로 3번째 식초[第三醋]를 빚으면 다시 며칠 뒤에 꺼내 먹을 수 있다.

3번째 식초로 2~3번 더 식초로 빚어서 먹고자 하면 반드시 검게 그을리도록 볶은 밀 0.5승 정도를 독 안에 넣는다. 이렇게 검은 색깔을 입히면 추가로 4번째 식초[第四醋]를 얻을 수 있다. 그 맛이 오히려 시장에 파는 것과 같으니, 이 식초의 빼어남을 말로 할 수 없다. 쌀식초 익히는 것은 대개 '밥을 짓는다.'라 할 뿐이다. 이 방법은 지은 밥을 쓰므로 식초의 성질이 평하다. 《거가필용》[22]

取頭醋了, 再用水一斗半釀第二醋, 旬日可取食之. 第二醋了, 又用水七升半釀第三醋, 更數日取食之.

第三醋了, 二三醋欲食, 須用炒燋麥半升許入甕內, 搭色, 猶可取第四醋, 味尚如街市中賣者, 此醋妙不可言. 米醋熟者, 蓋謂 "炊飯[10]"耳. 此法用炊[11]米, 所以性平.《居家必用》

10) 보리식초(대맥초) 빚기(대맥초방)

7월 7일에 만든다. 만약 7일에 만들지 못하면 반드시 7일에 길어온 물을 저장했다가 7월 15일에 만든다. 이 두 날을 제외하면 식초가 되지 않는다.

방 안의 문 근처 안쪽 가장자리에 독을 둔다. 대체적인 비율은 밀누룩[小麥麴] 1석, 물 3석, 보리(자잘하면서 거친 것) 1석이다. 밥을 지어 먹는 용도가 아니면 거친 보리를 쓰는 것이 좋다. 이 때문에 거친 낱알을 쓴다. 보리를 키질하고 깨끗이 일어 밥을 짓

大麥酢方

七月七日作. 若七日不得作者, 必須收藏取七日水, 十五日作. 除此兩日則不成. 於屋裏近戶裏邊置甕. 大率小麥麴一石、水三石、大麥(細造)一石, 不用作米則利嚴[12], 是以用造. 簸訖, 淨淘, 炊作再餾飯. 摵[13]令

---

21 두초(頭醋) : 식초를 만들고 나서 처음 떠낸 식초.
22 《居家必用》己集〈造諸醋法〉"造小麥醋法"(《居家必用事類全集》, 243~244쪽).
10 炊飯 : 《居家必用·造諸醋法·造小麥醋法》에는 "炒米".
11 炊 : 저본에는 "炒".《居家必用·造諸醋法·造小麥醋法》에 근거하여 수정.
12 利嚴 : 저본에는 "科麗".《齊民要術·作酢法》에 근거하여 수정.
13 摵 : 저본에는 "揮".《齊民要術·作酢法》에 근거하여 수정.

는데, 밥을 2번 뜸들인다. 이 밥을 추켜올려가며 식혀서 사람의 체온처럼 조금 따뜻한 정도가 되면 독에 넣고 식초를 빚는다. 이때 고무래로 휘저은 다음 면으로 독아가리를 덮는다.

3일 뒤에 바로 발효되었을 때 자주 휘젓는다. 휘젓지 않으면 흰 골마지[白醭]23가 생기고, 흰 골마지가 생기면 좋지 않기 때문에 가시나무로 바닥까지 휘저어준다. 이때 머리카락이 독 안에 떨어지면 식초가 상할까 염려된다. 일반적으로 식초가 상하더라도 머리카락을 제거하면 다시 좋아진다.

6~7일 뒤에 좁쌀 5승을 깨끗이 인다. 이때 또한 너무 곱게 찧을 필요는 없다. 좁쌀을 2번 뜸을 들여 밥을 짓는다. 이 밥 또한 추켜올려가며 식혀서 사람의 체온처럼 따뜻한 정도가 되면 독에 넣는다. 고무래로 휘저은 다음 면으로 독아가리를 덮는다.

3~4일 뒤에 좁쌀이 삭았는지 보고, 휘저어 맛을 본 다음 맛이 달고 좋으면 그만둔다. 만약 맛이 쓰면 다시 좁쌀 2~3승으로 밥을 짓고 적당량을 넣는다. 14일 뒤에는 먹을 수 있고, 21일 뒤에는 잘 익는다. 향이 좋고 맑으며 맛이 진하니, 식초 1잔에 물 1사발을 섞어야 먹을 수 있다.

小煖如人體, 下釀, 以杷攪之, 綿幕甕口.

三⒁日便發時數攪. 不攪則生白醭⒂, 生白醭則不好, 以棘子徹底攪之. 恐有人髮落中則壞醋, 凡醋⒃悉爾, 亦去髮則還好.

六七日, 淨淘粟米五升, 亦不用過細, 炊作再餾飯, 亦撣⒄如人體投之, 杷攪, 綿幕.

三四日, 看米⒅消, 攪而嘗之, 味甘美則罷. 若苦者, 更炊二三⒆升粟米投之, 以意斟量. 二七日, 可食;三七日, 好熟. 香美淳釅, 一盞醋, 和水一碗, 乃可食之.

---

23 흰 골마지[白醭] : 음식물 겉면에 생기는 곰팡이 같은 물질. 김치·장 등이 오래되면 잘 생긴다.
⒁ 三 : 저본에는 "二".《齊民要術·作酢法》에 근거하여 수정.
⒂ 生白醭 : 저본에는 없음.《齊民要術·作酢法》에 근거하여 보충.
⒃ 凡醋 : 저본에는 없음.《齊民要術·作酢法》에 근거하여 보충.
⒄ 撣 : 저본에는 "揮".《齊民要術·作酢法》에 근거하여 수정.
⒅ 米 : 저본에는 "水".《齊民要術·作酢法》에 근거하여 수정.
⒆ 二三 : 저본에는 "三二".《齊民要術·作酢法》에 근거하여 수정.

8월 중에 맑은 식초를 떠서 따로 독에 담고 동이로 덮어 위에 진흙을 바르면 몇 년을 묵힐 수 있다. 아직 익지 않았을 때는 2~3일 동안 반드시 냉수를 독 밖에 뿌려 열기를 빼낸다. 이때 이 끓이지 않은 물이 독 안에 들어가지 않도록 한다. 만약 기장이나 차좁쌀을 넣으면 더욱 좋고, 흰좁쌀이나 묵은좁쌀을 써도 된다. 《제민요술》[24]

八月中, 接取清, 別甕貯之, 盆合, 泥頭, 得停數年. 未熟時, 二[20]日、三日, 須以冷水澆甕外, 引出熱氣, 勿令生水入甕中. 若用黍、秫[21]米投彌佳, 白、倉粟米亦得.《齊民要術》

또 다른 방법 : 보리 20승 가운데 10승을 누렇게 볶아 물에 하룻밤 담갔다가 밥을 짓는다. 이 밥을 흰밀가루 6승과 고루 섞어 깨끗한 방에 자리를 펴고 고루 펼친 다음 7일 동안 닥나무잎으로 덮는다. 누룩곰팡이가 피면 햇볕에 말린다.

다시 남은 보리 10승을 누렇게 볶고 물에 하룻밤 담갔다가 밥을 하고 따뜻한 곳에 펼쳐둔다. 앞에서 만들어둔 황자(黃子, 누룩곰팡이)와 함께 섞어 넣고 항아리 안에 눌러둔다. 물 60승을 넣어 고루 휘젓고 뚜껑을 밀봉한다. 21일이 지나면 익는다. 《거가필용》[25]

一方 : 大麥仁二斗內一斗炒令黃色, 水浸一宿, 炊熟. 以白麵六升拌和, 淨室內鋪席攤均, 楮葉蓋覆七日, 黃衣上曬乾.
更將餘者一斗麥仁炒黃, 浸一宿, 炊熟攤溫, 同和入黃子, 捺在缸內. 以水六斗均攪, 密蓋, 三七日可熟.《居家必用》

우리나라의 가을보리식초 만들기(동국추모초방) : 5월 5일이나 7월 7일에 가을보리쌀 10승을 거칠게 찧고 푹 익힌 뒤, 부순 누룩 5승과 고루 섞는다. 동쪽으로 흐르는 물 1동이【정화수도 좋다】를 팔팔 끓인

東國秋麰醋方 : 五月五日或七月七日, 以秋麰米一斗麤擣, 爛烹, 碎麴五升調和, 東流水一盆【井花水亦

---

24 《齊民要術》卷8〈作酢法〉(《齊民要術校釋》, 551~552쪽).

25 《居家必用》己集〈造諸醋法〉"造大麥醋法"(《居家必用事類全集》, 244쪽).

[20] 二 : 저본에는 "一".《齊民要術·作酢法》에 근거하여 수정.

[21] 秫 : 저본에는 없음.《齊民要術·作酢法》에 근거하여 보충.

뒤 앞의 재료와 고루 섞고 독에 담아 기름종이로 아가리를 봉한다. 그 위에 청색 보자기를 덮고 다시 쑥으로 두루 덮은 다음 21일이 지나면 쓴다.

식초 1잔을 쓸 때마다 다시 맛있는 술 1잔을 더 넣는다. 소주를 넣으면 더욱 좋다. 식초를 빚을 때는 창포뿌리를 잘게 썰어 깨끗이 말린 다음 고루 섞으면 좋다.《고사촬요(攷事撮要)26》27

好】沸湯, 調和盛甕, 以油紙封口. 加以靑色袱, 以艾偏覆之, 過三七日, 用之. 每用一盞, 還以旨酒一盞添入, 燒酒尤好. 釀時, 菖蒲根細剉乾淨, 調和則好.《攷事撮要》

11) 밀식초(소맥초) 빚기(소맥초방)

밀로 식초 만드는 법 : 밀 30승으로 밥을 지어 항아리 속에 넣고 베로 아가리를 밀봉한다. 7일 뒤에 열고 2석의 막걸리를 부어주면 오래가고 상하지 않는다.《식경(食經)28》29

小麥醋方

作小麥苦酒法 : 小麥三斗炊令熟, 著坍22中, 以布密封其口. 七日開之, 以二石薄酒沃之, 可長久不敗.《食經》

맥황초(麥黃醋) 만드는 법 : 밀을 양에 관계없이 깨끗이 일어 맑은 물에 3일 동안 담근 다음 걸러내어 말리고 푹 찐다. 이를 따뜻한 곳에 펼쳤다가 삿자리 위에 펴놓고 닥나무잎으로 덮는다. 3~5일 뒤에 누룩곰팡이가 피면 닥나무잎을 제거하고 햇볕에 말린다. 이를 깨끗이 까불러서 항아리에 넣고 물로 고루 섞는다. 윗부분에 주먹 1개 정도 들어갈 높이만

造麥黃醋法 : 小麥不拘多少, 淘淨, 用淸水浸三日, 漉出控乾, 烝熟. 於煖處攤開, 鋪放蘆席上, 楮葉蓋之, 三五日黃衣, 去葉曬乾. 簸淨入缸, 用水拌均. 上面可留一拳水, 封閉, 四十九日

---

26 고사촬요(攷事撮要) : 조선 중기 어숙권(魚叔權, ?~?) 등이 1554년에 편찬한, 일상생활에 필요한 상식 등을 다룬 유서(類書). 3권 3책. 초간본은 전하지 않으나, 서명응(徐命膺, 1716~1787)이 《고사신서(攷事新書)》로 대폭 개정 증보하기까지 12차례나 간행되었다.

27 《攷事撮要》卷4〈雜用俗方〉"酒方" '釀醋法'.

28 식경(食經) : 미상. 이씨(李氏)·최호(崔浩)·축훤(竺暄)·회남왕(淮南王)·신농(神農)·마완(馬琬) 등의 인물이 썼다고 전해지는《식경》이 전한다.

29 출전 확인 안 됨 ;《齊民要術》卷8〈作酢法〉(《齊民要術校釋》, 557~558쪽).

22 坍 : 저본에는 "㼛".《齊民要術·作酢法》에 근거하여 수정.

큼 물을 채운 다음 밀봉하여 49일이 지나면 익는다. 《거가필용》[30]

可熟.《居家必用》

민간의 법 : 밀 10승을 흐물흐물하게 쪄서 떡을 만든다. 끓인 물 7사발, 누룩 1승을 합하여 만든다. 식초를 쓰다가 다 떨어지려 하면 좋은 술을 붓는다. 이 방법은 간편하고 빼어나다. 《삼산방》[31]

俗法 : 小麥一斗爛烝, 作餅, 熟水七鉢、麴一升, 合造. 用盡, 注以好酒, 此法簡妙.《三山方》

또 다른 법 : 밀 10승에 물 1동이를 넣고 밀알갱이가 흐물흐물해져 터질 때까지 푹 삶는다. 이를 건져내어 물기를 제거한 뒤 아주 깨끗이 하여 펼쳐놓고 식힌다. 밀 삶은 물도 그릇에 담아 식히는데, 이때 끓이지 않은 물이 들어가지 않게 한다. 밀 10사발을 삶아 여기에 누룩 5사발을 넣고 고루 섞어 독 안에 넣는다. 독 안에 있는 밀의 양을 보고 밀 삶은 물을 붓고, 동쪽으로 뻗은 복숭아나무가지로 돌려가며 젓는다. 푸른 베로 독아가리를 싸고 해가 처음 뜰 때의 빛이 드는 곳에 둔다. 쑥으로 독 위를 덮는다.

又法 : 小麥一斗, 用水一盆[23]煮熟, 以粒粒爛拆[24]爲度, 拯出去水, 淨盡攤冷. 其煮汁亦盛器放冷, 勿犯生水. 煮麥十碗, 入麴五碗, 拌均納缸甕內, 灌以煮汁, 多少視麥, 用桃東向枝滾轉. 以青布裹缸口, 置受初日處, 取蒿艾作蓋.

14일이 지나면 쓸 수 있다. 쓸 때 쓴맛이 변하면 표면에 뜬 희뿌연 것을 걷어내고 누룩을 큰 조각으로 부순 다음 검게 그을리도록 외제하여 독 안에 꽂아두면 좋다. 식초가 거의 떨어지려 할 때 청주를 더 넣으면【소주도 좋다】맛이 처음처럼 회복된다.

過二七日, 取用, 用時苦味變, 撈去上面白濁, 破麴作大片, 煨至焦黑, 插甕內好. 用醋旣盡, 添入清酒【燒酒亦可】, 味復如初.

---

30 《居家必用》己集〈造諸醋法〉"造麥黃醋法"(《居家必用事類全集》, 244쪽).

31 출전 확인 안 됨.

[23] 盆 : 저본에는 "盞".《增補山林經濟·治膳·造臘法》에 근거하여 수정.

[24] 拆 : 저본에는 "折".《增補山林經濟·治膳·造臘法》에 근거하여 수정.

이 방법은 사계절에 통용되므로 사계절 모두 식초를 만들 수 있다. 《증보산림경제》32

此法通四時, 皆可作. 《增補山林經濟》

12) 사계절병오식초(사절병오초) 빚기(사절병오초방)

병일(丙日)에 정화수 20승을 뜨고, 좋은 누룩 3승 볶은 것과 섞어 독에 넣는다. 오일(午日)에 찹쌀 10승을 흐물흐물하게 찌고 김이 다 빠져나가기 전에 독에 넣는다. 봄에는 동쪽, 여름에는 남쪽, 가을에는 서쪽, 겨울에는 북쪽으로 뻗은 복숭아나무가지로 휘젓는다. 《삼산방》33

四節丙午醋方

丙日取井花水二斗, 好麴三升炒和, 納甕. 午日取糯米一斗爛烝, 不歇氣納之. 春東、夏南、秋西、冬北桃枝攪之. 《三山方》

13) 누룩 없는 식초(무국초) 빚기(무국초방)

봄가을에 관계없이 쌀 30승을 씻어 물에 3일 동안 담갔다가, 푹 쪄서 항아리에 넣으면 7일 뒤에 곰팡이가 핀다. 쌀 10승마다 끓인 물 3사발을 식혀서 붓고, 익으면 쓴다. 쓸 때마다 바로 술을 더 넣는다. 《삼산방》34

無麴醋方

勿論春秋, 米三斗洗浸三日, 熟烝納缸, 七日生毛. 每米一斗, 熟水三鉢放冷注之, 待熟, 用之, 隨用卽添以酒. 《三山方》

14) 신선식초(선초) 빚기(선초방)

7월 7일에 정화수 30승을 독에 붓는다. 누룩가루 1승, 고리(古里)가루【6월 15일에 밀을 깨끗이 씻고 물에 7일 담갔다가 푹 찌고 꺼내어 편다. 삼잎·닥나무잎·여뀌잎을 두껍게 덮고 찐다. 7일 뒤에 꺼

仙醋方

七月七日, 取井花水三斗注甕. 麴末一升, 古里末【六月十五日, 將小麥淨洗, 浸七日, 熟烝出鋪. 麻葉、楮

---

32 《增補山林經濟》卷8 〈治膳〉 上 “造醢法”(《農書》4, 94~95쪽).
33 출전 확인 안 됨.
34 출전 확인 안 됨.

내어 햇볕에 말려 쓴다. 민간에서는 이를 '고리(古里)'
라 한다】【안 곧 중국의 맥황(麥黃)[35]이다】5승을 섞
어 독에 붓는다. 쌀 10승을 흐물흐물하게 쪄서 김
이 다 빠져나가기 전에 독에 넣는다. 동쪽으로 뻗은
복숭아나무가지로 21번 휘저은 다음 단단히 봉하고
쑥으로 뚜껑 주위를 둘러싼다.

또 다른 방법 : 7월 7일에 정화수 10병, 좋은 누
룩 10승을 섞어 자기독에 넣는다. 쌀 30승을 흐물흐
물하게 쪄서 김이 다 빠져나가기 전에 독 안에 넣는
다. 푸른 베로 아가리를 봉하고 쑥으로 뚜껑 주위를
둘러싼 다음 해가 드는 곳에 둔다.《삼산방》[36]

15) 술지게미식초(조초) 빚기(조초방)

춘주의 술지게미에 물을 섞고 덩어리를 으깨어
부순다. 3일이 지나면 술지게미를 눌러 맑은 즙 2석
정도를 짜낸 다음 뜨거운 좁쌀밥 40승을 지어 넣는
다. 동이로 독을 덮고 진흙으로 밀봉한다. 14일 뒤
에는 식초가 익는데 맛이 진하다.《제민요술》[37]

12월에 나온 술지게미 1석, 물에 불린 거친 쌀겨

葉、蓼葉厚覆㼈之，七日
取出，陽乾用之．俗呼"古
里"】【案 卽中國之麥黃】
五升，和注．米一斗爛㼈，
不歇氣納甕．東向桃枝攪
三七度，堅封擁艾．
又方：七夕，井花水十瓶、
好麴一斗，和納磁甕．米三
斗爛㼈，不歇氣納之，靑布
封口擁艾，置向陽地．《三
山方》

糟醋方

用春糟，以水和，搦[25]破
塊．經三日，壓取淸水汁兩
石許，著熱[26]粟飯四斗投
之，盆覆密泥．二七日，醋
熟，美釀．《齊民要術[27]》

臘糟一石、水泡麤糠三斗、

---

35 맥황(麥黃) : 밀누룩의 일종. 황증(黃烝)이라고도 한다. 아래 "누룩과 엿기름"에 '황증' 항목에 자세히 보인다.
36 출전 확인 안 됨.
37 《齊民要術》卷8〈作酢法〉《齊民要術校釋》, 555쪽).
[25] 搦 : 저본에는 "粥". 《齊民要術·作酢法》에 근거하여 수정.
[26] 熱 : 《齊民要術·作酢法》에는 "熟".
[27] 用春……要術 : 이 기사의 경우, 저본에는 '쌀겨식초(강초) 빚기(강초방)' 뒤쪽에 새로 '糟酢方'이라는 표제어
아래에 있고, 규장각본에는 지금처럼 '糟醋方' 표제어 아래의 첫 번째 기사로 되어 있으며, 오사카본에는
아예 없다. 여기에서는 규장각본의 기사배치를 따른다.

30승, 밀기울 20승. 이상의 재료들을 고루 섞어 따뜻한 곳에 놓아두고 뚜껑을 덮는다. 부지런히 젓고 누르면 반드시 향기가 나는데, 이때 맛을 보아 신맛이 나면 일반적인 식초 만드는 법대로 만들어 거른다.

계절을 고려하여 재료를 더하거나 뺀다. 봄·가을에는 쌀겨 45승, 밀기울 20승을 쓰고, 여름에는 쌀겨 30승, 밀기울 20승을 쓰고, 겨울에는 쌀겨 50승, 밀기울 30승을 쓴다. 이때도 날씨를 고려하여 더하거나 빼서 식초를 만든다. 《거가필용》[38]

麥麩二斗. 右件和均, 溫煖處放, 罨蓋. 勤拌捺, 須氣香, 呷嘗有醋味, 依常法製造, 淋之.

按四時添減, 春秋, 用糠四斗半、麩二斗；夏, 糠三斗、麩二斗；冬, 糠五斗、麩三斗, 覰天氣, 加減造之.《居家必用》

16) 밀기울식초(부초) 빚기(부초방)

처음에 밀기울을 준비한다. 먼저 밀기울 50승을 물로 고루 섞다가 덩어리를 만들 수 있는 정도가 되면 멈춘다. 이 덩어리를 시루에 찐 뒤 덮개를 덮어 황자(黃子)를 만든다. 이때 반드시 닥나무잎으로 덮어 발효를 돕는다.

2일 뒤에 황자가 완성되면 끌어모아 한 무더기를 만든다. 이를 덮개로 덮어 하룻밤 두었다가 햇볕에 말린다. 먼저 양을 헤아려 황자 5승을 남겨서 2번째 식초[二醋]를 만들 때 쓴다. 그런 다음 묵은 쌀 12승【5승도 괜찮다】을 물에 하룻밤 담갔다가 다음날 아침 먼저 마련해두었던 밀기울 50승과 고루 섞고 쪄서 밥을 짓는다. 이 밥이 조금 식으면 황

麩醋方

初取麵麩, 先以五斗, 用水均和, 可作團卽止. 上甑炊, 盒作黃子, 須楮葉蓋.

兩日後成黃, 卽打聚作一堆, 盒過夜, 曬乾. 先量起五升黃留, 作二醋, 然後用陳米一斗二升【五升亦不妨】浸一夜, 次早和先留麩皮五斗用和均, 炊飯熟, 稍冷, 與黃子入缸, 一處打

---

38 《居家必用》己集〈造諸醋法〉"造糟醋法"(《居家必用事類全集》, 244쪽).

자와 같이 밥을 항아리에 넣고 한곳에서 반죽한 다음 5승들이 병으로 약 20병 이상의 물을 넣고 고루 휘젓는다.

삿자리 1조각을 항아리아가리만 한 크기로 둥글게 자른다. 그 가운데에 사방 1척의 구멍을 낸다. 그 위에 풀로 짠 포[草布]를 덮는데, 이 포의 한쪽 가장자리를 풀로 붙여 위로 여닫을 수 있게 한다. 삿자리와 닿은 항아리아가리는 사방을 모두 풀로 붙여 봉한다.

항아리를 햇볕이 드는 곳에 두고 볕을 쬐었다가 다음날 아침 풀로 짠 포로 덮어두었던 구멍에 막대를 물건을 넣고 휘젓는다. 이와 같이 아침에 3일 동안 한 후 그친다. 반드시 식초의 징후를 살핀 뒤 앞서 여닫도록 만든 포의 풀을 바르지 않은 3면을 풀로 붙인다.

삼복 때에는 1개월 동안 햇볕을 쬔다. 만약 흐린 날이 많으면 십수 일 동안 더 햇볕을 쬔다. 이렇게 만든 식초를 짜서 솥에 넣고 여러 번 끓도록 달여 깨

拌, 入水約五升餠二十餠
以上, 攪均.

用蘆席一片, 如缸口裁圓,
中開方一尺竅. 草布且糊一
邊, 四外蘆與缸緣悉糊了.

置日中曬, 次早以杖物入草
布竅入, 攪飜, 如此三朝
止. 須看潮候, 糊了三面草
布.

三伏曬一月, 如日陰多, 臘
曬十數日, 却榨下鍋煎數
沸, 以淨潔瓶盛. 每瓶入炒

사진15 밀기울

사진16 밀기울식초 빚기

끗한 병에 담는다. 병마다 볶은 밀 1자밤을 넣고 종
이로 두껍게 봉한다. 그 종이 위에는 풀 태운 재 1
줌을 올려놓고 높은 곳에 두어 땅의 기운에 닿지 않
게 한다.

2번째 만든 식초에서 두초(頭醋)를 짜고, 먼저 1일
앞서 달여둔 끓인 물 10병을 준비한다. 다음날 아침
앞서 묵혀둔 황자 5승과 두초지게미를 고루 섞고,
달여서 식힌 물과 함께 휘저은 다음 앞의 방법대로
봉하여 덮는다. 이때는 굳이 3번 휘저어주거나 7일
동안 볕에 말릴 필요는 없다. 《거가필용》³⁹

麥一撮, 紙厚封, 紙上放草
灰一把, 置高處, 勿着地氣.

二醋榨頭醋, 先一日 ²⁸ 煎
下熟湯十瓶, 次早以先留
黃子五升與頭醋糟和均,
以所煎冷湯攪, 如前封蓋,
却不須三打曬七.《居家必
用》

17) 쌀겨식초(강초) 빚기(강초방)⁴⁰

지게미 20근마다 물 1담(1섬)에(겨울에도 관계없
다) 하룻밤 담갔다가 흐물흐물해질 때까지 고루 휘
젓는다. 이와 같은 방법으로 새 지게미에 물 1.5담
을 넣고 쌀겨를 물의 양에 맞게 적당히 넣은 다음
지게미와 반죽한다. 이때 반드시 매우 고르게 눌
러서 독 안에 쟁여넣어야 한다. 독이 가득차면 쌀
겨를 평평하게 펴서 덮거나, 또는 다시 거적으로
독아가리를 덮는다.

造糠醋方

每糟二十斤, 用水一擔(不拘
冬月)浸一宿, 攪均, 以爛爲
度. 如是新糟, 使水一擔半,
稻糠隨水拌糟, 須按令極
均, 裝入甕. 將滿, 攤平以
糠蓋, 或再用薦蓋甕口.

발효되는 과정을 자주 살펴 독에 열이 나면 바로
다른 독에 쏟아 넣고, 열이 너무 지나치게 나지 않
게 한다. 열이 너무 지나치게 나면 맛을 상하게 한

頻頻看覷, 候熱發, 便倒
入別甕, 熱不得太過, 太過
則損味. 如未熱, 不得動,

---

39 《居家必用》己集〈造諸醋法〉"造麩醋法"(《居家必用事類全集》, 245쪽).
40 쌀겨식초(강초) 빚기(강초방) : 저본과 오사카본의 두주에는 "이 단에는 잘못된 글자가 많으니 다른 판본을
   다시 살펴보아야 한다(此段多訛字, 更考他本)."라 되어 있다.
28 日 : 저본에는 "月".《居家必用·造諸醋法·造麩醋法》에 근거하여 수정.

다. 만약 열이 나지 않으면 독을 움직여서는 안 되고 앞의 방법대로 뚜껑을 덮어서 열을 낸다. 이렇게 4번 한 뒤 바로 차례차례 고루 눌러준다. 다시 추가로 새 지게미에 물을 넣고 걸러서 독에 넣은 뒤 밟아서 매우 실하게 한다. 단단히 밟아주지 않으면 식초를 만들기에 적당하지 않다.

依前盦蓋熱, 候四度, 逐旋隨次按均, 再膸入淋甕中, 踏令極實, 虛則不中.

이를 끓이고 걸러서 두초(頭醋)를 만든다. 다시 끓이고 걸러서 2번째 식초[第二醋]를 만든다. 이때 매우 신맛이 나게 하려면 곧 두초를 달이고 새 지게미에 거듭 거르면 신맛이 매우 좋아진다. 이와 같이 신맛이 나게 하려면 곧 2번째 식초를 팔팔 끓도록 달여 새로 나온 지게미에 거를 뿐이니, 이것이 2번 거른 식초이다.

煎湯淋之爲頭醋. 再煎湯淋取第二醋, 如要極酸, 卽將頭醋煎重淋新糟, 其酸極佳. 如此欲得酸, 卽將第二醋煎沸湯淋新糟已, 是重淋醋.

만약 다시 독마다 두초를 다시 거른다면 너무 신맛이 나게 될까 걱정된다. 식초를 만들 때 천초(川椒)를 마련하여 식초와 함께 마른 병에 넣고 진흙을 바른다. 그런 다음 습기가 가까이 오지 못하게 하고 달이고 나서 식으면 쟁여둔다.

若更將逐甕頭醋再淋, 恐太酸了. 造成川椒裝入乾缾, 泥起, 不可近濕氣, 煎了, 候冷裝.

식초를 만드는 법에서는 오직 신맛이 중요하다. 신맛의 비결은 열이 날 때 지나치게 열이 나지 않게 하고, 지게미가 변화할 때 지게미와 식초가 닿는 시간을 짧게 하여 걸러내고 다시 걸러내는 것이다. 그러면 저절로 빼어난 맛이 나는 것이다. 《거가필용》41

造酸之法, 惟要酸, 酸之訣, 在發熱時, 不可發過, 化糟時短, 着水淋下再淋, 自然妙也. 《居家必用》

---

41 《居家必用》己集〈造諸醋法〉"造糠醋法"(《居家必用事類全集》, 245~246쪽).

18) 대소두천년식초(대소두천세고주⁴²) 빚기(대소두 천세고주방)

대두 10승을 잘 일고 물에 담가 촉촉하게 불린다. 이를 찐 뒤 햇볕에 쬐어 바싹 말리고 술을 붓는다. 양에 관계없이 이것을 비율로 한다. 《식경》⁴³

19) 복숭아식초(도초) 빚기(도초방)

흐물흐물해질 정도로 익은 복숭아를 독 안에 넣은 뒤 7일 동안 아가리를 덮어둔다. 이를 걸러서 껍질과 씨를 제거한 뒤, 14일 동안 밀봉하면 식초가 완성된다. 향과 맛이 좋아 먹을 만하다【안 매실식초[梅酢]도 이 제조법에 의거해야 한다⁴⁴】.《본초강목》⁴⁵

20) 매실식초(매초) 빚기(매초방)

6월에 매실장아찌[梅干, 우메보시]를 만들 때 쓴다. 생매실(누렇게 익은 것) 10승을 물에 1일 동안 담갔다가 쓴 즙이 빠져나왔을 때 꺼낸다. 소금 3승을 매실에 뿌리고 돌로 하루 동안 꼬박 눌러 놓는다.

大小豆千歲苦酒方

用大豆一斗, 熟汰²⁹之, 漬令澤. 炊曝極燥, 以酒灌之, 任性多少, 以此爲率. 《食經》

桃酢方

取爛熟桃納甕中, 蓋口七日, 漉去皮、核, 密封二七日酢成, 香美可食【案 梅酢亦當倣此造法】.《本草綱目》

梅酢方

六月, 製梅干時取之. 用生梅(黃熟者)一斗漬水一日, 苦汁出時取出. 以鹽三升糝梅, 安壓石一晝夜, 梅

---

42 대소두천세고주 : 대소두천세고주라고 했지만 실제로는 대두천세고주(大豆千歲苦酒)만 수록하고 소두천세 고주(小豆千歲苦酒)는 수록하지 않았다. 이는 《농정전서》에 수록된 《제민요술》을 그대로 옮긴 결과로 보인다. 《제민요술》에 수록된 《식경》의 소두천세고주방은 다음과 같다.
"소두천년식초 빚는 법 : 소두(팥) 5두를 물에 일어 독 안에 둔다. 메기장쌀로 고두밥을 지어 소두 위에 덮어둔다. 여기에 술 3석을 부어준다. 솜으로 독아가리를 덮어준다. 20일이 지나면 식초가 된다(作小豆千歲苦酒法 : 用生小豆五斗, 水汰, 著甕中. 黍米作饋, 覆豆上. 酒三石灌之, 綿幕甕口. 二十日, 苦酢成)."

43 출전 확인 안 됨 ;《齊民要術》 卷8 〈作酢法〉(《齊民要術校釋》, 557쪽) ;《農政全書》 卷42 〈製造〉 "食物"(《農政全書校注》, 1219쪽).

44 매실식초[梅酢]도……한다 : '복숭아식초(도초) 빚기(도초방)'에 의거해서 빚은 매실식초는 아래 '매실식초(매초) 빚기(매초방)'로 빚은 식초와는 다른 식초이다.

45 《本草綱目》 卷29 〈果部〉 "桃", 1741쪽.

29 汰 : 저본에는 "沃".《齊民要術·作酢法》에 근거하여 수정.

매실즙이 빠져나오면 매실을 햇볕에 말린다. 이 말린 매실을 다시 물에 담갔다가 앞의 방법대로 매실즙을 내고 햇볕에 말리기를 2~3번 하면 매실장아찌가 완성된다.

그 매실즙을 쓸 때는 독에 담아 거두어 쓰는데, 바로 이것이 매실식초이다. 매실식초는 해가 지나도 상하지 않고, 병든 사람이 먹어도 독성이 적다. 《화한삼재도회》[46]

汁出, 取梅日曬, 又漬右[30] 件梅汁, 日乾再三, 則梅干成矣.

用其梅汁, 盛甕收用, 乃是梅醋也. 經年不敗, 病人食之, 亦毒少. 《和漢三才圖會》

21) 감식초(시초) 빚기(시초방)

감이 홍시가 되려 할 때 따서 꼭지를 제거하고 독 안에 담는다. 날이 오래되어 곰팡이가 피기를 기다렸다가 청주를 붓는다. 또 누룩 1덩이를 불에 구워 여기에 담그면 바로 좋은 식초가 완성된다. 식초가 다 떨어지려 할 때 다시 술을 붓고 구운 누룩을 담그면 감식초를 사용한 지 비록 여러 해가 지났어도 다시 감을 쓰지 않아도 된다. 《고사촬요》[47]

또 다른 법 : 8월에 저절로 떨어진 감을 주워서 항아리에 담고 두텁게 덮어두면 곰팡이가 핀다. 맑은 물을 항아리에 부어 가득 채우고, 좋은 술을 넣는다. 익으면 떠서 쓴다. 《산림경제보》[48]

柹醋方

柹子欲紅時, 摘取去蔕, 盛於甕內, 日久待毛生, 以淸酒灌之. 又將麴子一塊火炙, 浸之, 便成好醋. 醋盡, 更灌酒, 浸炙麴, 用雖至累年, 更不用柹. 《攷事撮要》

又法 : 八月間, 拾自落者, 盛缸, 厚覆則生毛, 淸水滿缸注之, 入好酒. 取用. 《山林經濟補》

---

46 《和漢三才圖會》卷105〈造釀類〉"酢"(《倭漢三才圖會》12, 289~290쪽).
47 출전 확인 안 됨 ;《增補山林經濟》卷8〈治膳〉"造醋法"(《農書》4, 96쪽).
48 출전 확인 안 됨.
30 右 :《和漢三才圖會·造釀類·酢》에는 없음.

22) 대추식초(조초) 빚기(조초방)

대추가 반쯤 익었을 때 앞의 감식초 만드는 방법대로 담근다. 《고사촬요》[49]

또 다른 법 : 반쯤 익은 대추【벌레 먹은 것은 더욱 좋다】10승, 정화수 1동이를 항아리에 담가 밀봉했다가 식초가 익으면 쓴다. 식초가 다 떨어지려 할 때 다시 정화수를 부어주면 구름처럼 먼 후손에게도 전할 수 있으니, 이에 따라 일명이 '전세초(傳世醋, 대대로 전하는 식초)'이다. 《삼산방》[50]

쉰 대추를 항아리에 넣고 대추가 발효되면 술을 부은 뒤, 양지바른 곳에 두었다가 쓴다. 《삼산방》[51]

23) 연꽃식초(연화초) 빚기(연화초방)

흰밀가루 1근, 연꽃 3송이를 곱게 찧은 뒤 물을 섞어 둥근 덩어리를 만든다. 이를 종이로 싸서 바람 부는 곳에 걸어둔다. 1개월 뒤에 꺼내서 현미[糙米] 10승을 하룻밤 동안 물에 담갔다가 쪄서 익히고 물 10승으로 식초를 빚는다. 종이를 7겹으로 밀봉하고 고정시킨 다음 각 겹마다 '7일(七日)'이라는 글자를 쓴다. 7일마다 이 종이를 1겹씩 제거한다. 49일이 지난 뒤에 개봉하여 용수로 걸러내어 여러 번 끓도록

棗醋方

大棗半熟時, 依前柹醋法浸之.《攷事撮要》

又法 : 棗半生半熟者【蟲損尤好】一斗、井花水一盆, 浸入缸密封, 待熟, 用之. 將盡, 又注井花水, 可傳雲, 仍一名"傳世醋".《三山方》

饐棗入缸, 待腐, 注酒, 置向陽地, 用之. 同上

蓮花醋方

白麪一斤、蓮花三朶, 擣細, 水[31]和成團, 用紙包裹, 掛於風處. 一月後取出, 以糙米一斗水浸一宿, 蒸熟, 用水一斗釀之. 用紙七層密封定, 每層寫"七日"字. 遇七日揭去一層. 至四十九日, 然後開封, 篘出,

---

49 출전 확인 안 됨 ;《增補山林經濟》卷8〈治膳〉"造醋法"(《農書》4, 96쪽).
50 출전 확인 안 됨.
51 출전 확인 안 됨.
31 水 : 저본에는 "米",《農桑衣食撮要·六月·做蓮花醋》에 근거하여 수정.

달이고 나서 거두어둔다. 《제세인술(濟世仁術)[52]》[53]

煎數沸收之. 《濟世仁術》

24) 창포식초(창포초) 빚기(창포초방)

5월 4일에 창포뿌리를 캐서 잘게 썰고, 밤새도록 이슬을 맞힌다. 5월 5일에 새로 길어온 물 1동이를 창포뿌리 5승과 섞어 식초를 빚으면 21일 뒤에 쓸 수 있다. 식초 1승을 쓰면 청주 1승을 더 넣는 식으로, 쓸 때마다 술을 더해주면 10년이 지나도 변하지 않는다. 《삼산방》[54]

菖蒲醋方

五月初四日, 採菖蒲根, 細切, 經夜承露. 初五日, 新水一盆, 和菖蒲根五升, 釀醋, 三七日可用. 若用一升, 則添入淸酒一升, 隨用隨添, 十年不變. 《三山方》

또 다른 법 : 5월 5일에 창포뿌리를 캐고 잘게 썰어 햇볕에 5승을 말린다. 이를 먼저 병 안에 넣고 흰쌀 10승을 흐물흐물하게 쪄서 독에 넣은 다음 끓인 물 10승이 식으면 누룩 1승과 섞어 독에 붓는다. 그러면 14일 뒤에 완성된다. 만약 식초가 완성되지 않으면 좁쌀 1승으로 죽을 끓여 붓는다. 《삼산방》[55]

又法 : 重五日[32], 採根, 細剉陽乾五升, 先入甕內, 白米一斗爛烝, 入甕, 熟水一斗待冷, 麴一升和注, 二七日成. 若不成, 粟米一升作粥, 注之. 同上

25) 도라지식초(길경초) 빚기(길경초방)

도라지를 양에 관계없이 껍질을 벗기고 잘게 부순 다음 햇볕에 말려 사기항아리에 넣는다. 여기에 좋은 청주를 부으면 식초가 완성된다. 《증보산림

桔梗醋方

桔梗不拘多少, 去皮裂破, 日曬乾, 納砂缸中, 以好淸酒灌之則成醋. 《增補山林

---

52 제세인술(濟世仁術) : 《준생팔전(遵生八牋)》·《고금도서집성(古今圖書集成)》·《어정월령집요(御定月令輯要)》 등에 단편적으로 인용된 것 이외에는 저자와 내용 등을 알 수 없다.

53 출전 확인 안 됨 ; 《農桑衣食撮要》 卷上 〈六月〉 "做蓮花醋" 《文淵閣四庫全書》730, 306쪽) ; 《御定月令輯要》 卷11 〈六月令〉 "民用" '蓮花醋' 《文淵閣四庫全書》467, 397쪽).

54 출전 확인 안 됨.

55 출전 확인 안 됨.

32 日 : 저본에는 없음. 규장각본에 근거하여 보충.

사진17 창포뿌리

사진18 도라지 말리기

경제》⁵⁶

26) 꿀식초(밀초) 빚기(밀초방)

팔팔 끓인 맹물에 꿀을 섞어 뜨거운 채로 병에 넣는다. 병아가리를 단단히 막아 따뜻한 곳에 두면 식초가 완성된다. 《증보산림경제》⁵⁷

蜜醋方

百沸湯和蜜, 乘熱納瓶中, 緊塞瓶口, 置溫處則成醋. 《增補山林經濟》

27) 엿식초(이당초) 빚기(이당초방)

엿 1근, 물 3근을 준비한다. 먼저 물을 솥에 넣고 여러 번 끓도록 달인 다음 모두 떠내어 여기에 엿을 붓는다. 엿을 고루 휘젓고 따뜻해지면 백국(白麴)⁵⁸가루 2냥을 넣고 함께 고루 휘저어 병에 넣는다. 이를 종이로 봉하여 햇볕을 쬔다. 봄·가을에는 1개월, 겨울에는 45일, 여름에는 20일 동안 익히면 향과 맛이 매우 좋다.

병에 넣은 지 20일 이상이 되면 표면에 흰 골마지가 층을 이루며 생기는데, 이 층을 흔들지 말고 골마지가 저절로 가라앉을 때가 되어야 식초가 익어 완성된다. 만약 햇볕에 쬐지 않고 깨끗한 곳에 두고 흔들지 않아 저절로 익도록 두면 맛이 더욱 빼어나다. 《거가필용》⁵⁹

餳餹醋方

餳餹一斤、水三斤, 先將水入鍋, 煎數沸, 餳³³出傾入餳餹. 攪均伺溫, 入白麴末二兩, 同攪均, 裝瓶內, 紙封日曬. 春秋一月, 冬四十五日, 夏二十日熟, 甚香美.

下了到二十日之上, 有一層白醭, 面子休攪動, 至自落時, 乃成熟也. 若不日曬, 只安頓淨處, 勿得動撓, 任其自然, 尤妙.《居家必用》

---

56 《增補山林經濟》卷8〈治膳〉上 “造醋法”(《農書》4, 96쪽).
57 《增補山林經濟》卷8〈治膳〉上 “造醋法”(《農書》4, 98쪽).
58 백국(白麴) : 흰누룩.
59 《居家必用》己集〈造諸醋法〉 “造餳餹醋法”(《居家必用事類全集》, 244쪽).
33 餳 : 저본에는 “酌”. 《居家必用·造諸醋法·造餳餹醋法》에 근거하여 수정.

28) 만년초(萬年醋) 빚기(만년초방)

여름에 맛이 변한 술을 쌀·식초·물 3가지 재료 같은 양과 섞어 독에 담는다. 그 독 안에 타다 남은 단단한 숯을 넣었다가 바로 숯을 꺼내고 급히 독아가리를 봉한다. 1개월이 지나면 식초가 완성된다.

식초를 쓴 뒤에 맛이 변한 술이 있으면 바로 독 안에 넣어주는 식으로 해야 식초가 몹시 시큼해진다. 이는 대개 민간에서 간편하게 쓰는 방법이다. 《화한삼재도회》[60]

萬年醋方

夏月用酒變味者, 米、醋、水三品等分和合, 盛甕, 投堅炭爐於內, 旋取出炭, 急封口, 經月成醋.

取用後, 如有酒之變味者, 逐旋入甕, 其醋最釅, 蓋民間簡便之法也.《和漢三才圖會》

29) 천리초(千里醋) 빚기(천리초방)

오매(씨를 제거한 것) 1근 정도를 진한 식초 5승에 하루 동안 담갔다가 햇볕에 말려 다시 식초에 담그고, 또 햇볕에 말려 다시 담그기를 식초가 다 없어질 때까지 한다. 이것을 찧어 가루 낸 뒤, 식초에 담갔다가 찐떡[烝餠]에 섞어 계란크기의 환을 만든다. 먹고 싶을 때 1~2개의 환을 끓인 물에 넣으면 좋은 식초가 완성된다. 《거가필용》[61]

千里醋方

烏梅(去核)一斤許, 以釅醋五升浸一伏時, 曝乾, 再入醋浸, 曝乾再浸, 以醋盡爲度. 擣末, 醋浸烝餠和爲丸如鷄頭大. 欲食, 投一二丸於湯中, 卽成好醋.《居家必用》

30) 식초 저장하는 법(수장초법)

일반적으로 식초를 저장할 때는 반드시 처음 나온 식초[頭醋]를 병에 넣는다. 병마다 달구어져 벌건 숯 1덩이를 넣고 볶은 밀 1자밤을 뿌린 다음 대껍질로 봉하고 진흙으로 단단히 막는다. 간혹 구운 소금

收藏醋法

凡收醋, 須用頭出者裝入瓶, 每瓶, 燒紅炭一塊投之, 糝炒小麥一撮, 箬封泥固. 或有入燒鹽者, 反淡

---

60 《和漢三才圖會》卷105〈造釀類〉"酢"(《倭漢三才圖會》12, 290쪽).
61 《居家必用》己集〈造諸醋法〉"造千里醋法"(《居家必用事類全集》, 244~245쪽).

을 넣을 때가 있는데, 그렇게 하면 도리어 맛이 싱거워진다. 《거가필용》62

쌀식초에 볶은 소금을 넣으면 흰 골마지가 생기지 않는다. 《물류상감지》63

31) 맛이 간 식초 고치는 법(의초실미법)

임신부나 부인 때문에 맛이 망가진 식초는 수레바퀴자국의 마른 흙가루를 일어 독에 넣으면 곧 맛이 돌아와 좋아진다. 《제민요술》의 주(注)64

일반적으로 식초의 맛이 망가졌을 때는 변소 근처에 독을 옮겨두면 곧 본래 맛으로 돌아온다. 《증보산림경제》65

식초가 익지 않았을 때에는 숯불을 식초 독에 넣으면 곧 맛이 시큼해진다. 《화한삼재도회》66

32) 식초 만들 때 금해야 할 것(조초의기)

생수, 소금기가 있는 그릇 및 여러 사람의 손이 닿는 일을 금하는데, 모두 식초를 쉽게 상하게 하기

了味. 《居家必用》

米醋內入炒鹽, 則不生白衣. 《物類相感志》

醫醋失味法

因妊娠、婦人所壞者, 車轍中乾土末淘著甕中, 卽還好. 《齊民要術》注

凡醋壞, 移甕置近廁處, 卽還本味. 《增補山林經濟》

醋如不熟, 以火炭投醋甕, 卽味醶[34]. 《和漢三才圖會》

造醋宜忌

忌生水、鹹器及雜手, 皆易致敗. 《四時纂要》

62 《居家必用》己集〈造諸醋法〉"收藏醋法"(《居家必用事類全集》, 246쪽).
63 《物類相感志》〈飲食〉(《叢書集成初編》1344, 6쪽).
64 《齊民要術》卷8〈作酢法〉(《齊民要術校釋》, 547쪽).
65 《增補山林經濟》卷8〈治膳〉上"治醋味乖法"(《農書》4, 93쪽).
66 《和漢三才圖會》卷105〈造釀類〉"酢"(《倭漢三才圖會》12, 289쪽).
[34] 醶 : 저본에는 "鹼". 규장각본·《和漢三才圖會·造釀類·酢》에 근거하여 수정.

때문이다. 《사시찬요》[67]

부인의 손이 닿거나 불결한 사람이 가까이 하지   勿使婦人觸, 穢人近之, 最
않도록 한다. 깨끗하지 않은 것을 가장 금한다. 《화   忌不淨物. 《和漢三才圖會》
한삼재도회》[68]

---

67 《四時纂要》卷4〈秋令〉.
68 《和漢三才圖會》卷105〈造釀類〉"酢"(《倭漢三才圖會》12, 289쪽).

5. 기름과 타락(駝酪)[1]

油酪

1) 총론

기름[油]은 고(膏)이고【《옥편(玉篇)》에 보인다[2]】,
타락[酪]은 윤택[澤]이다. 먹으면 사람을 살찌우고 윤
택하게 한다【《석명(釋名)》에 보인다[3]】.

기름은 곡식이나 채소의 씨를 짜서 만들고, 타락
은 소나 양의 젖을 달여서 만드니, 육식과 채식으로
각각 달라 한 종류가 아니다. 그러나 이것으로 음식
을 익히거나 반찬을 조리하면 냄새가 향기로워지고
맛이 부드러워지게 할 수 있다. 기름과 타락은 식재
료에서 빠뜨릴 수 없는 것이니, 이 2가지 물질은 그
효능과 쓰임이 같다. 북쪽 지방 사람들은 타락을 즐
겨 먹고, 남쪽 지방 사람들은 기름을 즐겨 먹는다.

우리나라 사람들은 본래 목축[畜牧]기술에 어둡
다. 단지 깨를 심어 기름을 얻을 줄만 알 뿐이지 다
른 것은 알지 못한다. 《옹치잡지》[4]

總論

油, 膏也【見《玉篇》】; 酪, 澤
也. 食之, 使人肥澤也【見
《釋名》】.

油以穀、菜之仁而榨成, 酪
以牛、羊之乳而煎成, 葷素
各異, 非一類也. 然以之飪
饌調饍, 能令氣香而味酥,
爲食料之不可闕, 則二物同
其功用也. 北人喜食酪, 南
人喜食油.

吾東素昧畜牧之術, 但知
種麻取油而已, 不知其他
也.《饔饎雜志》

---

1 타락(駝酪) : 낙타·소·양 등 동물의 젖을 가공하여 만든 음식.
2 옥편(玉篇)에 보인다 :《重修玉篇》卷7〈肉部第八十一〉"膏"(《文淵閣四庫全書》224, 67쪽).
3 석명(釋名)에 보인다 :《釋名》卷4〈釋飲食〉(《叢書集成初編》1151, 62쪽).
4 출전 확인 안 됨.

榨　油

기름틀(《왕정농서》)

2) 참기름(지마유) 짜기(착지마유방)

흰깨를 자리 위에 얇게 깔고 하룻밤 동안 밖에 내놓아 서리와 이슬을 받게 한다. 참깨를 뜨거운 쟁개비 안에 넣고 푹 볶아 꺼낸다. 이를 방아에 넣어 곱게 찧은 다음 성근 베로 싸서 기름틀[5]에 넣고 기름을 짠다. 이를 다시 볶고 다시 짜서 깻묵이 말라 짤 수 없게 되어야 그친다. 《옹치잡지》[6]

깨로 기름을 짤 때는 흰깨가 낫고 약으로 먹을 때는 검은깨가 낫다. 붉은깨는 껍질이 두꺼워 기름이 적게 나온다. 《본초강목》[7]

참깨는 처음 짠 경우가 기름이 많고, 2~3번 짠 경

榨脂麻油方

取白脂麻薄鋪席上, 露置經宿以受霜露. 入熱銚內, 炒熟取出. 下碓擣爛, 以稀布包裹, 入榨榨之. 更炒更榨, 至麻籸枯燥無可榨, 乃已.《饔饎雜志》

胡麻取油, 以白者爲勝 ; 服食, 以黑者爲勝. 赤者殼厚油少.《本草綱目》

脂麻頭番打取者多油, 二

5　기름틀 :《임원경제지·섬용지》1, 풍석문화재단, 387쪽에 자세히 나온다.
6　출전 확인 안 됨.
7　《本草綱目》卷22〈穀部〉"胡麻", 1437쪽.

우는 기름이 적다. 겨울에 매우 추운 날 기름을 짜면 기름이 적게 나온다. 《증보산림경제》[8]

三次打取者油少. 冬天大凍日榨油則油少.《增補山林經濟》

참기름이 오래되면 향기가 없어지므로 쓸 때마다 짜면 좋다. 《증보산림경제》[9]

麻油經久則無香, 旋用旋榨則佳. 同上

3) 급히 참기름(마유) 얻기(급취마유방)

참깨 1승을 볶고 곱게 찧어 끓는 물에 넣는다. 끓는 물이 너무 뜨거우면 바로 냉수 1작은잔을 더하고 막대기로 휘저어 그대로 둔다. 한참 뒤에 꺼내 보면 기름이 물 위로 뜬다. 이때 바로 숟가락으로 자주 떠낸 다음 다른 삼발이솥에 옮겨 넣고 달이면 물이 다 줄어들고 기름이 완성된다. 이때는 물 건너온 사람 보기를 금한다. 기름이 모두 흩어지기 때문이다. 《증보산림경제》[10]

急取麻油方

脂麻子一升炒, 擣細, 投沸湯中. 湯若過熱, 旋添冷水一小盞, 以杖攪之, 放頓. 良久取見, 則油浮水上, 卽以匙頻頻酌出, 移入他鐺而煎之, 則水盡縮而油成矣. 忌見渡水來人, 油皆散.《增林補山經濟》

또 다른 법 : 볶은 참깻가루 조금을 자기사발 안에 넣고 물을 부은 다음 취사 중인 밥에 잠깐 안쳐 둔다. 조금 뒤에 꺼내 보면 기름이 물 위로 뜬다. 그러면 위의 방법과 같이 달여 기름을 얻는다. 이렇게 하면 손님 1명의 반찬을 충분히 마련할 수 있다. 《증보산림경제》[11]

又法 : 脂麻炒末少許, 置磁鉢內, 以水灌之, 暫安炊飯上. 少頃取見, 則油浮水面, 煎取油如上法, 足供一客之饌. 同上

---

8 《增補山林經濟》卷9〈治膳〉下 "雜方"(《農書》4, 195쪽).
9 출전 확인 안 됨.
10 《增補山林經濟》卷9〈治膳〉下 "雜方"(《農書》4, 196쪽).
11 《增補山林經濟》, 위와 같은 곳

4) 음식 무칠 때 쓰는 기름양념(살반유료) 만들기 (살반유료방)

참기름에 화초를 넣고 먼저 1~2번 끓어오르도록 볶은 뒤 거두어둔다. 쓸 때 기름 1사발을 붓고 장유 (醬油, 간장)·식초·흰엿을 조금 넣고 적절하게 잘 섞어서 재워둔다. 일반적으로 음식재료에 기름을 넣고 무칠 때는 위의 기름양념을 조금 넣고 무쳐먹으면 맛이 빼어나다. 《중궤록》[12]

撒拌油料方

將麻油入花椒, 先時熬一二滾收起. 臨用時, 將油倒一碗, 入醬油、醋、白餳些少, 調和得法, 安起. 凡物用油拌的, 卽倒上些少拌吃, 絕妙. 《中饋錄》

5) 부록 여러 종류의 식물에서 기름짜기

【안】 중국 사람들이 기름을 짜는 재료는 참깨에 그치지 않는다. 일반적으로 콩과 채소의 씨, 과일과 라류(蓏類)의 속씨는 모두 기름을 짜서 모자라는 기름을 대신할 수 있다. 그러나 우리나라 사람들은 단지 참기름만을 먹고 다른 기름은 알지 못한다. 그러므로 일단 참깨가 흉작이 되면 기름이 금처럼 귀해진다. 음식을 잔뜩 차릴 수 있는 부귀한 집에서는 하루에 보통사람이 100일 동안 먹을 돈을 써도 부족하다.

그러나 가난한 시골의 검소한 백성들은 종종 태어나서 기름으로 음식 하는 법을 경험한 적이 없는 경우도 있으니, 이는 진실로 좋은 계책이 아니다. 지금 콩과 채소, 과일과 라류의 속씨 중에서 기름을 짤 수 있는 것을 가려 참기름 아래에 부기해둔다】

附 取油諸種

【按】 華人之取油也, 不止脂麻而已. 凡豆、菜之實、菓、蓏之仁, 皆可取油代置. 東人則但食麻油, 不知其他. 故一遇麻歉[1], 油貴如金. 闘飣之家, 日費中人百日之膳而不足.

窶鄉儉民, 往往有生不識油飪之法者, 誠非計也. 今採荳、菜、菓、蓏之可取油者, 附之麻油之[2]下】

---

12 《說郛》 卷95上 〈中饋錄〉 "製蔬" '撒拌和菜'(《文淵閣四庫全書》881, 410쪽).
① 歉 : 저본에는 "歉之". 오사카본·규장각본에 근거하여 수정.
② 之 : 저본에는 없음. 오사카본·규장각본에 근거하여 보충.

5-1) 콩기름(황백대두유)

[행포지] [13] 기름 짜는 법(취유법) : 날콩을 찧어 가루를 만든 다음 시루에 담고 중간불로 푹 찐다. 시루 안에 물방울이 고루 맺힌 다음에야 비로소 기름을 짤 수 있다. 콩이 푹 쪄지지 않으면 기름을 얻을 수 없다. 그 콩기름은 음식에 넣을 수 있는데, 다만 맛은 맵고 성질은 뜨거우며 독이 조금 있다.

5-2) 삼씨기름(마분유)

[행포지] [14] 마분(麻蕡)은 삼씨이다. 기름을 짜고 반찬을 만들어 상에 올릴 수 있다.

5-3) 순무씨기름(만청자유)

[행포지] [15] 4월에 순무씨를 거두어 기름을 짜고, 참기름과 함께 뜨겁게 달구면 색도 참기름과 같아 차이가 없다. 중국 사람들이 즐겨 먹는다.

[증보산림경제] [16] 순무씨 9승마다 참깨 1승을 넣고 볶아 가루 낸 뒤, 기름을 짠다.

5-4) 유채씨기름(운대유)

[행포지] [17] 씨에 기름이 많으므로, 이 운대의 일명이

黃白大豆油

[杏蒲志] 取油法 : 用生豆擣作屑, 盛甑, 以文武火烝熟. 令甑內露凝浹洽, 然後始可搾油. 烝不熟則不得油也. 其油可入食料, 但辛熱微毒耳.

麻蕡油

[又] 麻蕡, 大麻子也. 可打油供饌.

蔓菁子油

[又] 四月收子打油, 同麻油煉熟, 一色無異. 中國人喜食之.

[增補山林經濟] 每蔓菁子九升, 加入脂麻子一升, 炒作末, 取油.

蕓薹油

[杏蒲志] 其子多油, 故一名

---

13 《杏蒲志》下 卷4 〈果蓏〉 "種女貞【附取油諸種】"(《農書》36, 207쪽).
14 《杏蒲志》下 卷4 〈果蓏〉 "種女貞(《農書》36, 203쪽).
15 《杏蒲志》下 卷4 〈果蓏〉 "種女貞(《農書》36, 201쪽).
16 《增補山林經濟》卷9 〈治膳〉下 "雜方"(《農書》4, 196쪽).
17 《杏蒲志》下 卷4 〈果蓏〉 "種女貞【附取油諸種】"(《農書》36, 201쪽).

'유채(油菜)'이다. 유채씨를 볶아내고 기름을 짠 뒤 반찬을 만들어 상에 올릴 수 있지만, 맛은 참기름에 미치지 못한다.

"油菜". 炒過榨油, 可以供饌, 味不及麻油.

5-5) 차조기씨기름(자소자유)

紫蘇子油

[행포지] 18 차조기씨를 거두어 기름을 짜면, 물고기나 게의 독을 억제할 수 있다.

又 收子打油, 能制魚蟹毒.

[증보산림경제] 19 차조기씨 9승마다 참깨 1승을 더넣은 다음 함께 볶고 찧어 가루 낸 뒤, 기름을 짜면향과 맛이 지극히 좋아 사람에게 유익하다.

增補山林經濟 紫蘇子每九升, 加入芝麻子一升, 同炒擣末, 榨油則極香美益人.

5-6) 홍화씨기름(홍람자유)

紅藍子油

[행포지] 20 홍화씨를 빻고 그 즙을 달여 기름을 얻는다. 이를 채소와 버무려 먹으면 지극히 부드럽고 맛이 좋다.

杏蒲志 擣碎, 煎汁取油, 拌蔬食, 極酥美.

5-7) 도꼬마리씨기름(창이자유)

蒼耳子油

[행포지] 21 도꼬마리를 볶아 껍질을 벗긴 다음 속씨를 졸여 기름을 낸다. 중국의 북쪽 지방 사람들은이것으로 유과[寒具]를 튀긴다.

又 炒去皮, 取仁熬油. 中國北方人用以煠寒具.

---

18 《杏蒲志》, 위와 같은 곳.

19 《增補山林經濟》卷9〈治膳〉下 "雜方"(《農書》4, 196쪽).

20 《杏蒲志》下 卷4〈果蓏〉 "種女貞【附取油諸種】"(《農書》36, 201쪽).

21 《杏蒲志》下 卷4〈果蓏〉 "種女貞(《農書》36, 203쪽).

5-8) 하눌타리씨기름(과루자유)

瓜蔞子油

행포지 22 하눌타리는 곧 《시경(詩經)》〈빈풍(豳風)〉 "동산(東山)"에서 말한 과라(果蠃)이다.23 그 씨를 볶아 말리고 곱게 빻은 다음 여기에 물을 넣고 달인 뒤 기름을 얻고 반찬을 만들어 상에 올린다.

又 瓜蔞, 卽《豳詩》所謂果蠃也. 其子炒乾擣爛, 用水熬之, 取油供饌.

5-9) 수박씨기름(서과자유)

西瓜子油

증보산림경제 24 일반적으로 땅이 참깨를 재배하기에 적합하지 않은 곳이 있으면 반드시 수박씨를 볶아 기름을 짠 뒤 반찬에 넣으면 향과 맛이 매우 좋다.

增補山林經濟 凡土地有不宜芝麻處, 須取西瓜子仁, 炒榨油入饌, 甚香美.

5-10) 박씨기름(호서유)

瓠犀油

행포지 25 박씨는 껍질을 제거하여 기름을 짤 수 있다. 동아씨·호박씨도 모두 기름을 짜고 반찬을 만들어 상에 올릴 수 있다.

杏蒲志 瓠犀可去殼取油. 冬瓜子、南瓜子皆可打油供饌.

5-11) 참외씨기름(첨과자유)

甜瓜子油

행포지 26 참외씨는 햇볕에 바싹 말려 속씨를 취하면 기름을 짤 수 있다. 오이씨도 그렇다.

又 甜瓜子曝烈取仁, 可打油. 胡瓜子亦然.

5-12) 산초씨기름(초자유)

椒子油

행포지 27 산초씨의 껍질을 제거하여 푹 볶고 기름

又 去殼炒熟, 榨油, 可入

---

22 《杏蒲志》, 위와 같은 곳.
23 하눌타리는……과라(果蠃)이다 : 《詩經》 卷8〈國風〉 "豳風" '東山'(《十三經注疏整理本》5, 611쪽).
24 《增補山林經濟》 卷9〈治膳〉 下 "雜方"(《農書》4, 195~196쪽).
25 《杏蒲志》 下 卷4〈果蓏〉 "種女貞【附取油諸種】"(《農書》36, 203쪽).
26 《杏蒲志》, 위와 같은 곳.
27 《杏蒲志》 下 卷4〈果蓏〉 "種女貞【附取油諸種】"(《農書》36, 200쪽).

을 짜면 반찬에 넣을 수 있다. 맛은 조금 맵다.

饌. 味微辛.

5-13) 봉숭아씨기름(봉선자유)

산림경제보 28 봉숭아씨에서 기름을 취하여 반찬에 넣으면 좋다.

안 독이 있어 이를 상하게 하므로 많이 먹으면 안 된다.

鳳仙子油

山林經濟補 鳳仙花子取油, 入饌則佳.

按 有毒損齒, 不可多食.

5-14) 개암씨기름(진자유)

행포지 29 개암씨의 껍질을 제거한 뒤 푹 볶고, 기름틀에 넣어 기름을 짜면 반찬을 만들어 상에 올릴 수 있다.

榛子油

杏蒲志 去殼炒熟, 入榨榨油, 可供饌.

5-15) 잣기름(해송자유)

행포지 30 기름 짜는 방법은 위의 개암과 같다. 반찬에 넣으면 향과 맛이 좋다.

海松子油

又 榨法同榛子, 入饌香美.

5-16) 호두기름(호도인유)

행포지 31 기름 짜는 방법은 위의 개암과 같다. 반찬에 넣으면 사람에게 유익하다.

胡桃仁油

又 榨法同榛子, 入饌益人.

---

28 출전 확인 안 됨;《增補山林經濟》卷9〈治膳〉下 "雜方"(《農書》4, 196쪽).
29 《杏蒲志》下 卷4〈果蓏〉"種女貞【附取油諸種】"(《農書》36, 203쪽).
30 《杏蒲志》, 위와 같은 곳.
31 《杏蒲志》, 위와 같은 곳.

비자와 비자씨(《왜한삼재도회》)

5-17) 비자기름(비자유)

비자기름(비자유)

[화한삼재도회] [32] 비자씨를 조금 볶아 기름을 짠다. 그 기름으로 여러 과실과 두부를 지지면 향과 맛이 참기름보다 낫다.

6) 타락 만드는 방법(조락방)

소와 양의 젖으로 모두 타락을 만들 수 있다. 소젖과 양젖을 따로 만들거나 섞어 만들거나 마음대로 한다. 소의 출산일에 곧 곡식을 쌀가루처럼 빻아 물을 많이 붓고 끓이면 묽은 죽이 된다. 죽이 식으면 소에게 마시게 한다. 만약 마시지 않을 때는 물을 주지 않으면 다음날 목이 말라 스스로 죽을 마신다.

榧子油

和漢三才圖會 取子微炒榨之, 以其油煎諸果及豆腐, 香味勝於麻油.

造酪方

牛、羊乳皆得. 別作和作, 隨人意. 牛産日, 卽粉穀如米③屑, 多著水煮則作④薄粥, 待冷飮牛. 若不飮者, 莫與水, 明日渴自飮.

---

32 《和漢三才圖會》卷88〈夷果類〉"榧"(《倭漢三才圖會》10, 443쪽).
③ 米 : 저본에는 "糕". 《齊民要術·養羊》에 근거하여 수정.
④ 則作 : 저본에는 "作則". 《齊民要術·養羊》에 근거하여 수정.

소가 출산한 지 3일 뒤에 소의 목을 끈으로 매어 온몸의 맥이 부풀게 한다. 소를 땅에 넘어뜨리고 묶은 상태에서 손으로 젖멍울을 세게 주물러 터뜨린다. 이어서 발로 유방을 14번 두루 찬 다음에 소를 풀어 놓는다. 양은 출산한 지 3일 뒤에 바로 손으로 젖멍울을 주물러 터뜨리되 유방을 발로 차지는 않는다.

만약 이렇게 젖멍울을 터뜨리지 않을 경우 젖맥이 가늘고 적어져서 몸조리를 하면 젖맥이 닫혀버린다. 하지만 젖멍울을 터뜨려 맥이 열리면 젖을 짤 때 얻기 쉽다. 만약 먼저 젖멍울을 터뜨리고 난 다음에 출산했으면 다시 조치할 필요는 없다.

소는 출산한 지 5일 뒤, 양은 10일 뒤에는 새끼양과 송아지가 젖을 먹어 힘이 강해지고, 물과 풀을 먹을 수 있게 된다. 그런 뒤에 젖을 짤 때에는 반드시 사람이 짐작하여 전체 젖의 양을 셋으로 나눠 1/3은 남겨두어 새끼양이나 송아지에게 주어야 한다. 만약 젖을 너무 일찍 짜고 또 젖 1/3을 남겨두지 않으면 새끼양이나 송아지가 야위어 죽는다.

3월 말~4월 초에 소나 양이 풀을 배불리 먹으면 곧 타락을 만들어 그 이익을 취할 수 있다. 8월 말이 되면 그친다. 9월 1일부터는 타락을 단지 조금씩만 상에 올려서 먹고, 많이 만들어서는 안 된다. 날

牛產三日, 以繩絞牛項頸, 令徧身脈脹, 倒地旣縛, 以手痛捼乳核令破, 以脚二七徧蹴乳房, 然後解放. 羊產三日, 直以手捼核[5]令破, 不以[6]脚蹴.

若不如此破核者, 乳脈細微, 攝身則閉, 核破脈開, 捋乳易得. 曾經破核後產者, 不須復治.

牛產五日外, 羊十日外, 羔犢得乳力強建, 能噉水草. 然後取乳[7]之時, 須人斟酌, 三分之中, 當留一分, 以與羔、犢. 若取乳太早, 又不留一分乳者, 羔、犢瘦死.

三月末、四月初, 牛羊飽草, 便可作[8]酪以取其利, 至八月末止. 從九月一日後, 止可小小供食, 不得多作.

---

[5] 核 : 저본에는 "痛".《齊民要術·養羊》에 근거하여 수정.
[6] 以 : 저본에는 "破".《齊民要術·養羊》에 근거하여 수정.
[7] 取乳 :《齊民要術·養羊》에는 "取乳捋乳".
[8] 作 : 저본에는 "取".《齊民要術·養羊》에 근거하여 수정.

씨가 건조하고 추워지면 소나 양이 점점 야위기 때문이다.

타락을 많이 만들 때에는 날이 저물어 소나 양이 돌아오면 곧 새끼양이나 송아지를 따로 한곳에 모아 둔다. 다음날 아침에 풀어놓되 모자가 따로 무리짓게 하고 해가 동남쪽에 이르면 이슬 맞은 풀을 배불리 먹게 하고 몰아서 돌아오게 한 뒤 젖을 짠다. 젖 짜기가 끝나면 다시 풀어놓아 새끼양이나 송아지가 어미를 따라다니도록 했다가, 해가 저물면 다시 따로 둔다. 이와 같이 해야 젖을 많이 얻을 수 있고 소나 양이 야위지 않는다.

만약 먼저 짠 소를 일찍 내보내지 않고 마침내 해가 높이 뜬 뒤에 내보내면 이슬이 말라 소나 양은 항상 마른 풀을 먹게 되어서 다시는 살이 찌거나 튼실해지지 않는다. 또 소나 양이 점점 야윌 뿐 아니라 젖도 적어진다.

젖을 다 짜면 삼발이솥에 넣고 약한 불로 달인다. 불이 세면 젖이 바닥에 눌어 붙는다. 항상 1월과 2월에 미리 말린 소나 양의 똥을 거두어 연료를 쓰면서 젖을 달이면 가장 좋다. 풀을 때면 재가 젖에 들어가고 땔나무를 때면 또 젖이 잘 눌어붙지만, 마른 똥은 불이 약해 이 2가지 근심이 없기 때문이다.

젖을 달일 때는 항상 국자로 젖을 저어서 넘치지

天氣枯寒, 牛羊漸瘦故也.

大作酪時, 日暮, 牛羊還, 卽間羔、犢別著一處, 凌朝早放, 母子別群, 至日東南角, 䬸露草飽, 驅歸捋之. 訖還放之, 聽羔、犢隨母, 日暮還別. 如此得乳多, 牛羊不瘦.

若不早⑨放先捋者, 比竟⑩, 日高則露解, 常食燥草, 無復膏潤, 非直漸瘦, 得乳亦少.

捋訖, 於鐺釜中緩火煎之. 火急則著底焦. 常以正月、二月, 豫收乾牛羊矢煎乳, 第一好. 草旣灰汁, 柴又喜焦, 乾糞火軟⑪, 無此二患.

常以杓揚乳, 勿令溢出, 時

---

⑨ 早 : 저본에는 "先".《齊民要術·養羊》에 근거하여 수정.
⑩ 竟 : 저본에는 "覺".《齊民要術·養羊》에 근거하여 수정.
⑪ 軟 : 저본에는 "輕".《齊民要術·養羊》에 근거하여 수정.

않게 해야 한다. 때에 맞춰 다시 바닥에서부터 가로
세로로 젓거나 곧게 왕복하며 저어야지, 둥글게 휘
젓지 말도록 조심해야 한다. 둥글게 휘저으면 잘 응
고되지 않는다. 또한 입김을 불지 말아야 하는데,
입김을 불면 젖이 풀어진다. 4~5번 끓어오르면 바
로 그친다. 달인 젖을 동이에 쏟아 부은 다음 바로
젓지 말아야 한다. 젖이 조금 식으면 그제서야 젖의
굳은 막을 걷어낸 다음 따로 그릇에 담으면 연유[酥]
가 된다.

　나무를 구부려 둥근테를 만들고, 이것으로 생명
주자루의 입구를 벌린다. 여기에 익힌 젖을 넣고 걸러
서 와기병에 넣고 발효시킨다[臥]33. 이와 같이 할 때
새 병이면 곧바로 쓰고 불에 쬐지 않아도 된다.

　만약 이미 발효시킨 타락을 넣었던 병이면, 매번
반드시 잿불에 병을 쬔다. 이때 진액이 나오도록 돌
려가며 불을 쬐는데, 병 전체에 두루두루 뜨거운 열
기가 돌아 바싹 마르면 식혀서 쓴다. 불에 쬐지 않
아서 병에 습기가 있으면 타락이 응결되지 않아 완
성되지 않는다.

　만약 날마다 병을 불에 쬐는데도 타락이 오히려
응결되지 않는 경우가 있으면, 타락을 만드는 집에

復徹底縱橫直句, 愼勿圓
攪, 圓攪⑫喜斷. 亦勿口
吹, 吹⑬則解. 四五沸便
止. 瀉著盆中, 勿便揚之,
待小冷, 遂取乳皮, 著別器
中, 以爲酥.

屈木爲棬, 以張生絹袋子.
濾熟乳著瓦瓶中臥之. 如
是新瓶卽直用之, 不燒.

若舊瓶已曾臥酪⑭時, 輒
須灰火中燒瓶. 令津出, 廻
轉燒之, 皆使周帀熱徹,
好乾, 待冷乃用. 不燒者,
有潤氣則酪斷不成.

若日日燒瓶, 酪猶有斷者,
作酪屋中有蛇、蝦蟆故也.

---

33 발효시킨다[臥] : 끓는 젖을 덮어서 온도를 유지시키며 발효시키는 것이다. 누룩을 누룩저장소에 넣어서 효
　모를 배양하는 공정을 '와(臥)'라 하는데, 이와 같은 원리로 일정한 용기 속에 밀폐하여 미생물이 순리대로
　발효작용을 일으킬 수 있도록 적당한 온도를 유지시키는 것도 '와(臥)'라 한다. 《제민요술역주》3, 137쪽,
　각주 346을 참조.
⑫ 圓攪 : 저본에는 없음. 《齊民要術·養羊》에 근거하여 보충.
⑬ 吹 : 저본에는 없음. 《齊民要術·養羊》에 근거하여 보충.
⑭ 酪 : 《齊民要術·養羊》에는 "酪者每臥酪".

뱀이나 두꺼비가 있기 때문이다. 이때는 사람의 머리카락이나 양이나 소의 뿔을 태워 뱀이나 두꺼비를 물러가게 해야 한다. 태운 냄새를 맡으면 뱀이나 두꺼비가 도망간다.

타락을 발효시킬 때에 알맞은 온도는, 따뜻하도록 하여 체온보다 조금 더운 상태가 적당하다. 뜨겁게 발효시키면 타락이 시게 되고, 너무 차가우면 완성되기 어렵다.

젖 거르기를 마치면 먼저 달콤한 타락[甜酪]34으로 효모를 만든다. 대체적인 비율은 익힌 젖 1승에 타락 0.5술이다. 타락을 국자에 넣고 숟가락으로 힘껏 휘저어 분해시킨 다음 익힌 젖에 쏟아 붓는다. 그리고 바로 국자로 휘저어 고르게 섞는다. 양탄자나 솜 따위로 병을 감싸서 따뜻하게 해주고 한참 동안 홑 겹베로 덮어주면 다음날 아침 타락이 완성된다.

만약 거리가 성(城)에서 멀어 익힌 타락으로 만든 효모를 구할 수 없으면 급히 식초와 밥을 섞은 다음 갈고 익혀 효모를 만든다. 이때 대체적인 비율은 젖 10승에 밥으로 만든 효모 1술이다. 이 효모를 젖에 넣고 휘저어 고르게 하면 또한 타락을 만들 수 있다. 신 타락으로 효모를 만들면 타락도 시고, 달콤한 효모가 지나치게 많으면 타락도 시다.

宜燒人髮、羊・牛角以辟之, 聞臭氣則去矣.

其臥酪時⑮, 冷煖之節, 溫溫小煖于人體爲合宜適. 熱臥則酪醋, 傷冷則難成.

濾乳訖, 以先成甜酪爲酵. 大率熟乳一升, 用酪半匙著杓中, 以匙痛攪令散, 瀉著熟乳中, 仍以杓攪使均調. 以氈、絮之屬, 茹瓶令煖, 良久, 以單布蓋之, 明朝酪成.

若去城中遠, 無熟酪作酵者, 急揄⑯醋、飧, 研熟以爲酵. 大率一斗乳, 下一匙飧⑰, 攪令均調, 亦得成. 其酢酪爲酵者, 酪亦醋;甜酵傷多, 酪亦醋.

---

34 달콤한 타락[甜酪] : 발효제를 만들기 위해서 먼저 만들어 삭혀 둔 유즙을 말한다.
⑮ 時:《齊民要術・養羊》에는 "待".
⑯ 揄: 저본에는 "楡".《齊民要術・養羊》에 근거하여 수정.
⑰ 飧: 저본에는 "酵".《齊民要術・養羊》에 근거하여 수정.

6~7월에 만든 타락의 경우, 발효시킬 때는 사람의 체온 정도의 온도로 하고, 보관할 때는 바로 찬 곳에 두며, 발효시킬 때 병을 따뜻하게 감쌀 필요는 없다. 겨울에 만든 타락의 경우, 발효시킬 때는 사람의 체온보다 조금 뜨겁게 한다. 나머지 달에 비해서 온도가 낮기 때문에 병을 감싸 아주 따뜻하게 한다. 《제민요술》[35]

타락 만드는 법 : 젖 0.5국자를 솥에 넣고 졸인 뒤에 나머지 젖을 넣고 수십 번 끓도록 달인다. 항상 국자를 위아래와 좌우로 움직여 휘젓다가, 항아리에 쏟아 붓는다. 우유가 식으면 뜨는 막을 걷어내어 수유(酥油)[36]로 삼는다. 여기에 오래된 타락을 조금 넣고 종이로 봉하여 두면 곧 타락이 완성된다. 《음선정요(飲膳正要)[37]》[38]

7) 말린 타락(치즈) 만드는 법(건락법)

7~8월에 만든다. 한낮에 타락을 볕에 쬐어 말리다가, 타락 위에 피막이 생기면 걷어낸다. 다시 볕에

其六七月作者, 臥時令如人溫[18], 直置冷地, 不[19]須溫茹. 冬天作者, 臥時少令熱於人體. 降於[20]餘月, 茹令極熱. 《齊民要術》

造酪法 : 用乳半杓, 鍋內炒過, 入餘乳熬數十沸. 常以杓縱橫攪之, 乃傾出罐盛. 待冷, 掠取浮皮以爲酥. 入舊酪少許, 紙封放之卽成矣. 《飲膳正要》

乾酪法

七月八月中作之. 日中炙酪, 酪上皮成, 掠取. 更炙之,

---

35 《齊民要術》 卷6 〈養羊〉(《齊民要術校釋》, 431~433쪽).

36 수유(酥油) : 소나 양의 젖을 바짝 졸여서 만든 기름.

37 음선정요(飲膳正要) : 중국 원나라의 홀사혜(忽思慧, 1314~1320)의 저서로, 총 3권으로 구성되어 있다. 여러 금기할 음식, 진수성찬, 탕요리, 환자를 치료하는 요리 및 음식 재료들을 개괄하는 내용이 수록되어 있다.

38 출전 확인 안 됨 ; 《山林經濟》 卷2 〈治膳〉 "造料物法" '造酪法'(《農書》2, 310쪽) ; 《本草綱目》 卷50 〈獸部〉 "酪", 2788쪽. 《산림경제(山林經濟)》·《본초강목(本草綱目)》 모두 이 내용의 출전이 《구선신은서(臞仙神隱書)》로 되어 있으며, 《음선정요(飲膳正要)》에는 이 내용이 보이지 않는다. 착오가 있는 듯하다.

[18] 溫 : 《齊民要術·養羊》에는 "體".

[19] 不 : 저본에는 "下必". 《齊民要術·養羊》에 근거하여 수정.

[20] 降於 : 저본에는 "他". 《齊民要術·養羊》에 근거하여 수정.

쬐고 또 피막을 벗기다가, 기름기가 다하여 피막이 생기지 않아야 바로 그친다.

기름기를 없앤 젖 10승 정도를 얻으면 삼발이솥에서 잠시 동안 볶은 다음 곧 쟁반 위에 놓고 햇볕에 말린다. 말린 타락이 눅눅할 때 배[梨] 정도 크기의 둥근 덩어리를 만들고 다시 햇볕에 말린다. 이렇게 하면 몇 년이 지나도 상하지 않고 먼길을 갈 때 상에 올릴 수 있다.

죽을 쑤거나 음료를 만들 때 이 덩이를 가늘게 깎아서 물속에 넣고 팔팔 끓이면 곧 타락맛이 난다. 또한 끓는 물에 1덩이를 다 넣고 끓이면서 맛을 보아 타락맛이 나면 타락덩어리를 도로 걸러내어 햇볕에 말린다. 이 1덩이는 5번 끓여도 깨지지 않는다. 상황을 보아 끓는 물과 타락덩어리 양쪽이 점점 맛이 엷어지고 크기가 작아져야 깎고 갈아서 쓴다. 그러면 쓰임이 2배로 될 것이다. 《제민요술》[39]

말린 타락 볶는 법 : 햇볕에 말린 타락을 뜨거운 수유를 두른 솥에 누렇게 볶은 다음 거두어 먼 길 갈 때의 식용으로 대비해 둔다. 《구선신은서》[40]

又掠, 肥盡無皮, 乃止.

得一斗許, 于鐺中炒少許時, 即出於盤上曝. 浥浥時作團大如梨許, 又曝使乾. 得經數年不壞, 以供遠行.

作粥作漿時, 細削, 著水中, 煮沸, 便有酪味. 亦有全擲一團著湯中, 嘗有酪味, 還漉取, 曝乾. 一團[21]則得五徧煮, 不破. 看勢兩漸薄, 乃削研, 用者倍[22]矣. 《齊民要術》

炒乾酪法 : 用曬乾酪, 於熱酥油鍋內, 炒黃色收起, 以備遠行食用. 《臞仙神隱書》

39 《齊民要術》卷6〈養羊〉(《齊民要術校釋》, 433쪽).
40 《神隱》上卷〈山居飲食〉"炒乾酪"(《四庫全書存目叢書》260, 31쪽) ;《山林經濟》卷2〈治膳〉"造料物法" '炒乾酪'(《農書》2, 312쪽).
21 團 : 저본에는 "徧".《齊民要術·養羊》에 근거하여 수정.
22 者倍 :《齊民要術·養羊》에는 "倍省".

8) 녹락(漉酪)⁴¹ 만들기(녹락방)

8월에 만든다. 좋은 타락을 생베[生布]로 만든 주머니에 담고 매달아두면 물이 방울방울 나오게 된다. 물이 다 나오면 삼발이솥에 넣어 잠시 볶은 다음 곧 쟁반 위에 꺼내어 햇볕에 말린다. 타락이 눅눅할 때 배 정도 크기의 둥근 덩어리를 만들면 또한 몇 년이 지나도 상하지 않는다.

타락덩이를 깎아 미음이나 음료를 만들면 맛이 말린 타락[乾酪]보다 낫다. 녹락을 볶으면 맛이 떨어져 생타락만 못하지만, 볶지 않으면 벌레가 생겨서 여름을 나지 못한다.

말린 타락과 녹락 2가지는 오래 두면 모두 색이 바래고 냄새가 난다. 그러므로 매년 따로 만들어서 1년 동안 다 쓰는 것만 못하다. 《제민요술》⁴²

漉酪方

八月中作. 取好淳酪, 生布袋盛, 懸之, 當有水出滴滴. 水盡㉓, 著鐺中暫炒, 卽出於盤上, 日曝. 浥浥時作團大如梨許, 亦數年不壞.

削作㉔粥、漿, 味勝前者. 炒雖味短, 不及生酪, 然不炒生蟲, 不得過夏.

乾、漉二酪, 久停皆喝氣, 不如年別作, 歲管用盡. 《齊民要術》

9) 마락효(馬酪酵)⁴³ 만들기(馬酪酵方)

나귀젖 2~3승을 말젖 적당량과 섞는다. 이를 맑게 가라앉혀 타락이 완성되면 가라앉은 앙금을 떠서 둥근 덩어리를 만들고 햇볕에 말린다. 다음 해에 타락을 만들 때 이것을 효모로 쓴다. 《제민요술》⁴⁴

馬酪酵方

用驢乳汁二三升和馬乳不限多少. 澄酪成, 取下澱, 團曝乾. 後歲作酪, 用此爲酵也. 《齊民要術》

---

41 녹락(漉酪) : '녹(漉)'은 물기를 걸러낸다는 의미로, 녹락은 물기를 빼서 반건조한 치즈를 말한다.
42 《齊民要術》 卷6 〈養羊〉 《齊民要術校釋》, 433~434쪽).
43 마락효(馬酪酵) : 말의 젖으로 만든 효모.
44 《齊民要術》 卷6 〈養羊〉 《齊民要術校釋》, 434쪽).
㉓ 盡 : 저본에는 "不盡". 《齊民要術·養羊》에 근거하여 수정.
㉔ 作 : 저본에는 없음. 규장각본·《齊民要術·養羊》에 근거하여 보충.

10) 수유(酥油)를 휘저어 버터 만드는 법(평수법)

느릅나무[夾楡][45]사발로 국자를 만들고(국자 만드는 법 : 사발의 위 절반을 잘라내고 네 모퉁이를 깎아 각각 둥근 구멍 1개씩을 만드는데, 지름의 크기는 0.1척 정도로 한다. 바닥에는 긴 자루를 꽂아 술국자 모양처럼 만든다) 수유를 휘저어 버터를 만든다. 버터를 만드는 데 사용되는 크림[酥酪]은 단 것과 신 것을 모두 사용할 수 있다.[46] 며칠 뒤에는 묵은 타락이 매우 시어지지만 그것도 괜찮다.

타락이 많으면 큰 독을 쓰고, 타락이 적으면 작은 독을 쓴다. 해가 잘 드는 곳에 독을 둔다. 아침에 일어나면 타락을 독 안에 쏟아붓고 볕에 쬐어 말리다 해가 서남쪽에 이르면 가져가 타락을 휘젓는데, 국자가 항상 독바닥까지 닿도록 한다.

밥 한끼 먹을 정도의 시간이 지난 뒤에 물을 끓이고 찬물을 섞어서 손을 넣을 수 있을 정도로 식으면 독에 쏟아 넣는다. 끓인 물의 양이 항상 타락의 절반이 되게 하고 나서야 타락을 휘젓는다.

한참 뒤에 수유가 나오면 찬물을 넣는데, 찬물의 양도 끓인 물과 같게 한다. 다시 급히 타락을 휘젓는다. 이때에는 국자가 굳이 독의 바닥에 다시 닿을

抒酥法

以夾楡木椀爲杷子(作杷子[25]法 : 割去椀半上, 剜四廂各作一團孔, 大小徑寸許. 正底施長柄, 如酒杷形), 抒酥, 酥酪, 甜醋[26]皆得所. 數日[27]陳酪極大醋者[28], 亦無嫌.

酪多用大甕, 酪少用小甕. 置甕於日中. 朝起, 瀉酪著甕中炙, 直至日西南角, 起手抒之, 令杷子常至甕底.

一食頃, 作熱湯, 水解, 令得下手, 寫著甕中. 湯多少, 令常半酪, 乃抒之.

良久酥出, 下冷水, 多少[29]亦于湯等. 更急抒之, 于此時, 杷子不須復達甕底, 酥

---

45 느릅나무[夾楡] : '夾楡'(협유)는 느릅나무[梜楡]와 같다. 《제민요술교석(齊民要術校釋)》, 438쪽 ②번 각주를 참조.

46 버터를……있다 : 이 부분의 번역은 《제민요술역주》3, 143~144쪽의 번역을 참조.

[25] 子作杷子 : 저본에는 없음. 《齊民要術·養羊》에 근거하여 보충.

[26] 醋 : 저본에는 없음. 《齊民要術·養羊》에 근거하여 보충.

[27] 日 : 저본에는 "目". 《齊民要術·養羊》에 근거하여 수정.

[28] 醋者 : 저본에는 "酪著". 《齊民要術·養羊》에 근거하여 수정.

[29] 多少 : 《齊民要術·養羊》에는 "冷水多少".

필요는 없다. 수유가 이미 떴기 때문이다. 수유가
타락 위를 모두 덮고 나면 다시 찬물을 붓는다. 그
양은 앞과 같다. 수유가 굳으면 휘젓기를 그친다.

큰 동이에 찬물을 담아 독 근처에 두고 손으로 버
터를 건져서 이 손을 동이의 물속에 담그면 수유가
저절로 떠오른다. 다시 처음처럼 건져서 버터가 다 나
와야 그친다. 버터를 건져내고 남은 타락즙[酪漿]은
밥에 초를 탄 효모나 죽에 배합하는 데 적합하다.⁴⁷

물동이 안에 떠오른 수유가 식어서 모두 굳으면
손으로 걷어내고 수유를 눌러서 물기를 제거하여
둥근 덩어리를 만든 다음 구리그릇에 넣는다. 또는
새지 않는 와기(瓦器)에 넣어도 괜찮다. 10일 정도 뒤
에 수유가 굳어서 된 버터 적당량을 얻으면 모두 솥
에 넣고 소나 양의 똥을 태우는 약한 불에 달여 향
택(香澤) 졸이는 방법처럼 한다.⁴⁸

당일 안에 젖이 끓어오르면서 수분이 빠져나오는
데, 이때는 빗물이 물에 떨어지는 소리가 난다. 물
과 젖이 다 끓어 소리가 그치고 끓기가 안정되면 버
터가 곧 완성된다. 겨울에는 양의 밥통 안에 버터를
보관하고, 여름에는 새지 않는 그릇에 담는다.

처음에 젖을 달일 때 젖의 위에 피막이 생기면 손

已浮出故也. 酥既徧覆酪
上, 更下冷水, 多少如前.
酥凝, 抨止㉚.

大盆盛冷水著甕邊, 以手
接酥, 沈手盆水中, 酥自浮
出. 更掠如初, 酥盡乃止.
抨㉛酥酪漿, 中和飧、粥.

盆中浮酥, 待冷悉凝, 以手
接取, 搦去水, 作團, 著銅
器中. 或不津瓦器亦得. 十
日許, 得多少, 倂納鐺中,
燃牛㉜、羊矢緩火煎, 如香
澤法.

當日內乳涌出, 如雨打水
聲㉝, 水、乳既盡, 聲止沸
定, 酥便成矣. 冬卽內著羊
肚中, 夏盛不津器.

初煎乳時, 上有皮膜, 以手

---

47 버터를……적합하다 : 이 부분의 번역은 《제민요술역주》3, 145~146쪽의 본문을 참조.
48 향택(香澤)……한다 : 머릿기름을 만들 때처럼 약한 불로 달여 수분을 없애는 방법으로, 《제민요술(齊民要
術)》 권5 〈종홍람화치자(種紅藍花梔子)〉(《齊民要術校釋》, 367쪽)에 보인다.
㉚ 止 : 저본에는 "上". 《齊民要術·養羊》에 근거하여 수정.
㉛ 抨 : 저본에는 없음. 《齊民要術·養羊》에 근거하여 보충.
㉜ 燃牛 : 저본에는 "然". 《齊民要術·養羊》에 근거하여 보충.
㉝ 聲 : 저본에는 "中". 《齊民要術·養羊》에 근거하여 수정.

으로 바로 걷어내어 그릇에 담는다. 달인 젖을 동이에 쏟고 거르기 전에 젖 피막이 두껍게 굳으면 또한 모두 걷어낸다.

다음날 타락이 완성되었을 때 만약 누런 피막이 있으면 또한 모두 걷어낸다. 걷어낸 피막은 모두 독 안에 넣고 푹 달인 다음 한참 동안 간 뒤, 끓인 물을 넣고 다시 갈고, 또한 찬물을 넣으면 순수해져서 좋은 버터가 된다. 이를 걷어내어 둥근 덩어리를 만든 다음 큰 동이에서 건져낸 버터와 함께 달인다.《제민요술》[49]

隨卽掠取, 著器中. 寫熟乳著盆中, 未濾之前, 乳皮凝厚, 亦悉掠取.

明日[34]酪成, 若有黃皮, 亦悉掠取. 併著甕中, 有物痛熟, 研良久, 下湯又研, 亦下冷水, 純是好酥[35]. 接取作團, 與大段同煎矣. 《齊民要術》

11) 수유(酥油) 만들기(수유방)

소나 양의 젖으로 만든다. 소젖으로 만든 수유가 조금 낫다.《운회(韻會)[50]》[51]

酥油方

牛、羊乳爲之, 牛酥差勝. 《韻會》

만드는 법 : 젖을 솥에 넣고 2~3번 끓도록 달인 다음 동이 안에 붓고 식혀 안정시킨다. 표면에 피막이 맺히면 피막을 걷어내고 다시 달인다. 기름이 나오면 찌끼를 제거하고 이 기름을 노구솥 안에 넣으면 곧 수유가 완성된다. 북쪽 지방에서는 이를 '마사가(馬思哥)'라 한다.《구선신은서》[52]

造法[36] : 以乳入釜, 煎二三沸, 傾入盆內, 冷定. 待面結皮, 取皮再煎. 油出去滓, 入鍋內, 卽成酥油. 北方名 "馬思哥".《臞仙神隱書》

49 《齊民要術》卷6〈養羊〉(《齊民要術校釋》, 437쪽).

50 운회(韻會) : 중국 원나라 초기에 황공소(黃公紹, ?~?)가 편집한 운서인《고금운회(古今韻會)》를 그의 제자 웅충(熊忠, ?~?)이 간략하게 내용을 편집하고 주석을 더하여 1297년에《고금운회거요(古今韻會擧要)》라는 이름으로 펴냈다. 이 운서를 간략하게 줄여서《운회(韻會)》라고도 하며, 30권 10책으로 구성되어 있다.

51 출전 확인 안 됨 ;《康熙字典》卷30〈酉部〉"酥"(《文淵閣四庫全書》231, 303쪽).

52 《神隱》上卷〈山居飮食〉"造酥油法"(《四庫全書存目叢書》260, 31쪽) ;《山林經濟》卷2〈治膳〉"造料物法" '造酥油法'(《農書》2, 312쪽) ;《康熙字典》卷30〈酉部〉"酥"(《文淵閣四庫全書》231, 303쪽).

34 日 : 저본에는 "者".《齊民要術·養羊》에 근거하여 수정.

35 酥 : 저본에는 "酪".《齊民要術·養羊》에 근거하여 수정.

36 法 : 저본에는 "化".《康熙字典·酉部·酥》에 근거하여 수정.

다른 법:통에 젖을 담은 다음 나무판자를 대고 한나절을 찧으면 엉긴 알갱이가 나온다. 이를 걷어서 달인 다음 엉긴 피막을 제거하면 곧 수유가 완성된다.《구선신은서》[53]

一法：以桶盛乳，以木安板，擣半日，焦沫出，撇取煎，去焦皮，卽成酥. 同上

수유 달이는 법:양기름 1근, 돼지고기 4냥을 약한 불에 볶고 찌꺼기를 걸러 제거한다. 여기에 배 1개(껍질과 속을 제거하고 얇게 썬 것), 밤 10개(얇게 썬 것), 붉은 대추 15개(씨를 제거하여 썬 것), 골풀 1작은줌, 조각 0.1척(부순 것), 하눌타리씨 조금을 넣고 졸인 다음 배가 마르면 다시 거르고 저장한다.《거가필용》[54]

煎酥法：羊脂一斤，豬肉四兩，熳火熬，濾去滓. 梨一箇(去皮瓤薄切)、栗肉十介(薄切)、紅棗十五介(去核切)、燈心一小把、皂角一寸(碎)、瓜蔞子少許熬，候梨乾，再濾收貯.《居家必用》

12) 제호(醍醐)[55] 만들기(제호방)

제호(醍醐)는 수유에서 나오는데, 곧 수유를 정제한 액체이다. 좋은 수유 1석에서 3~4승의 제호가 나온다. 수유를 뜨겁게 달이면서 휘저어 정련하고 그릇에 담아 굳힌 다음 그 가운데를 바닥까지 뚫으면 곧 진액이 나오는데, 이를 취한다.《당본초(唐本草)[56]》[57]

醍醐方

醍醐出酥中，乃酥之精液也. 好酥一石有三四升醍醐. 熱抨煉，貯器中，待凝，穿中至底，便津[37]出，取之.《唐本草》

타락을 만들 때 위쪽에 1겹 굳은 것이 수유이고,

作酪時，上一重凝者爲酥，

---

53 《神隱》上卷〈山居飮食〉"一法"(《四庫全書存目叢書》260, 31쪽) ;《本草綱目》卷50〈獸部〉"酥", 2790쪽.

54 《居家必用》庚集〈煎酥乳酪品〉"煮酥法"(《居家必用事類全集》, 284쪽).

55 제호(醍醐) : 우유를 정제한 음료. 오매육·사인·백단향·초과 등을 섞어 만든 제호탕(醍醐湯)과는 다르다.

56 당본초(唐本草) : 중국 당(唐)나라 소경(蘇敬) 등이 659년에 지은 《신수본초(新修本草)》. 《본초경집주(本草經集注)》를 바탕으로 삼고 더 나아가 수(隋)·당(唐) 이래의 새로운 약물을 덧붙이고 잘못된 부분들을 바로잡아 다시 엮었다.

57 출전 확인 안 됨 ;《本草綱目》卷50〈獸部〉"醍醐", 2790~2791쪽.

[37] 津 : 저본에는 "泮".《本草綱目·獸部·醍醐》에 근거하여 수정.

수유 위의 기름 같은 것이 제호이다. 젖을 끓이면 바로 나온다. 많이 얻을 수는 없으나 맛이 매우 감미롭다. 《본초연의(本草衍義)58》59

酥上如油者爲醍醐. 熬之卽出, 不可多得, 極甘美. 《本草衍義》

이것은 성질이 매끄러워 용기에 담아두면 모두 뚫고 나온다. 오직 계란껍질이나 호리병에 담아야 빠져나오지 않는다. 《본초습유(本草拾遺)60》61

此物性滑, 物盛皆透, 惟鷄子殼及壺盧盛之, 乃不出也. 《本草拾遺》

13) 치즈(유부) 만들기(유부방)

여러 짐승의 젖으로 모두 만들 수 있지만 지금은 오직 소젖이 낫다고 여긴다. 《본초강목》62

乳腐方

諸乳皆可造, 今惟以牛乳者爲勝. 《本草綱目》

유병(乳餅)63 만드는 법【안 유부는 일명 '유병(乳餅)'이다】: 소젖 10승을 명주에 걸러 솥에 넣고 5번 끓도록 달인 다음 물로 풀어준다. 두부 만드는 방법처럼 식초를 떨어뜨려 넣는다. 소젖이 방울방울 맺히면 걸러내어 명주로 싸고 돌로 눌러 완성한다. 여기에 소금을 넣고 독에 거두어둔다. 《구선신은서》64

造乳餅法【案 乳腐, 一名"乳餅"】: 以牛乳一斗絹濾, 入釜, 煎五沸, 水解之. 用醋點入如豆腐法, 漸漸結成, 漉出, 以帛裹之, 用石壓成. 入鹽, 甕底收之. 《臞仙神隱書》

---

58 본초연의(本草衍義) : 중국 송(宋)나라 구종석(寇宗奭, ?~?)이 지은 본초서. 약재 감별과 약물 응용 방면에 대해 오랫동안 실전에서의 경험을 근거로 하여 《가우보주신농본초(嘉祐補注神農本草)》 가운데 풀이가 완벽하지 않은 470종의 약물을 상세하게 분석하였다.

59 출전 확인 안 됨 ; 《本草綱目》 卷50 〈獸部〉 "醍醐", 2791쪽.

60 본초습유(本草拾遺) : 중국 당나라 진장기(陳藏器, 687~757)가 편찬한 의서. 총 10권이며, 《서례(序例)》 1권, 《습유(拾遺)》 6권, 《해분(解紛)》 3권으로 구성된다. 현재 원서는 전하지 않고, 《가우본초(嘉祐本草)》·《증류본초(證類本草)》 등의 책에서 부분적으로 남아 있다.

61 출전 확인 안 됨 ; 《本草綱目》, 위와 같은 곳.

62 《本草綱目》 卷50 〈獸部〉 "乳腐", 2792쪽.

63 유병(乳餅) : 중국 운남성(雲南省) 일대에서 만들어 먹는 치즈의 일종. 소나 염소의 젖 등을 발효시켜 만든다. 그냥 먹거나 튀김 등으로 조리하여 먹는다.

64 《神隱》 上卷 〈山居飮食〉 "造乳餅"《四庫全書存目叢書》 260, 30쪽) ; 《本草綱目》, 위와 같은 곳.

또 다른 유단(乳團) 만드는 법 : 타락 5승을 달여 끓인 다음 찬 장수(漿水) 0.5승을 넣으면 반드시 저절로 덩어리가 된다. 덩어리가 되지 않으면 다시 물 1잔을 넣는다. 이 덩어리를 명주로 싸고 쥐어 짠 다음 유병과 같은 모양으로 만든 뒤 거둔다. 《구선신은서》[65]

又造乳團法：用酪五升煎滾, 入冷漿水半升, 必自成塊. 未成, 更入漿一盞. 以帛包搦, 如乳餅樣收之. 同上

또 다른 유선(乳線) 만드는 법 : 소젖을 동이에 담은 다음 가장자리에서 맑은 물이 나올 때까지 볕에 말린 뒤 이를 끓이다가 신 장수(漿水)를 방울방울 떨어뜨리면 완성된다. 이를 걸러내어 여러 번 주무르고 비빈 다음 여러 조각으로 나누어 덩어리를 만든다.

又造乳線法：以牛乳盆盛, 曬至四邊淸水出, 煎熟, 以酸漿點成. 漉出揉擦數次, 搐成塊.

또 이 덩어리를 다시 솥에 넣고 가열한 다음 꺼내고 손으로 비벼 얇은 피를 만든다. 이를 대꼬챙이에 말아서 여러 조각으로 가르기를 여러 번 한다. 이 대꼬챙이를 대통에 고정시켜 햇볕에 말린 다음 기름에 튀겨 먹는다. 《구선신은서》[66]

又入釜盪之, 取出, 捻成薄皮, 竹簽捲擂數次, 挪定曬乾, 以油煠熟食. 同上

65 《神隱》上卷〈山居飮食〉"就乳團"(《四庫全書存目叢書》260, 30쪽) ;《本草綱目》, 위와 같은 곳.
66 《神隱》上卷〈山居飮食〉"造乳線法"(《四庫全書存目叢書》260, 31쪽) ;《本草綱目》卷50〈獸部〉"乳腐", 2792~2793쪽.

6. 누룩과 엿기름

麴、糵

1) 총론

밀을 띄운 것을 '누룩[麴]'이라 하고, 곡식을 싹 낸 것을 '엿기름[糵]'이라 한다. 누룩은 술을 빚는 데 꼭 필요한 재료이고, 엿기름은 달게 하는 재료이다. 《서경(書經)》에 "내가 술과 단술을 만든다면 그대는 누룩과 엿기름이 되어주게."[1]라 한 말이 이것이다.

중국 사람들이 누룩을 쓸 때는 일반적으로 술·식초·장·젓갈에 모두 넣어 만들었지만, 우리나라 사람들은 누룩으로 단지 술과 식초를 빚었을 뿐이다. 엿기름으로 말해보자면 중국이나 우리나라 할 것 없이 다만 엿을 졸여 만드는 종류에만 썼기 때문에 그 쓰임이 적었다. 《옹치잡지》[2]

總論

麥腐曰"麴", 穀芽曰"糵". 麴爲釀須, 糵爲甜料.《書》曰"若作酒醴, 爾惟麴、糵" 是也.

華人之用麴也, 凡酒、酢、醬、醢, 皆待之而成, 東人則只以釀酒醋酢而已. 至於糵則毋論華、東, 但以熬造餳餹之類, 其用狹矣.《饔饎雜志》

2) 맥류누룩(맥국) 만들기(맥국법)

보리나 밀을 껍질째로 우물물에 깨끗하게 일어 햇볕에 말린다. 6월 6일에 맷돌에 간 다음 보리나 밀을 인 물과 섞어 덩어리를 만든다. 이를 닥나무잎으로 싸서 묶고, 바람 부는 곳에 매단다. 70일이면

麥麴法

用大麥米或小麥連皮, 井水淘淨, 曬乾. 六月六日磨碎, 以淘麥水和作塊. 楮葉包紮, 懸風處. 七十日可

---

1 내가……되어주게 :《尙書》卷10〈說命〉《十三經注疏整理本》2, 300쪽).
2 출전 확인 안 됨.

쓸 수 있다. 《본초강목》[3]

　누룩 만들기에는 초복 뒤가 가장 좋고, 중복 뒤
에서 말복 전까지가 다음이다. 밀을 양에 관계없이
갈고 빻는다【누룩이 좋지 못하면 술이 되더라도 술
맛이 약하다. 가루를 낼 때의 비율은 밀 100승을
빻아 밀가루 20승을 얻는 것을 기준으로 한다】.

　이에 앞서 녹두를 물에 담가 즙을 낸 다음 매운
여뀌와 녹두즙을, 빻아놓은 밀과 섞는다. 해가 아
직 뜨지 않았을 때 누룩을 되게 반죽하려면 이날 동
원된 사람의 힘으로 모두 밟을 수 있는 양을 헤아린
다음에 반죽을 시작해야지 밤새도록 밟으면 안 된
다. 반죽을 매우 단단하게 하려면 둥근 누룩덩이마
다 연잎이나 창이잎으로 꼭꼭 싼 다음 바람이 시원
하게 통하는 곳에 매달았다가 10월이 되면 거둔다.

　누룩을 잘 만드는 일은 오로지 되게 반죽하고 단
단하게 밟는 공정에 달려 있다. 만약 되게 반죽하지
않으면 비록 단단하게 밟더라도 진한 즙이 빠져나
오고, 만약 단단하게 밟지 않으면 누룩의 힘이 바로
사라져 쌀을 삭일 수 없다. 《사시찬요》[4]

　민간의 방법 : 밀을 깨끗이 씻은 다음 연자매에
간다. 또 녹두를 연자매에 갈고 두부 만들 때처럼
물을 섞는다. 이때 생여뀌를 흐물흐물하게 갈아서

用.《本草綱目》

造麴, 初伏後最佳, 中伏
後, 末伏前次之. 小麥不拘
多少, 磨擣【麴劣, 致酒味
薄. 率麥十斗取麵二斗爲
準】.

先浸綠豆取汁, 取辣蓼與
綠豆汁和造. 日未出時, 溲
麴欲剛, 量是日人力可踏
盡, 然後始可溲之, 不可
經宿踏. 欲極堅, 每團, 用
蓮葉、蒼耳葉密裹, 懸當風
通涼處, 至十月, 收之.

造麴良好, 全在剛溲堅踏.
若不剛溲, 雖欲堅踏, 濃
潰而出 ; 若不堅踏, 麴力頓
失, 不能殺米.《四時纂要》

俗方 : 小麥淨洗, 碾磨. 又
將綠豆碾磨, 如豆泡和水.
生蓼爛推於泡水, 如推藍

3　《本草綱目》卷25〈穀部〉"麴", 1544쪽.
4　출전 확인 안 됨 ; 《增補山林經濟》卷9〈治膳〉下 "造酒諸法"(《農書》4, 154~155쪽).

녹두 간 물에 넣으면 쪽풀을 간 것처럼 물색이 매우 맑고, 맛 또한 맵고 독하다. 그런 뒤라야 밀가루와 섞는다.

누룩덩이마다 밀가루 5승 비율로 해서 누룩틀에 넣고 단단하게 밟는다. 시렁 위에 짚을 깔고, 또 짚 위에 말린 쑥을 두텁게 깐 다음 새끼줄로 누룩을 묶어 그 위에 둔다. 또 누룩 위에 생쑥을 두텁게 펴고 또 짚으로 3~4겹 덮은 다음 매우 뜨겁게 쪄지도록 한다. 21일 뒤에 누룩이 마르면 바람이 통하는 곳에 옮겨 둔다. 《산림경제보》[5]

민간의 법:나무로 누룩틀을 짜되 모양은 정(井) 자처럼 하고, 크기는 5승 크기로 한다. 누룩틀 안에 베보자기를 펴고, 보자기 안에 아주까리잎을 편다. 그런 다음 비로소 반죽한 밀기울을 누룩틀 안에 채워 넣는다. 또 아주까리잎을 그 위에 편 뒤 곧 보자기를 덮고 단단히 밟는다. 밟을 때마다 누룩의 중심에 이르러서는 바로 발가락으로 거세게 다져 누룩의 가운데가 조금 움푹 들어가게[凹] 한다. 그렇지 않으면 가운데가 두터워져 습기가 모이고, 가운데가 검게 썩을 염려가 있다. 《증보산림경제》[6]

봄보리와 가을보리 모두 누룩을 만들 수 있지만 이 누룩을 써서 술을 빚으면 술맛이 독하지 않다.

狀, 水色甚淸, 味且辛烈, 乃與麥末和合.

每圓五升, 入墅堅踏. 布藁穰于架上, 又厚布乾艾于藁穰上, 以藁索縛麴, 置其上. 又厚鋪生艾于麴上, 又覆藁穰三四重, 令極烝熱. 三七日後麴乾, 則移置通風處. 《山林經濟補》

俗法:用木造麴[1]機, 形如井字, 大如小斗. 機內鋪布袱, 袱內鋪萆麻子葉, 始溲麥麩, 塡實機內. 又鋪萆麻葉于其上, 卽掩袱堅踏, 而每踏到麴之中心, 輒以趾猛築, 令麴心稍凹. 不然心厚濕聚, 致有中心腐黑之患矣. 《增補山林經濟》

春、秋麰, 皆可造麴, 而用以釀酒, 酒味不烈. 同上

---

5 출전 확인 안 됨.
6 《增補山林經濟》卷9〈治膳〉下 "造酒諸法"(《農書》4, 155쪽).
[1] 麴:저본에는 "墅".《增補山林經濟·治膳·造酒諸法》에 근거하여 수정.

《증보산림경제》[7]

만약 착오로 누룩 만들 때를 놓쳐 8~9월이 되어서야 비로소 누룩을 만들 때는 짚둥구미에 쌀겨를 담은 다음 둥구미 1개마다 누룩 1냥을 넣고 덮어서 따뜻한 곳에 둔다. 5~6일 뒤에 잠시 꺼내 바람을 쐬고 즉시 앞의 방법대로 덮어 두면 21일 뒤에 완성된다.《옹치잡지》[8]

如有蹉誤失時, 至八九月, 始造者, 用藁篅盛稻糠, 每一篅, 納一兩麴罨之, 置溫處. 五六日, 暫出風之, 旋卽依前罨之, 三七日成.《饔饎雜志》

3) 밀가루누룩(면국) 만들기(면국방)

삼복 때에 흰밀가루 5승, 녹두 5승(여뀌즙에 흐물흐물하게 삶은 것), 매운 여뀟가루 5냥, 행인니(杏仁泥)[9] 10냥을 섞고 밟아 떡을 만든 다음 닥나무잎으로 싸서 바람 부는 곳에 매달아둔다. 누룩곰팡이가 생기면 거두어 들인다.《본초강목》[10]

麪麴方

三伏時, 用白麪五升、綠豆五升(以蓼汁煮爛)、辣蓼末五兩、杏仁泥十兩, 和踏成餠, 楮葉裹懸風處, 候生黃, 收之.《本草綱目》

밀가루누룩을 만들 때는 밀가루를 되게 반죽해야 하고, 둥근 누룩덩어리는 작고 얇게 해야 한다. 띄우는 방법은 위와 같다.[11]《증보산림경제》[12]

造麵麪麴, 麪要剛溲, 圓要小而薄. 罨法上同.《增補山林經濟》

---

7 《增補山林經濟》卷9〈治膳〉下 "造酒諸法"(《農書》4, 157쪽).

8 출전 확인 안 됨.

9 행인니(杏仁泥) : 살구속씨를 진흙처럼 으깬 것. 식재료나 한약재 등으로 쓰인다.

10 《本草綱目》卷25〈穀部〉 "麴", 1544쪽.

11 띄우는……같다 : 위에서 설명한 "보리누룩(맥국) 만들기(맥국법)"의 4번째 기사와 같은 방법으로 만들면 된다.

12 《增補山林經濟》卷9〈治膳〉下 "造酒諸法"(《農書》4, 156쪽).

4) 백국(白麴) 만들기(백국방)

밀가루 5근, 찹쌀가루 10승을 습기를 조금 띠도록 물에 반죽하여 체에 거르고 밟아 떡을 만든다. 이를 닥나무잎으로 싸서 바람부는 곳에 걸어 두면 50일 뒤에 완성된다. 《본초강목》[13]

흰밀가루 1담(1석), 찹쌀가루 10승을 물에 반죽하여 습기를 고르게 한 뒤 체에 거르고 누룩틀에 넣은 다음 밟아서 떡을 만든다. 이를 종이로 싸서 바람 부는 곳에 걸어둔다. 50일 뒤에 내려서 낮에는 햇볕에 말리고 밤에는 이슬을 맞힌다. 《준생팔전》[14]

5) 쌀누룩(미국) 만들기(미국방)

찹쌀가루 10승과 저절로 생긴 여뀌즙을 섞어 둥근 환을 만든다. 이를 닥나무잎으로 싸서 바람 부는 곳에 걸어 두고, 49일 뒤에 햇볕에 말려 거둔다. 《본초강목》[15]

우리나라의 법 : 1월 1일에 흰쌀이나 찹쌀을 물에 담갔다가 가루 낸 뒤, 조금 쪄내고 밟아서 누룩을 만든다. 이 누룩을 솔잎 안에 묻어 띄우면 완성된다. 술 빚을 쌀 10승마다 누룩가루 2승을 넣으면 술이 독해진다. 《증보산림경제》[16]

白麴方

用麵五斤、糯米粉一斗, 水拌微濕, 篩過踏餠, 楮葉包, 掛風處, 五十日成. 《本草綱目》

白麴一擔、糯米粉一斗, 水拌, 令乾濕調均, 篩子格過, 踏成餠子. 紙包, 掛當風處, 五十日取下, 日曬夜露.《遵生八牋》

米麴方

用糯米粉一斗、自然蓼汁, 和作圓丸. 楮葉包, 掛風處, 七七日曬收.《本草綱目》

東法 : 正月初一日, 以白米或粘米水浸, 作末, 微烝過, 踏作麴. 埋松葉內罨成. 每釀酒米一斗, 入麴末二升烈.《增補山林經濟》

---

13 《本草綱目》卷25〈穀部〉"麴", 1544쪽.
14 《遵生八牋》卷12〈飮饌服食箋〉中"麴類"'白麴'(《遵生八牋校注》, 462쪽).
15 《本草綱目》卷25〈穀部〉"麴", 1544쪽.
16 《增補山林經濟》卷9〈治膳〉下"造酒諸法"(《農書》4, 156~157쪽).

6) 내부(內府, 궁중) 비전국(秘傳麴) 만들기(내부비전국방)

흰밀가루 100근, 차좁쌀 40승, 녹두 30승을 준비한다. 먼저 녹두를 갈아서 껍질을 제거하고, 까부른 껍질은 물에 담갔다가 꺼내서 한곳에 두고 필요할 때 쓴다. 다음으로 차좁쌀을 갈아서 가루 낸 뒤, 밀가루를 넣고 녹둣가루와 함께 한곳에 섞는다. 녹두껍질 담갔던 물을 거두어 쌀가루·밀가루·녹둣가루에 부어 넣고 섞어둔다. 섞어둔 가루가 마르면 다시 녹두껍질을 담갔던 물을 넣고 주물러서 덩어리를 만들 수 있을 정도가 되도록 한다.

이를 밟아서 네모난 누룩을 만드는데, 단단히 밟아야 좋다. 누룩을 거친 베로 싸서 높은 곳에 놓고 60일 동안 햇볕에 말린다. 삼복 때에 이 누룩을 만들어야 술 만들기에 좋다. 술 만들 재료 1석마다 누룩 7근을 넣는다. 이보다 많이 넣어서는 안 된다. 술이 맑고 독해지기 때문이다.《준생팔전》[17]

7) 연꽃누룩(연화국) 만들기(연화국방)

연꽃 3근, 흰밀가루 9근 6냥, 녹두 30승, 찹쌀 30승【함께 갈아서 가루 낸 것】, 천초 8냥을 평상시의 방법대로 만들고 밟는다.《준생팔전》[18]

內府秘傳麴方

白麴一百斤、黃米四斗、綠豆三斗. 先將豆磨去殼, 將殼簸出, 水浸, 放置一處, 聽用. 次將黃米磨末, 入麴, 并豆末和作一處. 將收起豆殼浸水, 傾入米、麴、豆末內和起. 如乾, 再加浸豆殼水, 以可捻成塊爲準.

踏作方麴, 以實爲佳. 以粗布卓[2], 曬六十日. 三伏內做, 方好造酒. 每石, 入麴七斤, 不可多放, 其酒淸洌.《遵生八牋》

蓮花麴方

蓮花三斤、白麴一百五十兩、綠豆三斗、糯米三斗【俱磨爲末】、川椒八兩, 如常造踏.《遵生八牋》

---

17 《遵生八牋》卷12〈飲饌服食箋〉中"麴類"'內府秘傳麴方'(《遵生八牋校注》, 462쪽).
18 《遵生八牋》卷12〈飲饌服食箋〉中"麴類"'蓮花麴'(《遵生八牋校注》, 463쪽).
② 卓 : 저본에는 "罩".《遵生八牋·飲饌服食箋·麴類》에 근거하여 수정.

8) 금경로(金莖露)[19]를 빚는 누룩(금경로국) 만들기 　　金莖露麴方
(금경로국방)

밀가루 15근, 녹두 30승, 찹쌀 30승을 가루 낸　　麵十五斤、綠豆三斗、糯米
뒤 밟는다. 《준생팔전》[20]　　三斗爲末, 踏.《遵生八牋》

9) 양릉국(襄陵麴)[21] 만들기(양릉국방)　　襄陵麴方

밀가루 150근과 찹쌀 30승(갈아서 가루 낸 것),　　麵一百五十斤、糯米三斗
꿀 5근, 천초 8냥을 평상시의 방법대로 만들고 밟는　　(磨末)、蜜五斤、川椒八兩,
다. 《준생팔전》[22]　　如常造踏.《遵生八牋》

10) 여뀌누룩(요국) 만들기(요국방)　　蓼麴方

찹쌀을 여뀌즙에 하룻밤 동안 담갔다가 걸러낸　　用糯米, 以蓼汁浸一宿,
다음 마른 밀가루와 고루 섞는다. 이를 체로 쳐서　　漉出, 以乾麵拌均. 篩去
체에 남은 밀가루를 제거하고 두꺼운 종이로 만든　　浮麵, 用厚紙袋盛之, 掛
자루에 담아 바람이 통하는 곳에 걸어둔다. 한여름　　通風處. 盛夏爲之, 兩月可
에 만들면 2개월 동안 쓸 수 있다. 술을 빚으면 매우　　用, 造酒極醇.《臞仙神隱
진하다. 《구선신은서》[23]　　書》

11) 여국(女麴) 만들기(여국방)　　女麴方

찹쌀 30승을 깨끗이 일어 질게 밥을 한다. 밥을　　秫稻米三斗淨淅, 爲飯軟
가만히 두어 매우 차갑게 한 다음 누룩틀 안에서 손　　炊. 停令極冷, 以麴範中用
으로 떡을 만든다. 개똥쑥으로 누룩의 아래를 깔고　　手餅之. 以青蒿上下奄之,

---

19 금경로(金莖露) : 금경(金莖)에 받은 이슬이라는 뜻으로 맑은 술을 의미한다. 금경은 동으로 만든 기둥으로, 한무제(漢武帝)가 동으로 선인(仙人)을 만들어 세워 승로반(承露盤)을 받들고 서서 감로(甘露)를 받도록 한 고사에 나온다.
20 《遵生八牋》 卷12 〈飮饌服食箋〉 中 "麴類" '金莖露麴'(《遵生八牋校注》, 463쪽).
21 양릉국(襄陵麴) : 중국 산서성(山西省) 양릉현(襄陵縣)에서 만들던 누룩.
22 《遵生八牋》 卷12 〈飮饌服食箋〉 中 "麴類" '襄陵麴'(《遵生八牋校注》, 463쪽).
23 출전 확인 안 됨 ; 《增補山林經濟》 卷9 〈治膳〉 下 "造酒諸法"(《農書》4, 156쪽).

위를 덮고 상 위에 두되 맥류누룩 만드는 법과 같이
한다. 삼칠일인 21일 뒤에 열어보고서 누룩곰팡이
[黃衣]가 두루 생기면 그친다. 21일 뒤에도 누룩곰팡
이가 생기지 않았으면 그대로 두었다가 반드시 누룩
곰팡이가 생기고 나서 그쳐야 한다. 누룩을 꺼내서
햇볕에 말렸다가 마르면 쓴다. 이 누룩으로 오이절
임을 담그면 맛이 가장 빼어나다. 《제민요술》24

置牀上，如作麥麴法.
三七二十一日開看, 徧有黃
衣則止. 三七日無衣, 乃
停, 要須衣徧乃止. 出日中
③曝之, 燥則用. 以瓜菹最
妙.《齊民要術》

【안】《본초강목》에서는 여국(女麴)을 맥혼(麥䴷)의
다른 이름이라 하고, 또 밀을 띄워 완성한다고 했
다.25 지금《제민요술》을 고찰해 보면 이 2가지는 만
드는 방법이 분명히 다르다. 그 중 찹쌀로 만든 것
을 '여국(女麴)'이라 하고, 밀로 만든 것을 '황의(黃衣)'
라 한다. 황의는 일명 '맥혼'이다. 그것들이 한 가지
가 아닌 것이 분명하다.

【案】《本草綱目》以女麴爲
麥䴷之一名, 且謂用麥罨
成. 今考《齊民要術》, 二
物造法判異. 其用秫稻造
者曰"女麴", 用小麥造者曰
"黃衣", 而黃衣一名"麥䴷".
其非一物明矣.

우안 진장기(陳藏器)26는 "황증(黃烝)과 맥혼은 다
르지 않다."27라 했다. 이시진(李時珍)28은 그를 비판
하여 "맥혼은 밀밥을 찐 뒤에 띄워 만들고 황증은
쌀과 밀을 간 뒤에 띄워 만드니, 이 둘은 조금도 같
지 않다."29라 했다.

又案 陳藏器謂"黃烝與
麥䴷不殊", 而李時珍非之
曰："麥䴷烝麥飯罨成, 黃
烝磨米、麥粉罨成, 稍有不
同也."

---

24 《齊民要術》卷9〈作菹藏生菜法〉(《齊民要術校釋》, 664쪽).
25 본초강목에서는……했다 :《本草綱目》卷25〈穀部〉"女麴", 1543쪽.
26 진장기(陳藏器) : 687~757. 중국 당나라의 의학자.《본초습유(本草拾遺)》를 저술했으나 원본은 전해지지
   않고《본초강목》등 여러 의학서에 출전으로만 전해진다.
27 황증(黃烝)과……않다 :《本草綱目》卷25〈穀部〉"黃烝", 1544쪽.
28 이시진(李時珍) : 1518~1593. 중국 명나라의 의학자.《본초강목》을 지어 1,871종의 약품을 분류했는데,
   경전 주석의 강목(綱目) 체제를 도입하여 주석사와 의학사에 족적을 남겼다.
29 맥혼은……않다 :《本草綱目》卷25〈穀部〉"黃烝", 1544쪽.
③ 中 : 저본에는 "日".《齊民要術·作菹藏生菜法》근거하여 수정.

그러나 《제민요술》에 근거하면 황증도 푹 쪄서 만들기 때문에 맥혼 만드는 법과 같다. 어찌 옛날과 지금의 만드는 법이 다르다 하여 명칭도 따라서 바뀌었겠는가! 지금 《제민요술》의 여국(女麴)·맥혼(麥麰)·황의(黃衣) 3가지 방법을 나열하여 기록하고 본초서의 여러 설을 분류하여 붙여두니, 독자들이 잘 선택할 수 있을 것이다】

12) 맥혼(밀누룩) 만들기(맥혼법) 【일명 '황자', 일명 '황의'】

6월 중에 밀을 깨끗이 일어서 독 안에 넣고 물에 담가 시게 한다. 밀을 걸러내어 푹 찐 다음 시렁의 잠박(蠶箔, 누에채반) 위에 자리를 펴고 그 위에 밀을 둔다. 밀의 두께는 0.2척 정도로 펴고 하루 전날 미리 벤 물억새잎[蘦葉]을 얇게 덮는다. 물억새잎이 없으면 호시(胡葈)【주 호시는 창이(도꼬마리)이다】를 베어다가 잡초를 골라 제거하고 이슬을 없앤 다음 보리가 식으면 호시로 덮는다.

7일 뒤에 누룩곰팡이를 보아 곰팡이의 색이 충분하면 바로 꺼내어 햇볕에 말린다. 그 다음 호시만 제거하면 된다. 누룩곰팡이를 까불러서 날려 보내지 않도록 조심한다. 제나라 지역 사람들은 바람을 쐬이며 누룩곰팡이를 까불러 없애기를 좋아하는데, 이것은 큰 잘못이다. 일반적으로 밀누룩으로 무언가를 만들어 쓸 때는 모두 그 누룩곰팡이의 기세

然據《齊民要術》, 黃烝亦烝熟而成, 與麥麰法同. 豈古今製造之法不同, 而名稱亦從而變換耶! 今以《齊民要術》女麴、麥麰、黃衣三法, 列錄之, 而本草諸說, 以類附焉, 覽者可以善擇也】

麥麰法 【 一名"黃子", 一名"黃衣" 】

六月中, 取小麥淨陶, 納於甕中, 以水浸之, 令醋. 漉出, 熟烝之, 槌箔上敷席, 置麥於上. 攤令厚二寸許, 豫前一日刈蘦葉薄覆[4]. 無蘦葉者, 刈胡葈【注 胡葈, 蒼耳也】, 擇去雜草, 無令有水露氣, 候麥冷, 以胡葈覆之. 七日, 看黃衣色足, 便出曝之. 去胡葈而已, 慎勿颺簸. 齊人喜當風颺去黃衣, 此大謬. 凡有所造作用麥麰者, 皆仰其衣爲勢, 今反颺去之, 作物必不善.《齊民要術》

---

[4] 覆 : 저본에는 없음.《齊民要術·黃衣黃烝及蘖》에 근거하여 보충.

를 바라는 것이다. 그런데 지금 반대로 누룩곰팡이
를 까불러 제거하면 만든 누룩이 결코 좋지 않을 것
이다.《제민요술》[30]

통밀로 밥을 지은 다음 섞어서 띄우고 누룩곰팡
이가 피면 가져다 볕에 말린다.《당본초》[31]

完小麥爲飯, 和成罨之, 待
上黃衣, 取曬.《唐本草》

13) 황증(黃烝) 만들기(황증방) 【일명 '맥황(麥黃)'】

7월에 생밀을 곱게 간다. 이를 물로 반죽하여 찐
다음 뜸을 들여 잘 익으면 곧 꺼내어 펼쳐놓고 식힌
다. 이를 펼쳐두고 물억새잎이나 호시를 덮어둔다. 숙
성시키는 과정은 맥혼 만드는 법과 똑같이 한다. 황
증도 까부르지 말아야 하니, 그 기운이 손상될까 염
려되기 때문이다.《제민요술》[32]

黃烝方【一名"麥黃"[5]】.
七月中, 取生小麥細磨之.
以水溲而烝之, 氣餾[6]好
熟, 便下之, 攤令冷. 布
置, 覆蓋, 成就, 一如麥䴷
法. 亦勿颺之, 慮其所損.
《齊民要術》

밀을 갈아 가루 내고, 이 가루를 물에 반죽하여
떡을 만든 다음 삼잎으로 싸서 누룩곰팡이가 생기
면 가져다 햇볕에 말린다.《당본초(唐本草)[33]》[34]

磨小麥粉, 拌水和成餅, 麻
葉裹, 待上黃衣, 取曬.《唐
本草》

북쪽 지방 사람들은 밀로, 남쪽 지방 사람들은
멥쌀로, 황증을 6~7월에 만든다. 초록빛 먼지 같은

北人以小麥, 南人以粳米,
六七月作之. 生綠塵者佳.

---

30 《齊民要術》卷8〈黃衣黃蒸及糱〉《齊民要術校釋》, 532쪽).
31 출전 확인 안 됨 ;《本草綱目》卷25〈穀部〉"女麴", 1543쪽.
32 《齊民要術》卷8〈黃衣黃蒸及糱〉《齊民要術校釋》, 532쪽).
33 당본초(唐本草): 중국 당(唐)나라 소경(蘇敬) 등이 659년에 지은《신수본초(新修本草)》.《본초경집주(本
草經集注)》를 바탕으로 삼고 더 나아가 수(隋)·당(唐) 이래의 새로운 약물을 덧붙이고 잘못된 부분을
바로잡아 다시 엮은 것이다.
34 《本草綱目》卷25〈穀部〉"黃蒸", 1544쪽.
[5] 一名"麥黃" : 규장각본·오사카본에 근거하여 소주처리.
[6] 餾 : 저본에는 "脯".《齊民要術·黃衣黃蒸及糱》에 근거하여 수정.

것이 생기면 좋다.《본초습유(本草拾遺)[35]》[36]

6월에 밀을 가져다 일어서 부유물을 제거하고, 물에 담가 땡볕에 말린다. 매일 아침 물을 갈아준다. 7일째가 되면 널어서 물기를 말린 다음 푹 쪄서 물억새잎이나 호시를 덮어준다. 위에 누룩곰팡이가 생기면 햇볕에 말린다. 이 식초를 빚는 데 쓴다.《거가필용》[37]

14) 홍국(紅麴)[38] 만들기(홍국방)

흰멥쌀 1.5석을 물에 일어 하룻밤 담갔다가 밥을 짓는다. 밥을 15곳에 나누어 두고 1곳마다 누룩밑[麴母] 3근을 넣는다.

【거가필용】[39] 일반적으로 홍국을 만들 때는 모두 누룩밑을 먼저 만든다.

누룩밑 만드는 방법 : 흰찹쌀 10승에 상등품의 좋은 홍국 2근을 쓴다. 먼저 찹쌀을 깨끗이 일고 푹 쪄서 밥을 지은 다음, 술 만드는 법처럼 물에 밥을 섞는다. 이를 고루 반죽하여 독에 넣는다. 겨울에는 7일, 여름에는 3일, 봄·가을에는 5일 동안 둔다. 이

《本草拾遺》

六月內, 取小麥, 淘去浮者, 水浸烈日曬, 每朝換水. 至第七日, 漉出控乾, 烝熟覆蓋, 黃上曬乾. 造酢用.《居家必用》

紅麴方

白粳米一石五斗水淘, 浸一宿, 作飯. 分作十五處, 入麴母三[7]斤[8].

【居家必用】凡造紅麴, 皆先造麴母.

其法 : 白糯米一斗, 用上等好紅麴二斤. 先將糯米淘淨, 烝熟作飯, 用水拌合如造酒法. 搜和均下甕, 冬七日, 夏三日, 春秋五日. 不

---

35 본초습유(本草拾遺) : 중국 당(唐)나라 진장기(陳藏器)가 편찬한 의서로,《당서·예문지(唐書·藝文誌)》에 보이지만, 원서는 전하지 않는다.《증류본초(證類本草)》등의 책에서 단편적으로 그 내용을 볼 수 있다.

36 《本草綱目》, 위와 같은 곳.

37 《居家必用》〈庚集〉 "庖廚雜用" '造麥黃'(《居家必用事類全集》, 285쪽).

38 홍국(紅麴) : 홍국균인 붉은누룩곰팡이를 배양한 누룩.

39 《居家必用》〈己集〉 "造麴法" '造紅麴法'·'造麴母'(《居家必用事類全集》, 236쪽).

[7] 三 :《居家必用·造麴法·造紅麴》에는 "二".

[8] 斤 : 저본에는 "升". 오사카본·규장각본·《本草綱目·穀部·紅麴》·《居家必用·造麴法·造紅麴》에 근거하여 수정.

때 술이 될 정도로 지나치게 발효되지 않도록 한다. 이를 동이에 넣고 뻑뻑한 풀과 비슷해지도록 으깬다.

멥쌀 10승마다 누룩밑 2승만 넣는다. 이 1가지 재료인 누룩밑을 가지고 상등품의 홍국 1.5석을 만들 수 있다】

이를 비비고 주물러 고르게 한 다음 함께 한곳에 두고 명주로 밀봉하여 덮어둔다. 이 반죽이 뜨거워지면 명주를 제거하고 펼쳐 놓았다가 따뜻해지면 급히 1무더기로 만들어 다시 밀봉하여 덮는다.

다음날 낮에 다시 3무더기를 만들었다가, 2시간이 지나면 5무더기로 나누고, 다시 2시간이 지나면 합하여 1무더기를 만들고, 다시 2시간이 지나면 15무더기로 나누고, 점점 따뜻해지면 다시 1무더기를 만든다. 이와 같이 여러 차례를 한다.

3일째가 되면 큰 통에 새로 길어온 물을 담는다. 대광주리에 누룩을 5~6개로 나누어 담고 물통에 담가 완전히 축축해지면 다시 1무더기를 만든 다음 앞의 방법대로 1차례 한다.

4일째가 되면 앞의 방법대로 다시 물통에 담근다. 만약 누룩이 절반은 가라앉고 절반은 뜨면 다시 앞의 방법대로 1차례 하고 또 물통에 담근다. 만약 누룩이 모두 뜨면 완성된 것이니, 꺼내어 햇볕에 말리고 거두어둔다.

누룩의 색이 쌀의 속까지 투과된 것을 '생황(生黃)'이라 한다. 이 누룩을 술이나 식초·젓갈에 넣으면 선홍색이 되어 아낄 만하다. 누룩의 색이 속까지 투과되지 않은 것은 좋지 않다. 《본초강목》[40]

過以酒熟爲度, 入盆中, 擂爲稠糊相似.

每粳米一斗, 止用麴母二升. 此一料母可造上等紅麴一石五斗】

搓揉令均, 并作一處, 以帛密覆. 熱則去帛攤開, 覺溫急堆起, 又密覆.

次日日中, 又作三堆, 過一時分作五堆, 再一時合作一堆, 又過一時分作十五堆, 稍溫又作一堆, 如此數次.

第三日, 用大桶盛新汲水, 以竹籬盛麴作五六分, 蘸濕完, 又作一堆, 如前法作一次.

第四日, 如前又蘸. 若麴半沈半浮, 再依前法作一次, 又蘸. 若盡浮則成矣, 取出日乾收之.

其米過心者謂之"生黃", 入酒及酢、醢中, 鮮紅可愛. 未過心者不佳. 《本草綱目》

홍국을 만드는 데 가장 중요한 점은 맨 처음 명주를 덮을 때 온도가 어떠한가 살피는 것이다. 겨울에 만든 누룩은 베나 명주로 덮은 뒤, 위는 두터운 자리로 눌러 고정시키고 아래는 풀을 깔아 바닥을 만든다. 누룩 만들기는 오직 이때에 달려 있으니, 조심해서 살펴야 한다. 누룩이 만약 뜨거워지면 익어서 상하게 된다. 만약 매우 뜨겁다고 느껴지면 바로 덮어놓은 덮개를 제거한다. 따뜻함이 적당하면 움직이지 않아야 한다. 이 하룻밤에는 잠자지 말고 항상 들여다 보게 해야 한다.《거가필용》[41]

造紅麴緊要, 在最初覆帛時, 覰冷熱如何. 冬天造者, 以布帛物蓋之, 上用厚薦壓定, 下用草鋪作底. 全在此時, 勤覰. 如熱則燒壞了. 若覺大熱, 便取去覆蓋, 如溫熱得中勿動. 此一夜不可睡, 常令照顧.《居家必用》

【안】 이상의 여러 누룩은 모두 술이나 식초를 빚는 재료이다. 중국 사람들은 누룩으로 장을 담그나 젓갈을 절이니, 술이나 식초 빚는 데만 쓰일 뿐만이 아니다. 복식가(服食家, 도가)에서 향료로 누룩을 빚는 방법과 같은 경우는 따로 《정조지》 권7 〈술(온배지류)〉에 보인다】

【案】 已上諸麴, 皆爲酒料酢需. 華人則用以釀醬、醃醢, 不但爲酒、酢之用而已也. 若服食家用香藥造麴者, 另見《醞醅之類》】

15) 납조(臘糟, 12월의 술지게미) 거두는 법(수납조법)
말린 술지게미에 소금을 반죽하여 단단히 채워 넣고 밀봉해두면 향기가 난다. 술지게미가 술맛을 띠고 있으면 시어지고 또한 향기롭지도 않다.《구선신은서》[42]

收臘糟法
乾糟用鹽拌, 捺實封泥則香. 帶酒味則酸, 又不香.《臞仙神隱書》

술지게미(《왜한삼재도회》)

술지게미는 반드시 12월이나 청명(淸明)[43]·중양절에 만든 술에서 거른 것을 써야 한다. 이를 말린 다음 소금을 조금 넣어 거둔다. 이렇게 처리한 술지게미는 그 속에 다른 재료를 저장해두어도 상하지 않고, 다른 재료를 넣고 주물러 절여두면 연하게 할 수 있다. 만약 술지게미를 짜서 말리면 맛이 없어진다. 식초지게미는 삼복 때에 만든 것을 쓰면 좋다. 《본초강목》[44]

酒糟須用臘月及淸明、重陽造者, 瀝乾, 入少鹽收之. 藏物不敗, 揉物能軟. 若榨乾者, 無味矣. 醋糟用三伏造者良.《本草綱目》

술지게미를 부수어 가루 낸 뒤, 풀열매나 생선에 섞어 삶아 먹으면 감미롭다. 봄여름에 찧어서 독 안에 두면 황적색 고(膏)와 같은 상태가 된다. 이것으로 오이·가지·무를 절여 장아찌[香物]를 만들거나 뱅어[鱠魚]·연어[鮭魚]·방어[魴魚] 등을 저장하면 몇 달이 지나도 상하지 않는다. 《화한삼재도회》[45]

酒糟碎末, 雜諸蔬、魚物, 煮食甘美. 春夏舂收甕內者, 黃赤色如膏. 用漬瓜、茄、蘿蔔爲香物, 或藏鱠、鮭、魴等, 經數月不敗.《和漢三才圖會》

붉은 술지게미로 만든 식초에 오리알과 술을 넣

紅糟酸, 入鴨子與酒則甜.

---

43 청명(淸明) : 24절기 중 5번째 절기이며 4월 5~6일 무렵이다. 날이 풀리기 시작하여 화창해지는 날이다.
44 《本草綱目》 卷25 〈穀部〉 "糟", 1569쪽.
45 《和漢三才圖會》 卷105 〈造釀類〉 "糟"(《倭漢三才圖會》12, 303쪽).

으면 달아진다. 《물류상감지》[46]

《物類相感志》

16) 엿기름 만드는 법(조얼방)

8월에 만든다. 동이에 밀을 담갔다가 곧 물을 따라 버리고 햇볕에 말린다. 1일에 1번씩 물을 부었다가 곧 물을 따라낸다. 밀에 뿌리가 나려고 눈이 틔이면 자리 위에 밀을 0.2척 두께로 펼쳐놓는다. 여기에 1일에 1번씩 물을 뿌려주다가 싹이 생기면 바로 물 뿌리기를 그친다. 이 엿기름을 펼쳐서 거두었다가 말리는데, 이때 엿기름이 떡처럼 되면 안 된다. 떡처럼 되면 다시는 쓸 수 없다. 이것이 흰엿을 고는 엿기름이다.

만약 검은엿을 고려면 밀의 싹이 푸르게 나서 떡처럼 된 다음에 칼로 싹을 취한 다음 말린다. 엿을 호박색처럼 만들려면 보리로 엿기름을 만든다.《제민요술》[47]

조·기장·벼·보리로 만든 엿기름도 있다. 이것으로 엿기름을 만들 때는 모두 물에 담가 불려서 싹이 나면 햇볕에 말린다.

【안】우리나라 사람들은 엿을 만들 때 보리엿기름만을 쓸 줄 안다. 실제로는 벼 및 조·기장 등 일체의, 까끄라기가 있는 곡식은 모두 방법대로 하여 엿기름을 만들 수 있다】《본초강목》[48]

造糵方

八月中作. 盆中浸小麥, 卽傾去水, 日曝之. 一日一度着水, 卽去之. 脚生, 布麥于席上厚二寸. 一日一度以水澆之, 芽生便止. 卽散收, 令乾, 勿使餅. 餅則不復任用. 此煮白餳糵.

若煮黑餳, 卽待芽生靑成餅, 然後以刀取, 乾之. 欲令餳如琥珀色者, 以大麥爲其糵.《齊民要術》

有粟、黍、稻、麥諸糵, 皆水浸脹, 候生芽, 曝乾.

【案】東人造餳餹之類, 只知用麥糵. 其實稻及粟、黍一切穬穀, 皆可依法造糵也】《本草綱目》

《物類相感志》〈飮食〉(《叢書集成初編》1344, 8쪽).
47 《齊民要術》卷8〈黃衣黃蒸及糵〉(《齊民要術校釋》, 532쪽).
48 《本草綱目》卷25〈穀部〉"糵米", 1548쪽.

. 조미료(미료지류)　　261

엿기름은 반드시 가을보리를 써야 한다. 2~3월이나 9~10월에 보리의 싹을 틔웠다가 볕에 말리고 거두어둔다. 봄보리나 밀도 싹을 틔울 수 있지만 결국 가을보리만 못하다. 《증보산림경제》[49]

麥芽須用秋麥, 二三月或九十月, 可以養芽, 曬乾收之. 春麥及小麥亦可養芽, 而終不如秋麥.《增補山林經濟》

17) 조청(가밀) 만들기(가밀방)

찰기장쌀이나 찹쌀 5승을 100번 씻어 가루 낸 뒤, 팔팔 끓인 물 2병을 섞어 풀을 쑤고 버드나무막대기로 세게 휘젓는다. 따로 맑은 물 0.5병을 앞의 풀과 섞어 뜨거운 채로 항아리에 담는다. 여기에 엿기름가루 0.7승, 누룩가루 0.5승을 넣어 고루 젓고 아가리를 묶는다. 이를 뜨거운 아랫목에 두고 옷이나 이불 따위로 많이 덮어 두었다가 다음날 달인다. 만약 불이 세면 엿처럼 응고되니, 반드시 뭉근한 불로 달여야 한다. 《산림경제보》[50]

假蜜方

粘黍米或糯米五升百洗, 作末, 百沸湯二瓶和作糊, 以柳木杖痛攪之. 另將清水半瓶, 和前糊, 乘熱盛缸. 入麥芽末七合、麴屑五合, 攪均紮口, 置于極溫堗內, 多覆以衣衾之屬, 翌日煮之. 若火猛, 則凝如飴餳, 須以慢火煎之.《山林經濟補》

다른 방법 : 찰기장쌀이나 찹쌀 10승을 깨끗이 찧고 100번 씻어서 가루 낸다. 이를 체로 곱게 친 다음 물 4병과 섞어 덩어리지지 않게 죽을 쑨다. 보리엿기름가루 1승, 누룩가루 0.7승을 물 1병과 섞어 죽에 붓고 버드나무막대기로 휘젓는다.

초저녁에 뜨거운 아랫목에 두고 매우 두껍게 덮어두었다가 첫닭이 울 때 열어보면 맑게 가라앉아 있다. 그러면 바로 술주자[51]에 올리고 걸러서 술기운

又方 : 粘黍米或糯米一斗, 淨舂百洗, 作末, 細篩, 和水四瓶, 勿成塊作粥. 麥芽末一升、麴屑七合, 和水一瓶, 注于粥, 以柳木杖攪之. 初昏置極溫堗, 覆之極厚, 鷄鳴開見則澄清, 卽上槽而勿令有酒氣.

---

49 《增補山林經濟》卷9〈治膳〉下 "雜方"(《農書》4, 200쪽).
50 출전 확인 안 됨.
51 술주자 : 술을 거르거나 짜내는 틀.

이 생기지 않도록 해야 한다.

이를 약한 불로 종일 달여 조청(造淸)52이 5.5승 되면 바로 꺼내어 그릇에 담는다. 불을 너무 오래 때면 시어지므로 잘 짐작하여 때를 놓치지 않는 것이 묘수이다. 마른 섶의 중간불로 달이면 조청[淸蜜]이 되고, 만약 불이 세면 검은엿[黑餳]이 된다. 《산림경제보》53

다른 방법 : 찰기장쌀 10승을 가루 낸 뒤, 맑은 물 2병과 고루 섞고 깨끗한 그릇에 거두어두었다가 필요할 때 쓴다. 먼저 5~6병 정도를 담을 수 있는 깨끗한 항아리를 뜨거운 아랫목에 놓고, 옷이나 이불로 두껍게 싸놓는다. 맑은 물 0.5병을 항아리에 쏟아 넣고, 여기에 좋은 누룩을 곱게 가루 낸 것 1승, 엿기름을 곱게 가루 낸 것 1.5승을 넣은 다음 세게 휘저어 고루 섞는다.

다시 맑은 물 0.5병을 깨끗이 씻은 삼발이솥에 넣고 물이 팔팔 끓으면 곧 앞서 섞은 기장쌀가루물을 삼발이솥에 쏟아 붓고 죽을 쑨다. 이때 흐물흐물하게 익혀 덩어리지지 않도록 해야 한다. 이 죽을 뜨거운 채로 급히 떠서 곧 따뜻한 아랫목에 둔 항아리에 쏟는다. 이를 길이 1척 정도인 버드나무로 고루 휘저어 섞은 다음 항아리를 두껍게 덮어놓는다.

緩火終日煮, 淸至五升半, 卽出盛于器. 火候若過時則酸, 斟酌毋失時爲妙. 以乾柴文武火煎, 則成淸蜜;若火盛則成黑餳⁹. 同上

一方 : 粘黍米一斗作末, 用淸水二瓶和均, 淨器收頓, 聽用. 先將淨缸可容五六瓶者, 安于極溫堗內, 以衣衾厚裹. 將淸水半瓶瀉于缸中, 入好麴細末一升、麥芽細末一升五合, 痛攪和均.

又將淸水半瓶, 潔淨鐺內沸滾, 卽將前所和黍末水, 瀉下鐺內作粥, 爛熟勿令有塊. 急酌取乘熱, 卽瀉于溫堗內安置之缸中. 用柳木長尺許者, 攪均令和, 因厚覆之.

---

52 조청(造淸) : 청(淸)은 꿀을 의미하므로 조청은 만든[造] 꿀, 즉 인조 꿀이라는 의미이다.
53 출전 확인 안 됨.
⑨ 餳 : 저본에는 "湯". 문맥에 근거하여 수정.

겨울에는 초저녁에 빚고 닭이 울거나 아직 날이 새지 않았을 때 열어 본다【밤의 길이를 보고 열어 볼 시기를 짐작한다】. 만약 이미 맑게 가라앉았으면 고운 베로 만든 자루에 담아 술기운이 없는 술주자 위에 올려 눌러둔다.

이윽고 즙이 다 떨어지면 놋양푼[鍮鏇]에 담고 뭉근한 불로 달인다. 이때 휘젓거나 들어올리지 말아야 한다. 조청을 숟가락으로 조금 떠서 찬물에 한 방울씩 떨어뜨렸을 때 엉겨서 퍼지지 않아야 쓰기에 적당한 것이다.

만들어진 조청을 자기항아리나 질항아리에 옮겨 담고 땅속에 묻어둔다. 가령 늦가을에 묻었으면 반드시 겨울이 지나고 봄이 되어 파내야 한다. 그러면 색과 맛이 꿀과 다름없다【누군가는 "땅에 묻어둔 지 1개월 뒤에도 괜찮다."라 했다】.《산림경제보》[54]

찰기장쌀 10승을 깨끗이 씻고 흐물흐물하게 쪄서 아직 식기 전에 찬물 2병, 보리엿기름가루 2승과 고루 섞어 항아리에 넣는다. 초저녁에 빚어 두었다가 해가 짧을 때는 닭이 처음 울면 꺼내고, 해가 길 때는 새벽에 꺼내서 고운 베로 만든 자루에 담는데, 술 거르는 법과 같이 감주[淸]를 쏟아 붓는다. 쏟은 감주에 씨를 제거한 대추 0.4승을 넣고 진하게 달이다가 농도가 꿀과 같은 상태가 되면 항아리에 담고

冬月則初昏釀之, 鷄鳴或未明開見【視夜長短斟酌】. 如已澄淸, 則以細布袋盛之, 壓於無酒氣槽上.

須臾畢滴, 盛於鍮鏇, 慢火煎熬, 勿須攪揚. 以匙少取, 點滴冷水中, 凝而不散, 乃適於用矣.

移盛磁缸或陶缸, 埋置地中. 假如秋末埋置, 則須經冬至春掘出, 色味與蜂蜜無異【或云:"埋地一月亦可"】.《山林經濟補》

粘黍米一斗淨洗, 爛烝, 及其未冷, 以冷水二瓶、麥芽末二升, 和均, 入缸. 初昏釀置, 日短則鷄初鳴取出, 日長則平明取出, 盛細布袋, 如漉酒法倒淸. 入大棗去核四合, 濃煎, 待稀稠同蜂蜜狀, 盛缸封口,

---

54 출전 확인 안 됨.

아가리를 봉한 다음 자기주발로 덮고서 땅에 묻는다. 30일 뒤에 꺼내면 좋은 품질의 조청[白蜜]⁵⁵이 된다.《증보산림경제》⁵⁶

覆以磁碗, 埋地, 三十日出之, 則成好品白蜜.《增補山林經濟》

---

55 조청[白蜜] : 백밀(白蜜)은 보통 꿀을 의미하나 여기서는 인조 꿀 즉 조청을 의미한다. 백청(白淸)도 원래 꿀을 의미하나 경우에 따라 조청을 의미하기도 한다.
56 《增補山林經濟》卷8〈治膳〉上 "煎油蜜果煎蜜果菜飴糖諸品"(《農書》4, 44~45쪽).

7. 양념[飪料, 임료]

飪料

1) 총론

양념은 음식을 조리하는[離飪] 재료이다. 매운 양념은 위장을 열고, 단 양념은 입을 즐겁게 하고, 향이 있는 양념은 냄새를 없애고, 타락 양념은 단단한 음식을 연하게 한다.

대체로 이 모두는 식재료에서 빠뜨릴 수 없는 것이다. 요리를 하면서 양념을 쓸 줄 모르면, 이것은 칠리탄(七里灘)[1]의 인적이 드문 마을[三家村]에서 다리 부러진 삼발이솥에 끓인 맨죽이나 마찬가지이다.[2]
《옹치잡지》[3]

總論

飪料者, 離飪之物料也. 辣料以開胃, 甜料以悅口, 香料以辟臭, 酥料以腰堅.

大抵皆食料之不可闕者也. 治饍而不知所以用料, 則是七里灘三家村, 折脚鐺中饌也.《饔饎雜志》

2) 대료물(大料物, 큰 조미료) 만들기(대료물방)

무이인(蕪荑仁)[4]·양강(良薑)[5]·필발(蓽撥)[6]·붉은 콩·사인(砂仁)·천초·말린 생강·포제(炮製)[7]한 관계(官

大料物方

蕪荑仁、良薑、蓽撥、紅豆、砂仁、川椒、乾薑、炮官桂、

---

1 칠리탄(七里灘) : 중국 절강성(浙江省) 항주시(杭州市) 동로현(桐盧縣)의 동강(桐江) 일대. 산으로 둘러싸여 외진 곳이다.
2 다리……마찬가지이다 : 싱거운 죽, 양념하지 않은 음식을 뜻한다. 소식(蘇軾, 1036~1101)의 시 '송유의귀(送柳宜歸)'에 '다리 부러진 냄비 묽은 죽 데우고, 가지 굽은 뽕나무 아래 이별주 마시네(折脚鐺中煨淡粥, 曲枝桑下飮離杯).'라는 구절이 있다.《동파전집(東坡全集)》권29〈송유의귀(送柳宜歸)〉에 보인다.
3 출전 확인 안 됨.
4 무이인(蕪荑仁) : 느릅나무의 열매로, 식재료나 한약재로 쓰었다. 구충 효과가 있다.
5 양강(良薑) : 생강과의 식물로, 뿌리를 쓴다. 구토·설사·위염 등의 증상에 효과가 있다.
6 필발(蓽撥) : 후추과의 식물로, 덜 익은 열매를 말려 쓴다. 복통·구토·이질·치통 등에 효과가 있다.
7 포제(炮製) : 약재를 가공하여 효과를 끌어올리는 과정. 술·식초·물 등 여러 가지 용매를 사용한다.

桂)·시라(蒔蘿)·회향(茴香)·귤피(橘皮)·살구속씨 같은 양을 가루 낸 뒤, 물에 담갔다가 쪄서 떡을 만든 다음 탄환크기의 환을 만든다. 《거가필용》8

蒔蘿、茴香、橘皮、杏仁等分，爲末，水浸，烝餅，爲丸如彈.《居家必用》

3) 손 더는 양념 만들기(생력료물방)

마근(馬芹)9·후추·회향·말린 생강·관계·화초(花椒) 같은 양을 가루 낸 뒤, 물방울을 떨어뜨려 환을 만든다. 음식물을 조리할 때마다 손으로 비비고 으깨어 솥에 넣는다. 여행을 나가면 더욱 편리하다. 《거가필용》10

省力料物方

馬芹、胡椒、茴香、乾薑、官桂、花椒等分，爲末，滴水爲丸. 每用調物，撚破入鍋. 出行者尤便.《居家必用》

4) 만산향(滿山香) 만들기(만산향방)

회향·시라·천초를 볶아서 가루 낸 뒤, 호리병에 담아둔다. 채소를 삶다가 약간 끓으면 바로 기름장과 함께 이 만산향을 넣고 급히 덮어주어도 그 사이에 온 산[滿山]에 향이 퍼진다[香].《산가청공》11

滿山香方

用茴香、蒔蘿、川椒，炒① 爲末，貯以葫蘆. 煮菜少沸，乃與油醬同下急覆之，而滿山已香矣.《山家淸供》

5) 향두(香頭) 만들기(향두방)

설탕 1근, 마늘 3통(큰 것은 3등분한다), 뿌리 달린 총백 7줄기, 생강 7쪽, 콩크기만 한 사향 1알을 준비한다. 각각의 재료를 병바닥에 둔 다음 그 위

香頭方

沙糖一斤、大蒜三囊(大者切三分)、帶根蔥白七莖、生薑七片、麝香如豆大一粒.

---

8 《居家必用》庚集〈庖廚雜用〉"天廚大料物"《居家必用事類全集》, 285쪽).

9 마근(馬芹) : 미나리과에 속하는 식물로, 현재는 커민(cumin)으로 더 많이 불린다. 씨를 향신료로 사용하며, 카레·칠리파우더 등에 쓰인다.

10 《居家必用》庚集〈庖廚雜用〉"調和省力物料"《居家必用事類全集》, 285쪽).

11 《山家淸供》卷下〈滿山香〉《叢書集成初編》1473, 19쪽).

① 炒:《山家淸供·滿山香》에는 없음.

에 설탕을 둔다. 먼저 병을 꽃과 대껍질로 틀어막고 홑겹의 기름종이로 봉한 뒤, 중탕으로 1일 동안 달인다. 이렇게 하면 해가 지나도 상하지 않는다. 쓸 때마다 조금씩 꺼내면 바로 향기가 난다.《준생팔전》12

置各件瓶底, 次置糖在上. 先以花、箸扎之, 次以油單紙封, 重湯內煮週時. 經年不壞. 臨用, 旋取少許, 便香.《遵生八牋》

6) 초저(椒菹) 만들기(초저방)

진초(秦椒)13나 촉초(蜀椒)14를 해를 넘겨 보관하면 매운 맛을 잃어버린다. 6월에 절반쯤 익은 것 1승을 소금 0.3승으로 섞어 병에 보관한다. 여기에 물 2근을 넣고 그 위에 작은 나무판을 놓은 다음 작은 돌로 살짝 눌러두어 진초나 촉초가 떠다니지 못하게 한다. 쓸 때마다 떠내는데, 그렇게 하지 않으면 색과 맛이 변한다.《화한삼재도회》15

椒菹方

秦椒、蜀椒藏之經年者, 失去辛味. 六月取半熟者一升, 鹽三合和藏瓶器. 入水二斤, 上安小木板, 而用小石略壓之, 使椒不浮漂. 每用取出, 否則變色味.《和漢三才圖會》

7) 천초 가는 법(연초법)

후추나 천초에 소금과 파잎을 넣고 함께 갈면 쉽게 고와진다.《산림경제보》16

研椒法

胡椒、川椒, 入鹽及蔥葉同研則易細.《山林經濟補》

8) 무이(蕪黃) 만드는 법(조무이법)

느릅나무잎을 양에 관계없이 햇볕에 말려 자기그릇 안에 1겹 깔고 소금을 1겹 뿌린다. 이와 같이 느

造蕪黃法

榆錢不拘多少, 曬乾, 磁器內鋪榆錢一層, 撒鹽一層.

---

12 《遵生八牋》卷13〈飮饌服食箋〉下 "甜食類" '凡用香頭法'(《遵生八牋校注》, 472쪽).
13 진초(秦椒) : 산초의 이명으로, 옛날 진(秦)나라가 있던 중국 섬서성(陝西省) 지역에서 나는 것을 가리킨다.
14 촉초(蜀椒) : 천초의 이명으로, 옛날 촉(蜀)나라가 있던 중국 사천성(四川省) 지역에서 나는 것을 가리킨다.
15 《和漢三才圖會》卷10〈味果類〉"椒菹法"(《倭漢三才圖會》10, 467쪽).
16 출전 확인 안 됨.

천초(《왜한삼재도회》)　　　　　　겨자(《왜한삼재도회》)

릎나무잎과 소금을 서로 사이에 깐 다음 장수(漿水, 좁쌀죽웃물)【조밥을 지어 뜨거운 채로 찬물에 붓고 항아리에 5~7일 담갔다가 시어지면 바로 쓴다】를 뿌려 연해지면 건져낸다. 여기에 밀가루를 입혀 반죽한 다음 뚜껑을 덮어 띄웠다가 표면에 누룩곰팡이가 올라오면 햇볕에 말린다.《거가필용》[17]

9) 겨자장(개자장) 만들기(개자장방)

겨자 맵게 하는 법 : 3년 묵은 겨자씨를 맷돌에 곱게 갈고 물에 개어 주발에 눌러 담은 다음 질긴 종이로 단단히 봉한다. 이를 팔팔 끓는 물에 넣고 3~5번 거품이 일어 누런 물이 나오면 차가운 땅 위에 엎어 둔다. 조금 뒤에 김이 나가면 연한 식초를 넣어

如此相間, 以漿水【熟炊粟飯, 乘熱, 傾在冷水中, 以缸浸五七日, 酸便用】澆, 候軟, 控起. 用麪衰[2]拌, 覆蓋盒, 黃上曬乾.《居家必用》

芥子醬方

芥辣法 : 三年陳芥子碾細, 水調, 捺實碗內, 靭紙封固. 沸湯三五次泡, 出黃水, 覆冷地上, 頃後有氣, 入淡醋解開, 布濾去渣.

---

17 《居家必用》庚集〈庖廚雜用〉"造蕪黃"(《居家必用事類全集》, 285쪽).
[2] 衰 : 저본에는 "滾".《居家必用·庖廚雜用·造蕪黃》에 근거하여 수정.

풀고, 베로 찌꺼기를 걸러 제거한다.《중궤록》[18]

겨자를 간 다음 여기에 세신(細辛)[19] 조금과 꿀을 넣고 함께 갈면 매우 맵다.《물류상감지》[20]

겨자를 쓸 때에 잔에 담아 종이를 얹고 종이 위에 물을 부어 겨잣가루를 물에 잠기게 하면 매우 맵다.《화한삼재도회》[21]

겨자장 만드는 법 : 겨자가 익을 때마다【붉은 겨자는 좋지 않으니 반드시 누런 겨자를 취한다】씨를 취하여 물에 4~5일 담갔다가 따뜻한 곳에 둔다. 수면에 저절로 거품이 동그랗게 일어나면 곧 걸러내어 햇볕에 말리고 거두어둔다.

【다른 법 : 겨자를 일어 모래와 돌을 제거한 다음 낮에는 햇볕에 말리고 밤에는 이슬을 맞혀 4~5일 뒤에 거두면 쓴맛이 없어진다】

쓸 때마다 겨자씨 0.1승에 흰멥쌀밥 0.5술을 넣고 함께 찧어 가루 낸 뒤, 체로 쳐서 찌꺼기를 제거한다. 이를 자기주발에 담고 찬물을 떨어뜨려 진흙

《中饋錄》

研芥辣, 用細辛少許與③蜜, 同研則極辣.《物類相感志》

芥子用時, 盛盞隔紙上注水, 浸芥粉則甚辣.《和漢三才圖會》

芥子醬法④ : 每於芥子熟時【赤芥不佳, 必取黃芥】, 取, 浸水四五日, 置溫處. 待水面自然起作泡毬子, 卽漉出, 曬乾收之.

【一法 : 芥子淘去沙石, 日曬夜露, 四五日後, 收之則無苦味】

每用時, 取一合, 投白粳米半匙, 同擣作末, 篩去滓. 盛磁碗中, 滴冷水作泥, 要

---

18 《說郛》卷95上〈中饋錄〉 "製蔬" '芥辣'(《文淵閣四庫全書》881, 408쪽) ;《遵生八牋》卷12〈飮饌服食牋〉中 "家蔬類" '芥辣'(《遵生八牋校注》, 432쪽).

19 세신(細辛) : 족두리풀의 뿌리를 말린 것. 가래·기침 등에 효과가 있다.

20 《物類相感志》〈飮食〉(《叢書集成初編》1344, 7쪽).

21 《和漢三才圖會》卷12〈葷草類 〉 "芥菜"(《倭漢三才圖會》12, 87쪽).

③ 與 :《物類相感志·飮食》에는 "醋與".

④ 法 : 저본에는 없음. 오사카본·규장각본에 근거하여 보충.

처럼 만드는데, 매우 뻑뻑하게 해야 한다. 이를 수저로 휘젓고 주발아가리에 김을 불어 넣어【또는 불 위쪽을 향하여 열기를 쬐면 조금 뒤에 매운 기운이 살아난다】매운 기운이 나오면 곧 그 주발을 축축한 땅 위에 엎어둔다.

조금 뒤에 이를 가져다 식초와 간장을 적당량 섞고 체로 쳐서 즙을 걸러낸다. 여기에 꿀을 조금 더하거나, 참기름을 조금 더하면 매운 성질이 조금 줄어들 것이다. 만약 쓰고 남은 것이 있을 경우 병에 넣고 아가리를 밀봉하면 10여 일을 쓸 수 있으며, 맛도 변하지 않는다. 바람 맞지 않도록 조심해야 한다. 바람이 들어가면 맛이 써질 염려가 있기 때문이다. 《증보산림경제》22

極稠. 以匙攪之, 以口噓入氣【或向火上熏, 片時生辣氣】, 待出辣氣, 卽以其碗覆於濕地上.

少頃取起, 和醋、醬適宜, 篩漉汁. 小加蜜, 或少加芝麻汁, 則烈性少減矣. 如有用餘者, 納瓶中密封口, 可留十餘日, 味不變. 愼勿透風, 恐致味苦. 《增補山林經濟》

10) 오랄초(五辣醋) 만들기(오랄초방)

간장 1술, 식초 0.1냥, 흰엿 0.1냥, 화초 5~7알, 후추 1~2알, 생강 0.01냥. 또는 마늘 1~2쪽을 더하면 더욱 빼어나다. 《준생팔전》23

五辣醋方

醬一匙、醋一錢、白餳一錢、花椒五七粒、胡椒一二粒、生薑一分. 或加大蒜一二片更妙. 《遵生八牋》

11) 양념홍화씨(홍화자) 만들기(홍화자방)

홍화씨를 일어서 뜬 것을 제거하고 절구에 넣어 곱게 찧은 다음 끓는 물에 넣어 즙을 낸다. 다시 찧고 다시 달이는데, 즙이 솥 안에서 끓어오르면 식초

紅花子方

淘去浮者, 碓內擣碎, 入湯泡汁. 更擣更煎, 汁鍋內沸, 入醋點, 絹挹之. 似肥肉[5],

---

22 《增補山林經濟》卷9〈治膳〉下 "魚品類"(《農書》4, 131~132쪽).
23 《遵生八牋》卷12〈飮饌服食箋〉中 "家蔬類" '五辣醋方'(《遵生八牋校注》, 442쪽).
[5] 肉 : 저본에는 "內". 오사카본·규장각본·《居家必用·飮食類·造紅花子法》에 근거하여 수정.

를 떨어뜨리고 명주로 홍화씨를 떠낸다. 맛이 기름
진 고기와 비슷하여 채소 음식에 넣으면 매우 맛이
좋다.《거가필용》24

入素食, 極珍美.《居家必
用》

12) 육조(六條)25 만들기(육조방)

여름 토용(土用)26 중에 생두부 1개를 잘라 육조
(六條, 6가락)를 만들고 소금을 뿌린 다음 맑은 날 볕
에 말린다. 그러면 두부가 나무조각처럼 단단하고
흰색 바탕에 누런색을 띤다. 만약 비를 맞으면 바로
상한다. 매번 육조두부를 깎아서 국물에 넣으면 그
맛이 하나가쓰오[花鰹]27에 못지 않다. 승가(僧家)에서
는 가장 맛좋은 음식이다.《화한삼재도회》28

六條方

夏土用中, 用生豆腐一箇,
切爲六條, 糝鹽, 晴天晾
乾. 硬如木片, 白色帶黃,
如逢雨則忽敗也. 每以六
條削入羹汁上, 其味不劣
於花鰹. 最僧家之佳肴也.
《和漢三才圖會》

【안】《본초강목》에 "응고된 두부표면을 떼어내
볕에 말린 것을 '두부피'라 한다. 반찬에 넣으면 매
우 좋다."29라 했다. 이로써 중국에도 이런 요리가
있었으며, 일본에서만 그렇게 한 것이 아님을 알 수
있다】

【案】《本草綱目》云："豆腐
面上凝結者, 揭取晾乾, 名
'豆腐皮', 入饌甚佳也." 是
知中國亦有此饌品, 非獨
日本爲然也】

13) 깨소금(배염마설) 만들기(배염마설방)

흰깨 10냥에 흰소금 3냥을 넣고 향이 나도록 함

配鹽麻屑方

白脂麻十兩, 入白鹽三兩,

---

24 《居家必用》己集〈飮食類〉"造紅花子法"(《居家必用事類全集》, 254쪽).

25 육조(六條) : 육조두부. 두부를 6가락으로 잘라 볕에 말린 보존식품.

26 토용(土用) : 오행에서 땅의 기운이 왕성하다는 절기로, 1년에 4번이 있다. 입춘·입하·입추·입동 전 각 18
   일 동안이다. 여름 토용은 입추까지의 18일을 말한다.

27 하나가쓰오[花鰹] : 가다랑어포를 매우 얇게 썬 것. 조미료로 사용된다.

28 《和漢三才圖會》卷105〈造釀〉"豆腐"(《倭漢三才圖會》12, 307쪽).

29 응고된……좋다 :《本草綱目》卷25〈穀部〉"豆腐", 1532쪽.

께 볶은 다음 찧어 가루 낸 뒤, 자기항아리에 거두어둔다. 채소국이나 고깃국의 맛을 낼 때 쓰며, 채소나 고기에 뿌려 섞으면 맛이 뛰어나도록 도우니, 어울리지 않는 곳이 없다. 《옹치잡지》[30]

同炒香, 擣作屑, 磁缸收貯. 用以調和羹、膔, 撒拌菜、肉, 越助滋味, 無適不宜.《饔饎雜志》

정조지 권제6 끝

鼎俎志卷第六

---

30 출전 확인 안 됨.

《정조지》 3권 사진 출처 및 재연자

가르거나 삶아서 조리하는 음식(할팽지류)

사진1 고기 말렸다 삶기(풍석문화재단 음식연구소)

사진2 쇠꼬리찜(임원경제연구소)

사진3 칠향계(임원경제연구소, 이유찬)

사진4 총계탕(임원경제연구소, 김현진)

사진5 신선로(국립중앙박물관)

사진6 참깨꽃을 뿌려 고기 굽기(풍석문화재단 음식연구소)

사진7 쇠고기 연하게 굽기(임원경제연구소, 정정기)

사진8 전립투(국립민속박물관)

사진9 전립투(풍석문화재단 음식연구소)

사진10 전복 굽기(임원경제연구소)

사진11 쇠고기육포 만들기(풍석문화재단 음식연구소)

사진12 불에 쬐어 포 만드는 법(풍석문화재단 음식연구소)

사진13 장(醬)에 절여 포 만드는 법(풍석문화재단 음식연구소)

사진14 편으로 썬 쇠고기육포 만드는 법(풍석문화재단 음식연구소)

사진15 사슴고기육포(풍석문화재단 음식연구소)

사진16 양홍간 만들기(풍석문화재단 음식연구소)

사진17 꿩고기 육포(풍석문화재단 음식연구소)

사진18 오미포 만들기(풍석문화재단 음식연구소)

사진19 생선포 만들기(풍석문화재단 음식연구소)

사진20 전복포 만들기(풍석문화재단 음식연구소)

사진21 새우 붉게 말리기(풍석문화재단 음식연구소)

조미료(미료지류)

사진1 시골메주 만들기(임원경제연구소)

임원경제연구소

임원경제연구소는 고전 연구와 번역, 출판을 주요 목적으로 하는 사단법인이다. 문사철수(文史哲數)와 의농공상(醫農工商) 등 다양한 전공 분야의 소장학자 40여 명이 회원 및 번역자로 참여하여, 풍석 서유구의 《임원경제지》를 완역하고 있다. 또한 번역 사업을 신행하면서 축적한 노하우와 번역 결과물을 대중과 공유하기 위해 관련 전문가 및 단체들과 교류하고 있다. 연구소에서는 번역 과정과 결과를 통하여 '임원경제학'을 정립하고 우리 문명의 수준을 제고하여 우리 학문과 우리의 삶을 소통시키고자 노력한다. 임원경제학은 시골 살림의 규모와 운영에 관한 모든 것의 학문이며, 경국제세(經國濟世)의 실천적 방책이다.

번역, 교열, 교감, 표점, 감수자 소개

번역

정정기(鄭炡基)

경상북도 장기 출신. 서울대 가정대학 소비자아동학과에서 공부했고, 도올 서원과 한림대 태동고전연구소에서 한학을 익혔다. 서울대 대학원에서 〈성리학적 부부관에 대한 연구〉로 석사를, 〈조선시대 가족의 식색교육 연구〉로 박사를 마쳤다. 음식백과인 《정조지》의 역자로서 강의와 원고 작업을 통해 그에 수록된 음식에 대한 소개에 힘쓰며, 부의주를 빚고 가르쳐 집집마다 항아리마다 술이 익어가는 꿈을 실천하고 있다. 임원경제연구소 교열팀장과 번역팀장을 역임했고, 현재는 연구원으로 재직하며, 《섬용지》를 교열했고, 《유예지》·《상택지》·《예규지》·《이운지》를 공역했다.

최시남(崔時南)

강원도 횡성 출신. 성균관대 유학과(儒學科) 학사 및 석사를 마쳤으며 동 대학원 박사과정을 수료했다. 성균관(成均館) 한림원(翰林院)과 도올서원(檮杌書院)에서 한학을 공부했다. 석사논문은 〈유가정치사상연구:《예기》의 예론을 중심으로〉이며 호서대학교에서 강의를 했다. IT회사에서 조선시대 왕실 자료와 문집·지리지 등의 고문헌 디지털화 작업을 했다. 현재 임원경제연구소 팀장으로 근무하며 《섬용지》·《유예지》·《상택지》·《예규지》·《이운지》를 공역했다.

정명현(鄭明炫)

광주광역시 출신. 고려대 유전공학과를 졸업하고, 도올서원과 한림대 태동고전연구소에서 한학을 공부했다. 서울대 대학원 '과학사 및 과학철학 협동과정'에서 전통 과학기술사를 전공하여 석사와 박사를 마쳤다. 석사와 박사논문은 각각 〈정약전의《자산어보》에 담긴 해양박물학의 성격〉과 〈서유구의 선진농법 제도화를 통한 국부창출론〉이다. 《임원경제지》 중 《본리지》·《섬용지》·《유예지》·《상택지》·《예규지》·《이운지》를 공역했다. 또 다른 역주서로 《자산어보:우리나라 최초의 해양생물 백과사전》이 있고, 《임원경제지:조선 최대의 실용백과사전》을 민철기 등과 옮기고 썼다. 현재 임원경제연구소 소장으로 《임원경제지》 번역 사업에 참여하고 있다.

민철기(閔喆基)

서울 출신. 연세대 철학과를 졸업하고 도올서원에서 한학을 공부했다. 연세대 대학원 철학과에서 학위논문으로 〈세친(世親)의 훈습개념 연구〉를 써서 석사과정을 마쳤다. 임원경제연구소 번역팀장과 공동소장을 역임했고, 현재는 선임연구원으로 재직하며 《섬용지》를 교감 및 표점했고, 《유예지》·《상택지》·《예규지》·《이운지》를 공역했다.

김현진(金賢珍)

경기도 평택 출신. 공주대 한문교육과를 졸업하고 한림대 태동고전연구소와 한국고전번역원에서 한학을 공부하였으며 성균관대 대학원 한문학과에서 석사과정을 수료했다. 현재 임원경제연구소 연구원으로 근무하며 《섬용지》를 교열했고, 《유예지》·《상택지》·《예규지》·《이운지》를 공역했다.

김수연(金秀娟)

서울 출신. 한국전통문화대 전통조경학과를 졸업하고 한림대 태동고전연구소에서 한학을 공부했다. 현재 임원경제연구소 팀장으로 근무하며 《섬용지》를 교감 및 표점했고, 《유예지》·《상택지》·《예규지》·《이운지》를 공역했다.

강민우(姜玟佑)

서울 출신. 한남대 사학과를 졸업하고 한림대 태동고전연구소에서 한학을 공부했다. 성균관대 대학원 사학과에서 석사과정을 마쳤고, 박사과정 재학 중이다. 현재 임원경제연구소 연구보조원이다. 《섬용지》를 교열했고, 《유예지》·《상택지》·《예규지》·《이운지》를 공역했다.

김광명(金光明)

전라북도 정읍 출신. 전주대학교 한문교육과를 졸업하고 한국고전번역원에서 한학을 공부했으며, 성균관대 대학원 고전번역 협동과정에서 석박사통합과정을 수료했다. 현재 임원경제연구소 연구원으로 근무하며, 《유예지》·《상택지》·《예규지》·《이운지》를 공역했다.

김용미(金容美)

전라북도 순창 출신. 동국대 철학과를 졸업하고, 한국고전번역원 국역연수원과 일반연구과정에서 한문 번역을 공부했다. 한국고전번역원에서 추진하는 고전 전산화사업에 교정교열위원으로 참여했고, 《정원고사(政院故事)》 공동번역에 참여했으며, 전통문화연구회에서 추진하고 있는 《모시정의(毛詩正義)》 공동번역에 참여하고 있으며, 현재 임원경제연구소 연구원으로 근무하며 《유예지》·《이운지》를 공역했다.

자료정리

고윤주(高允珠)(푸르덴셜 라이프 플래너)

감수

박록담(한국전통주연구소 소장)(권제6의 누룩)

교감 · 표점 · 교열 · 자료조사

임원경제연구소

📖 풍석문화재단

(재)풍석문화재단은《임원경제지》등 풍석 서유구 선생의 저술을 번역 출판하는 것을 토대로 전통문화 콘텐츠의 복원 및 창조적 현대화를 통해 한국의 학술 및 문화 발전에 기여함을 목적으로 설립되었다.

재단은 ①《임원경제지》의 완역 지원 및 간행, ②《풍석고협집》,《금화지비집》,《금화경독기》,《번계시고》,《완영일록》,《화영일록》등 선생의 기타 저술의 번역 및 간행, ③ 풍석학술대회 개최, ④《임원경제지》기반 대중문화 콘텐츠 공모전, ⑤ 풍석디지털자료관 운영, ⑥《임원경제지》등 고조리서 기반 전통음식문화의 복원 및 현대화 사업 등을 진행 중이다.

재단은 향후 풍석 서유구 선생의 생애와 사상을 널리 알리기 위한 출판·드라마·웹툰·영화 등 다양한 문화 콘텐츠 개발 사업,《임원경제지》기반 전통문화 콘텐츠의 전시 및 체험교육 등을 목적으로 하는 서유구 기념관 건립 등을 추진 중이다.

풍석문화재단 웹사이트 및 주요 연락처

웹사이트
풍석문화재단 홈페이지 : www.pungseok.net
출판브랜드 자연경실 블로그 : https://blog.naver.com/pungseok
풍석디지털자료관 : www.pungseok.com
풍석문화재단 음식연구소 홈페이지 : www.chosunchef.com

주요 연락처
풍석문화재단 사무국
주 소 : 서울 서초구 방배로19길 18, 남강빌딩 301호
연락처 : 전화 02)6959-9921 팩스 070-7500-2050 이메일 pungseok@naver.com

풍석문화재단 전북지부

연락처 : 전화 063)290-1807 팩스 063)290-1808 이메일 pungseokjb@naver.com

풍석문화재단 음식연구소

주　소 : 전북 전주시 완산구 향교길 104

연락처 : 전화 010-8983-0658 이메일 zunpung@naver.com

조선셰프 서유구(음식연구소 부설 쿠킹클래스)

주　소 : 전북 전주시 완산구 향교길 104

연락처 : 전화 010-8983-0658 이메일 zunpung@naver.com

서유구의 서재 자이열재(풍석 서유구 홍보관)

주　소 : 전북 전주시 완산구 향교길 104

연락처 : 전화 010-3010-2057 이메일 pungseok@naver.com

풍석학술진흥연구조성위원회

(재)풍석문화재단은《임원경제지》의 완역완간 사업 등의 추진을 총괄하고 예산 집행의 투명성을 기하기 위해 풍석학술진흥연구조성위원회를 두고 있습니다. 풍석학술진흥연구조성위원회는 사업 및 예산계획의 수립 및 연도별 관리, 지출 관리, 사업 수익 관리 등을 담당하며 위원은 아래와 같습니다.

위원장 : 신정수(풍석문화재단 이사장)

위　원 : 서정문(한국고전번역원 고전번역연구소장), 진병춘(풍석문화재단 사무총장)
　　　　안대회(성균관대학교 한문학과 교수), 유대기(활기찬인생 2막 이사장)
　　　　정명현(임원경제연구소장)

풍석문화재단 사람들

이사장	신정수 ((前) 주택에너지진단사협회 이사장)
이사진	김윤태 (우석대학교 평생교육원장) 김형호 (한라대학교 이사) 모철민 ((前) 주 프랑스대사) 박현출 ((前) 서울시농수산식품공사 사장) 백노현 (우일계전공업그룹 회장) 서창석 (대+서씨대종회 종무이사) 서창훈 (우석재단 이사장 겸 전북일보 회장) 안대회 (성균관대학교 한문학과 교수) 유대기 (활기찬인생 2막 이사장) 이영진 (AMSI Asia 대표) 정명현 (임원경제연구소 소장) 진병춘 (상임이사, 풍석문화재단 사무총장) 채정석 (법무법인 웅빈 대표) 홍윤오 ((前) 국회사무처 홍보기획관)
감사	홍기택 (대일합동회계사무소 대표)
음식연구소장	곽미경 (《조선셰프 서유구》 저자)
재단 전북지부장	서창훈 (우석재단 이사장 겸 전북일보 회장)
사무국	박정진, 박소해
고문단	이억순 (상임고문) 고행일 (인제학원 이사) 김영일 (한국ABC협회 고문) 김유혁 (단국대 종신명예교수) 문병호 (사랑의 일기재단 이사장) 신경식 (헌정회 회장) 신중식 ((前) 국정홍보처 처장) 신현덕 ((前) 경인방송 사장) 오택섭 ((前) 언론학회 회장) 이영일 (한중 정치외교포럼 회장) 이석배 (공학박사, 퀀텀연구소 소장) 이수재 ((前) 중앙일보 관리국장) 이준석 (원광대학교 한국어문화학과 교수) 이형균 (한국기자협회 고문) 조창현 ((前) 중앙인사위원회 위원장) 한남규 ((前) 중앙일보 부사장)